노티앗래
강의실

이 도서의 국립중앙도서관 출판시도서목록(CIP)은 e-CIP홈페이지(http://www.nl.go.kr/ecip)에
서 이용하실 수 있습니다. (CIP제어번호 : CIP2009001688)

느티나무 강의실

신영복 · 김창남 외

비정상성에 둘러싸인 어느 정상성의 섬

이런 책을 만들어보면 어떨까 하는 생각은 몇 해 전 어느 시사 잡지에 실린 기사에서 비롯되었다. 그 잡지는 우리 학교에 '좌파 사관학교'라는 딱지를 떡 하니 붙여놓고 있었다. 그 잡지야 자기 눈에 거슬리는 사람이면 마구잡이로 시대착오적인 사상 검증을 하는 것으로 유명한 극우 잡지니 그러려니 넘길 수도 있는 일이었지만, 특정 개인이 아니라 학교 전체에 '좌파', 게다가 '사관학교'라는 낙인을 찍는 것은 그저 심상히 넘기기 어려운 일임이 분명했다. 그렇지만 문제는 이 '좌파'란 공격에 딱히 대응할 방법이 마땅치 않다는 점이다. "너 좌파지?" 하는 손가락질에 "난 좌파 아니야"라고 대답하는 것은 은연중에 그들의 반상식적인 이념 공세의 정당성을 인정하는 의미를 갖게 된다는 점에서 결코 적절한 대응이 될 수 없다. 그렇다고 "그래, 나 좌파다. 어쩔래?"라고 대답하는 것도 적절하지 못하기는 마찬가지다. 우리 학교가 결코 큰 대학은 아니지만 모두가 하나의 색깔, 하나의 이념만 가진 것처럼 도매금으로 넘겨도 좋을 만큼 그렇게 작지도 않다. 우리 학교 안에도 매우 다양한 사고, 다양한 색깔, 다양한 이념, 다양한 논리가 존재한다. 적어도 우리 학교는 교수와 직원, 학생 등 모든 구성원이 학내에서 어떤 생각이든 어떤 논리든 구애받지 않고 표출할 수 있는 자유를 다른 어떤 대학보다 많이 누리고 있고, 그 어떤 대학에 비해 모자라지도 넘치지도 않게 다양한 색깔이 공존한다고 말할 수 있다. 글쎄, 산업화 시대와 군사 정권 시대의 일사불란한 획일주의적 사고에서 여태 벗어나지 못한 집단에게야 그런 다양성 자체가 '좌파'적인 특성으로 보일지도 모르겠다.

생각해보면 대학이야말로 모든 사상, 사고, 이념이 자유롭게 활개치고 맘껏 목청을 높일 수 있는 그런 공간이어야 마땅하다. 또 대학이야말로 이 사회의 잡다한 비리나 모순과 거리를 두면서 그것들을 객관적으로 성찰하고 비판적으로 사고할 수 있는 공간이어야 할 것이며, 이 사회를 지배하는 주류 담론에 의문을 제기하고 새로운 대안적 방향을 꿈꾸는 비주류 담론이 제약 없이 숨 쉴 수 있는 열린 공간이어야 할 것이다. 내가 다른 대학에서 교수 생활을 경험해보지는 않았지만 그런 면에서 성공회대만큼 자유롭고 성찰적이고 비판적이며 대안 담론에 열려 있는 곳은 없다고 생각한다. 적어도 성공회대학교에서는 재단에 밉보인 교수가 해직을 당한다거나, 이사장의 마음에 들지 않는 글을 신문에 게재했다는 이유로 총장이 교수를 불러 훈계를 한다거나, 교수가 학문적 양심에 따라 발언한 내용을 문제 삼아 징계를 한다거나 하는 식의 일은 상상할 수 없다. 사실 이건 너무나 당연한 일이지만 당연한 일이 오히려 낯설게 받아들여지는 게 우리 사회 아닌가 싶다. 그런 의미에서 성공회대는 이 사회의 만연한 비정상성 속에 외로이 떠 있는 정상성의 섬일지도 모른다. 우리 대학이 좀 별난 대학, 이상한 대학, 심지어 좌파 대학이라는 소리를 듣곤 하는 것도 그렇게 '지나치게 정상적이기' 때문일 터이다.

성공회대는 전국적으로도 규모가 가장 작은 대학에 속한다. 그 때문에 생기는 어려움도 적지 않지만 우리 대학의 많은 구성원은 그러한 작음의 이점을 마음껏 누리기도 한다. 언젠가 특강을 위해 우리 학교를 방문했던 한 지인은 캠퍼스에서 교수와 학생이 진심으로 반가워하는 표정으로 인사를 나누는 장면을 보고 크게 놀랐다는 말을 했다. 교수와 학생의 거리가 그렇게 가까울 수 있다는 것이야말로 작은 대학의 이점이 아닐 수 없다. 또 어떤 지인은 학생들이 가끔 총장실을 찾아가 커피를 얻어 마신다는 이야기에 충격을 받았다는 말을 하기도 했다. 학생 대부분이 총장의 얼굴조차 알지 못하는 것이 대학의 일반적인 모습이고 보면 그 친구의 놀라움은 충분히 이해할 만한 것이다. 교수들끼리 매주 모여 축구를 즐기고 때로는 직원, 학생과도 축구를 하곤 하는 모습도 외부 사람에게는 대단히 재미있고 신기하게 받아들여져서 더러 매체의 취재 대상이 되기도 했다. 나는 성공회대학을 특징짓는 것은 무슨 좌니 우니 하는 이념이나 색깔 따위가 아니라 이곳에서만 볼 수 있는 그런 공동체다운 모습이라 생각한다. 그리고 바로 그런 모습을 밖에서 우리 대학을 보고 있는 많은 사람에게 보여주고 알려주고 싶었다. 이 책을 기획하게 된 까닭이 여기에 있다.

여기 실린 글들은 성공회대학교에서 강의해온 여러 교수들이 자신의 경험을 토대로 학교에 관한, 학생에 관한, 그리고 이런저런 학교의 교육 내용과 프로그램에 관한 소회를 적은 것이다. 우리 대학에 설치된 이런저런 프로그램을 소개하는 글도 있고 학교에서의 개인적 경험을 토로한 글도 있고 학생들과의 추억을 이야기한 글도 있다. 우리 학교를 구성하는 교수와 직원, 학생 하나하나가 모두 소중한 한 그루의 나무라면 성공회대학교는 그 다양한 나무들이 서로 기대고 어우러지며 이루는 하나의 숲이다. 여기 실린 글들은 말하자면 신영복 선생의 유명한 서예 작품처럼 나무와 나무가 서로에게 이야기를 건네며 더불어 이루는 숲과도 같은 글들이다.

이 책이 우리 성공회대학교에 대한 이런저런 오해를 바로잡고 참모습을 알리는 데 도움이 되기를 바란다. 무엇보다도 이 책이 진정 자유롭고 치열한 학문과 교육의 공동체로서 대학이 어떤 모습이어야 하는지에 대한 우리의 생각을 함께 나누는 계기가 되길 바란다. 출판을 맡아준 도서출판 한울에 감사드린다.

2009년 6월

글쓴이들을 대신하여 김창남 씀

차례

제2부 세계로 열린 창

제3부 더불어 꾸는 꿈

제1부 사람이 사는 마을

우리는 마치 야산의 채석장에 뒹구는 돌들 같
았다. 수업이 끝나면 낮에는 해질 때까지 공
을 차고 밤에는 술을 마시며 이야기하고 또
이야기했다. 느티아래는 그냥 강의실에서 신
학을 공부하는 장소가 아니라, 서로 몸과 몸
을 부대끼며 삶을 나누는 장소로 그렇게 조금
씩 다듬어졌다. 방황하던 내 영혼은 느티아래
에서 비로소 안식을 얻었다. 그러나 그 안식
은 시대로부터 고립된 은거가 아니었다. 어린
새가 날갯짓을 학습하듯이, 느티아래는 나에
게 편안한 둥지였고 시대와 역사라는 창공으
로의 비행을 준비하는 안식처였다.

나의 대학 시절 그리고 성공회대학교

신 영 복(성공회대학교 석좌교수)

나의 경우, 7년의 유년 시절을 제외하면 감옥 이전 20년, 감옥 20년 그리고 감옥 이후 20년이 곧 지나온 삶이 된다. 나는 자주 이 3개의 20년 하나하나가 모두 '대학'이었다고 술회한다. 그리고 이 중에서 감옥 이후 20년이 바로 성공회대학교다. 그래서 내게 주어진 글제가 "나의 대학 시절 그리고 성공회대학교"다. 출옥과 함께 감옥 20년은 이제 추억이라고 내심 결별하고 있었지만 감옥 이후의 삶도 매우 낯설고 불편하다는 점에서 별로 다르지 않았다. 마치 낯선 땅에 나무를 옮겨 심는 것이나 다름없었다. 생각하면 이 어려운 시기에 한 그루 나무로 설 수 있게 따뜻하게 품어준 곳이 성공회대학교다. 그 따뜻함의 내용이 곧 세 번째의 '대학'이 되는 셈이다.

1988년 8월에 출소하고 그 이듬해 1989년 1학기부터 성공회대에서 강의를 시작했다. 당시 성공회대학교는 성공회신학교로서 매우 작은 학교였다. 20년간의 엄청난 변화 앞에서 곤혹스럽기 짝이 없었던 내게 작다는 것은 매우 편안한 것이었고, 협소했던 감방처럼 대단히 친근한 것이었다. 당시 성공회대학교는 신학과와 사회복지학과 2개 학과밖에 없었고 학과 정원은 25명이었다. 학생들의 이름과 얼굴이 금방 익숙해질 정도였다. 성공회대학은 지금도 여전히 작은 대학이며 지리적으로도 서울 변두리이고 주류 담론에서 보면 더욱 먼 곳에 위치한 주변부임에 틀림없지만 당시의 나로서는 주변부의 그 작은 공간이 오히려 안온한 느낌으로 다가왔다. 좌파가 명품으로 평가되는 운동 공간은 결코 아니었지만 주류 사회의 환상이나 냉전 논리로부터 일정하게 거리를 두고 있다는 점에서 매우 인간적인 공간이었다. 신학과 사회복지학 자체가 인간 실존에 대한 진지한 고뇌를 바탕에 깔고 있기도 했다. 그 당시 성공회대학에는 제법 나이가 들고 또한 여러 가지 사연을 지닌 학생들이 많았다. 고3에서 바로 대학으로 진학한 사람은 오히려 소수였다. 수업 시간의 질문도 삶과 인간에 대한 고민이 배어 있는 것이 많았다. 당시에는 학기말이 되면 함께 학교 뒷산을 넘어 순두부 집까지 가서 종강 파티(?)를 하는 것이 어느 과목이든 거의 관행처럼 행해졌다. 파티가 끝날 무렵이면 학생들이 돌아가며 노래를 부르기도 했는데, 나는 부를 노래가 마땅치 않아서 한동안 초등학교 어린이들이 부르는 〈시냇물〉이라는 노래를 불렀다.

냇물아 흘러 흘러 어디로 가니? 강물 따라 가고 싶어 강으로 간다.

강물아 흘러 흘러 어디로 가니? 넓은 세상 보고 싶어 바다로 간다.

이 노래는 감옥에서 만기 출소자를 보내는 출소 파티(?)에서 마지못해 부르던 나의 단골 레퍼토리였다. 출소 파티라 하지만 같은 감방 사람들이 벽을 기대고 둘러앉아 오복건빵 한 봉지씩 나눠 먹으며 덕담을 나누는 초라한 파티였다. 때로는 교도관의 눈치를 봐가며 낮은 목소리로 노래를 부르기도 했는데, 내 차례가 되면 언제나 〈시냇물〉을 불렀다. 감방 동료들이 어린이 노래를 못마땅해하다가도 "넓은 세상 보고 싶어 바다로 간다"는 대목에 이르면 다들 눈빛이 숙연해지곤 했다.

그런데 나는 순두부집 종강 파티에서 학생들과 이 〈시냇물〉을 부르면서 깜짝 놀라게 되었다. 학생들의 얼굴에서 감옥 동료들과 같은 눈빛을 다시 보게 되었기 때문이다. "넓은 세상 보고 싶어 바다로 간다"는 대목에서 학생들도 같은 눈빛이 되었던 것이다. 바깥 사회에 사는 사람들도 역시 갇혀 있다는 아픔을 갖고 있구나 하는 생각에 가슴이 뭉클해졌다. 감옥은 범죄자를 구금하는 물리적 공간이지만 동시에 감옥 바깥에 있는 사람들이 자기들은 갇히지 않았다는 착각을 갖게 하는 정치적 공간이기도 하다는 생각을 다시 한 번 떠올리기도 했다. 당시 성공회대학의 학생들이 갖고 있던 삶의 정서는 이러한 아픔에 닿아 있는 것이기도 했으며, 나로서는 매우 친숙하고 대단히 인간적인 공감이었다. 나의 세 번째 대학인 성공회대학의 분위기가 아주 인간적이고 따뜻했던 것은 바로 이러한 성찰적 분위기 때문이었다고 할 수 있다. 그것은 내가 감옥의 면벽 명상에서 참으로 오랫동안 대면했던 정서이기도 하지만, 나는 지금도 우리가 잃고 있는 것 중에서 가장 큰 것이 바로 이러한 성찰성이라고 생각한다. 그리고 이러한 성찰성을 키워가는 것이야말로 교육의 핵심적 과제라는 생각에는 변함이 없다.

그리고 당시 성공회대는 물론 신학교였고 신학대학이었지만 성공회 교회 특유의 자유로운 분위기가 있었다. 다른 교단의 예를 잘 모르기는 하지만 적어도 나는 성공회 교회에 나오라는 권유를 받아본 적이 없다. 나는 비교적 유교적인 분위기 속에서 유년 시절을 보냈기 때문에 기독교를 받아들이기가 쉽지 않았다. 교도소에 가장 많은 책이 성경책이고 종교 중심의 교화가 이뤄지고 있어서 종교에 대해 생각하게 되는 계기도 많았다. 그러나 종교를 받아들인다는 것이 엄두가 나지 않았다. 그것은 내가 지금까지 구사해온 모든 개념을 다시 재정립하는 일이기도 했다. 이를테면 벽돌을 전부 바꾸고 집을 다시 지어야 하는 엄청난 일이 아닐 수 없었다. 그것은 믿음의 문제를 떠나서 현실적으로 불가능하다는 사실도 깨닫게 되었다. 종교에 대한 이러한 생각에 대해 학교나 성공회 교회는 대단히 관용적이었고, 그것이 나 개인에게뿐만 아니라 성공회대학의 교육 이념을 새롭게 정립해나갈 수 있는 열린 공간을 보장해준 셈이다. 이 점이 또 아주 마음 편했다.

더구나 내가 성공회대학 강단에 서게 된 계기는 당시 이재정 신부와 김성수 주교와의 자연스러운 만남 때문이었다. 출소 직후 나는 성공회 대성당에 있던 마당 세실극장에서 극장 간판을 그렸던 적이 있다. 친구가 경영하는 극장이어서 소일 삼아 간판을 그렸는데, 김성수 주교와 이재정 신부를 만난 곳이 바로 그 극장이었다. 그 친구의 추천으로 『감옥으로부터의 사색』을 읽은 두 분이 나를 성공회대에 강사로 초청한 것이다. 오랜 수형 생활 직후여서 강단에 서기에는 여러 가지로 준비가 안 된 상태였다. 그럼에도 불구하고 강사로 초청받은 것은 학문이나 사상보다는 인간과 삶의 고뇌에 무게를 두는 매우 인간적인 배려 때문이었다. 이재정 학장은 이후 자주 "그가 감옥 이전에 서 있던 자리에 다시 서도록 하는 것이 바깥에 있었던 사람들의 도리며 군사 정권의 청산"이라고 밝히곤 했다. 성공회대학은 비기독교인이면서 좌파로 규정되고 있는 내게 그런 점에서 매우 인간적인 공간으로 자리 잡게 된다. 그 후 성공회신학대학이 성공회대학교로 규모가 빠른 속도로 커지는 과정에서도 이러한 인간적이고 성찰적인 대학 특성은 그대로 계승되었다. 이러한 특성은 대학이 우리 사회의 숲이 되어야 한다는 성공회대학 특유의 '더불어숲' 교육 이념으로 자리 잡게 된다.

성공회대학교는 성장하면서 새로운 학과를 창설하고 새로운 교수들을 맞이하게 되는데, 이 과정에서 인간적이고 성찰적인 숲으로서의 이미지가 실천적 과제와 일정하게 결합하게 된다. 그리하여 '성공회대학파'라는 사회적 평가가 나오기도 했다. 그것은 87체제로부터 97체제, 그리고 이제 2007체제라 할 수 있는 몇 개의 단계를 거쳐오면서 드러나고 있는 우리 사회의 모순 구조와도 무관하지 않다. 1987년 이후 우리 사회는 일정한 절차적 민주성을 회복했다고는 하나 정치권과 재계는 물론이고 언론, 사법, 사회, 문화 등 사회의 전 부문에서 변함없이 권력을 장악하고 있는 완강한 보수 권력 앞에서 민주성과 개혁성이 왜곡되고 저지된다. 이 과정은 민주화 운동의 최일선에서 투신했던 민중 부분들이 철저하게 주변화되는 과정이기도 했다. 그리고 특히 1997년 IMF 관리 체제하에서 나타난 국제 금융 자본의 전면적 등장은 우리 사회의 보이지 않는 지배 구조, 즉 정치·자본의 지배 구조에 더하여 외세라는 또 하나의 지배 구조를 선명하게 드러내게 된다. 물론 거슬러 올라가면 97체제는 일제 시대의 식민지 개발론에서부터 군사 정권 기간의 산업화가 누적해온 모순의 필연적인 결과이자 냉전 기간에는 유보되었던 패권 국가의 뒤늦은 수탈이기도 할 것이다. 이 글에서 이러한 분석을 장황하게 전개할 의도는 전혀 없다. 다만 성공회대학에 새롭게 포진한 여러 신진 교수들의 비판 담론이 공유하고 있는 기본적 관점이 이러한 담론과 무관하지 않다는 것을 지적하고자 하는 것이며, 동시에 이와 같은 비판 담론이 '더불어숲'의 성찰적 이미지와 무관하지 않다는 것을 지적하고자 할 뿐이다. 그리고 우리 사회의 민주화가 더디기는 하나 꾸준히 진전되고 있고 더욱이 한반도의 냉전 구조와 민족 문제가 새로운 단계로 진입하는 상황임에도 오히려 오래된 지배 구조로 퇴행할 가능성이 훨씬 더 분명해지고 있는 시점에서, 성찰성이 실천성을 얻어야 한다는 현실적 요청이 더욱 절실하지 않을 수 없다. 물론 성공회대학교는 학생과 교직원 등 다양한 구성원들로 이뤄져 있으니 그 생각과 지향하는 바가 한결같을 수는 없고 당연히 현실적 실천 방식이나 비판 담론의 수위에 대해서는 상당한 이견이 있을 수 있겠지만, 대학 본연의 위상에 대해서는 상당한 수준의 공감대가 형성되어 있다고 생각한다. 그것이 바로 '더불어숲'으로 상징되는 숲의 그림이라고 할 수 있다. 숲은 수많은 나무들을 안고 있기 때문에 그 자체가 하나의 사회적 존재며 더구나 발 딛고 있는 땅을 생각해야 하기 때문에 실천적 과제를 외면할 수 없기도 하다.

내가 '더불어숲'이라는 이미지에 남다른 애정을 갖는 까닭은 그것을 마음속의 그림으로 간직하기 시작했던 곳이 삭막한 감옥이었기 때문이라고 생각한다. 독방에서 가끔 혼자서 읊조리던 '엘 콘도르 파사'의 노래가 계기였다고 기억한다. 나뭇가지 끝을 떠나지 못하는 달팽이보다는 하늘을 훨훨 날아가는 참새가 되고 싶고 못보다는 망치가 되고 싶다는 첫 구절은 당시 갇혀 있던 나로서는 매우 가슴에 와 닿는 시구였다. 당시의 심정이 가지 끝을 떠나지 못하는 달팽이와 같았고 한 점에 박혀 있는 못과 같았기 때문이다. 그런데 제일 감동적인 반전은 마지막의 "길보다는 숲이 되고 싶다"는 구절이었다. 길은 참새처럼 훨훨 떠나는 이미지였음에도 오히려 한 곳을 지키고 있는 숲이 되어 발밑의 땅을 생각하겠다는 것이다. 갇혀 있던 나로서는 새로운 깨달음이었다. 비록 떠날 수는 없지만 숲은 만들 수 있겠다는 위로였고, 동시에 감옥의 가능성이기도 했다. 돌이켜보면 발밑의 땅을 생각하며 숲을 키우는 것, 이것은 비단 나만의 감상이 아니라 우리 시대의 과제와도 같다는 생각이 든다.

바로 이 숲의 그림을 어떻게 그려가야 할 것인지는 여전히 쉽지 않은 과제다. 물론 나는 그것을 두 번째의 대학 20년 동안 다만 노래로 읊조리기만 했을 뿐 결코 일구지 못했지만, 출소 후 세 번째 대학인 성공회대학교에서 비로소 만나고 있다는 감회가 없지 않다. 뿐만 아니라 이러한 숲은 성공회대학에서 시작하여 우리 사회의 곳곳으로 번져 나가야 한다는 소망도 갖게 된다. 왜냐하면 숲이란 키 큰나무와 키 작은 나무, 굵은 나무와 가는 나무, 상록수와 활엽수, 일년생과 다년생 등 모든 나무가 함께 살아가는 다양성의 공간이기 때문이다. 더구나 새로운 싹을 키워내고 수많은 생명을 지키는 생명의 공간이기에 그렇다. 속도에 쫓기고 경쟁에 내몰리며 화폐 가치라는 유일한 잣대로 재단되는 오늘의 삶에서, 이러한 현실을 냉정하게 성찰하는 공간으로서의 숲, 그리고 차이와 다양성을 존중하고 인문학적 가치를 키우는 공간으로서의 숲은 한 대학의 교육 이념을 넘어 시대적 과제에 맞닿아 있다고 생각하기 때문이다. 다양성과 차이의 공존 공간으로서의 숲에 더하여, 숲은 숲을 구성하는 나무와는 다른 차원을 열어준다는 점에 숲의 진정한 깊이가 있다고 생각한다. 나무의 완성은 명목(名木)이나 낙락장송이 아니라 숲이라고 생각하기 때문이다. 냇물이 흘러서 강물과 만나면 냇물은 이제 강물이 되고, 강물이 바다에 이르면 바다가 된다는 것은 너무도 당연한 생각일 것이다. 그런 점에서 나는 세 번째 대학인 성공회대학에서 만나는 '더불어숲'을 나의 첫 번째 대학과 두 번째 대학의 완성이라고 하는 개인사적 의미를 넘어 우리 시대의 절실한 과제로 받아들이고 있다.

나의 첫 번째 대학 20년을 언젠가 심부름 같은 것이었다고 술회한 적이 있다. 자아형성기였다고는 하지만 많은 사람의 경우와 다르지 않게 나 역시 길들여졌던 기간이었다. 주류 이데올로기를 학습하는 것에서 시작하여 나중에는 그 주류에 대한 비판적 관점을 얻기는 했지만, 역시 크게 보아 철학과 방법론에서 주류 담론의 범주를 벗어나지 못한 갇힌 시절이었다. 그에 비하면 제2의 대학인 감옥에서의 20년은 객관적으로는 감옥에 갇힌 시기였지만 역설적이게도 그러한 주류 담론의 범주로부터 걸어나오는 시기였다. 철저하게 단절된 영역이 오히려 자유의 공간이기도 했던 것이다. 처음에는 비극적 추락의 형태로 받아들여졌지만 곧 그것을 견디는 자위의 영토를 만들고 그곳을 자유 공간으로 만들어나갈 수 있는 무한한 가능성을 안겨주기도 했다. 감옥 20년을 자주 '나의 대학 시절'로 부르기도 하지만 나는 그 시절 참으로 귀중한 사색을 하게 된다. 무엇보다 먼저 나 자신으로 하여금 냉정하게 성찰하게 하는 숱한 사람과 수많은 인생을 만나게 된다. 내가 만난 사람과 인생들은 나의 사회학이 되고 역사학이 되었으며, 통틀어 나의 인간학이 되었다.

비교적 징역 초년이었지만 무엇보다 먼저 학교와 교실에서 키워온 나 자신의 관념적 성향과 정서를 충격적으로 깨닫게 된다. 그리고 그러한 관념적 사고와 정서를 과감하게 버리기로 작정한다. 수많은 일반 수형자들의 사건과 인생은 그 패배와 좌절의 침통함으로 인해 우리 사회의 실상을 직시하게 하는 사회학이었다. 빨치산을 포함한 좌익 사상범, 남파 공작원, 해방 전후 그리고 한국전쟁 기간의 정치사범과 그 가족의 이야기는 현대사에 점철된 개인의 삶을 생생하게 다시 보게 해주기도 했다. 그것은 지나간 역사라고 치부했던 우리의 현대사에 피가 통하고 숨결이 이는 듯한 감동을 안겨주며 나의 역사학이 되었다. 지금 와서 그 시절의 나 자신을 다시 돌이켜보면 두 가지 고뇌에 힘겨워했던 것을 깨닫게 된다. 하나는 책에도 썼듯이 한 발 보행이라는 외로움이었다. 우리는 이론과 실천이라는 두 개의 다리로 살아간다. 그러나 교도소에서 책은 읽을 수 있다고 하더라도 실천의 장은 어디에도 없다. 두 개의 다리 중에서 실천의 다리가 없다는 좌절감은 그 자리에 멈춰 서게 한다. 뿐만 아니라 지극히 관념적으로 만들어간다. 학교와 교실에서 키워온 관념성을 과감하게 버리기로 한 결심이 허사로 돌아가지 않을 수 없었다. 또 하나의 고뇌라면 한 그루 나무가 되어 땅에 발을 딛고 서고자 하는 고뇌다. 교도소는 뿌리를 내리기에는 너무나 각박한 땅이었다. 땅이란 물론 교도소의 흙이기보다는 그 속에서 해후한 사람들이다. 그래도 그것은 대단히 힘든 일이었다. 그런 점에서는 오히려 더 힘든 조건이기도 했다. 교도소는 결국 15척 벽돌담으로 만든 한 개의 화분일 뿐으로 뿌리내릴 땅이 없는 곳이었다. 더구나 숲을 이루거나 만나기는 더욱 불가능한 일이었다.

세 번째 대학인 성공회대학이 내게 각별한 감회를 안겨주는 것은 나의 힘겨운 여정의 바로 이 지점에 성공회대학이 있었기 때문이다. 생각하면 성공회대학은 비록 작은 대학이기는 하지만 땅이 있고 숲이 있는 곳이었다. 그만큼 나로서는 그때까지의 고뇌를 조금이나마 내려놓을 수 있었던 제3의 대학이었다. 이 점에서는 성공회대학의 많은 구성원들도 크게 다르지 않다고 생각한다. 학교 공간이 실천적 공간으로서는 왜소하지 않을 수 없지만 그것은 나무가 나무를 만나서 숲을 이룰 수 있는 가능성의 땅이기도 했다. 더구나 당시 내가 처음 성공회대학에서 강의를 하게 된 시기는 사회운동 과정에서 새로운 국면을 맞고 있었던 때였다. 위에서 언급했듯이 당시의 객관적 상황은 87년 체제의 한계가 노정되는 시점이면서 동시에 87 이후의 과제를 고민하는 국면을 맞고 있었고, 특히 그 이후의 과정에서 노출되는 여러 가지 문제들을 새롭게 재구성해야 하는 과제를 안고 있었다. 성공회대학은 주변부의 작은 공간이라는 점에서 차지하는 비중은 작았지만, 작다는 것은 그러한 과제에 대한 전향적인 담론을 구성하기에는 오히려 강점으로 작용했다. 그런 점에서 성공회대학교는 내가 내내 이루지 못했던

'더불어숲'이었다.

"나무가 나무에게 말했습니다. 우리 더불어 숲이 되어 지키자."

성공회대학교의 교육 이념으로 자리 잡고 있는 '더불어숲'은 나의 개인적 편력뿐만 아니라 우리 사회의 실천적 과제와도 튼튼히 연결되고 또 나아가서 21세기의 문명사적 과제와도 맥락이 닿아 있는 소중한 그림이라고 생각한다. 한 그루 한 그루의 튼튼한 나무를 길러내는 학습의 장(場)이면서 개별적인 나무 중심의 사고를 뛰어넘는 미래의 공간이기 때문이다. 숲은 비록 움직이지는 않지만 본질에 있어서 탈영토(脫領土)와 유목주의(nomadism)라고 하는 탈근대의 철학적 문제 설정과 튼튼히 연결되고 있기 때문이다.

이처럼 숲이 미래 공간이라는 사실과 함께 잊지 말아야 하는 것이 바로 대학의 독립성(獨立性)이다. 대학이 지키고 지향해야 할 가치는 오늘 당장의 소용이 아니다. 비판성을 갖추되 미래 지향적인 전망성으로 열려 있어야 한다. 한마디로 대학은 오늘로부터 독립해 있어야 하는 것이다. 'Now & Here'가 아니라 'Bottom & Tomorrow'가 속성이다. 교육이 백년대계인 이유가 바로 이 '오늘로부터의 독립'에서 연유하는 것임은 말할 필요도 없다. 비판성이나 실천성보다 오히려 더 우위에 두어야 하는 것이 바로 대학의 미래 지향적 독립성이고 그것에 근거한 성찰성이라고 할 것이다. 이것은 대학이 본연의 독립성을 스스로 반납하고 자본의 하위 공간으로 전락하고 있는 것이 지금 우리의 현실이기 때문이기도 하다. 엄밀한 의미에서 우리는 대학이 없고 스승이 없는 세월을 살고 있다고 해야 할 것이다. 한유(韓愈)는 그의 『사설(師說)』에서 스승이란 도(道)를 가르치는 사람이라고 했다. 도란 글자

그대로 '길'이며 길을 가리키는 사람이 스승이다. 가르치는 것이 아니라 '가리키는' 것이 스승의 도리다. 그러나 아무도 '길'을 묻는 사람이 없는 것이 오늘의 교육 현실이다. 이미 모든 사람이 다투어 달려가는 목표가 정해져 있기 때문이다. 묻는 것은 다만 그곳으로 가는 방법에 관한 것일 뿐이다. '더 이상의 길'은 없고, 스승이 없고, 대학이 없다. 이것이 오늘의 현실이다.

그러나 연암(燕巖)은 '있는 것'과 '있어야 할 것'의 거리를 들어 보이며 그곳에 이르는 길을 보여주는 인격적 모범이 바로 스승이라고 했다. 모든 사람이 달려가고 있는 길이 아니라 우리가 '가야 할 길', 그것이 진정한 도라고 할 수 있는 것이다. 그런 점에서 대학은 오늘의 사회적 수요에 응하는 현실적 가치를 지향(指向)하는 공간이 아니라 오히려 그것을 비판적으로 지양(止揚)하는 창조적 공간이어야 한다. 대학은 무엇보다도 '오늘로부터 독립'해 있어야 하는 것이다. '오늘로부터의 독립'은 물론 다양한 의미로 읽어야 하겠지만 현실적으로는 화폐 가치로부터의 독립을 말한다. 경쟁과 효율과 속도라는 신자유주의 담론으로부터 자유로워야 할 것이다. 물론 학생과 학부모의 현실적 요구를 일정하게 수용하지 않을 수 없는 것도 사실이다. 그러나 그럼에도 교육의 궁극적 가치는 어떠한 경우에도 성찰성을 높이는 것이라는 사실을 외면하지 못한다. 진정한 역량은 자기 정체성에 뿌리내린 성찰성에서 나오기 때문이다. 성찰은 '성(省)' 자가 보여주듯이 젊은(少) 눈(目)이다. 때 묻지 않은 눈이며 먼 곳에 착목(着目)하는 눈이다. 그것은 현실의 건너편을 바라보는 대안적 관점이어야 하며 최종적으로는 닫힌 벽을 열고 새로운 것으로 향하는 해방적 관점, 창조적 관점이기도 해야 한다.

나는 성공회대학이 인간적 가치를 지키는 인간적인 숲으로 남기를 바란다. 성찰성을 드높이는 성찰의 숲으로 남기를 바란다. 아픈 상처를 품어주는 따뜻한 숲으로 남아 있기를 바란다. 그리고 더 큰숲으로 자라나서 땅을 지키고 산을 지키고 우리 시대의 수많은 사람들의 타는 목마름을 달랠 수 있는 긴 강물 한 줄기를 품은 살아 있는 숲, 움직이는 숲이기를 바란다. 그리고 마지막으로, 개인적 소망이기도 하지만, 나의 길고 긴 대학 여정의 아름다운 종착지이기를 바란다.

"자유교양 대학을 아십니까?"

조 효 제(성공회대학교 사회과학부 겸 NGO대학원 교수)

자동차 없이 산 지가 꽤 되었다. 그렇다고 오해는 마시라. 운전
면허도 있고 한때는 운전을 했다. 오래 전 처음 나왔던 포니
를 타고 다닌 적도 있다. 하지만 1999년 귀국 후부터 차 없이 지냈다.
서울의 길눈이 어두웠고 주차니 기름값이니 수리니 하는 문제가 생각
만 해도 끔찍했기 때문이다. 꾸벅꾸벅 졸면서 지하철이나 버스를 타고
다니는 재미도 적지 않다. 게다가 남의 차를 얻어 타는 생활의 지혜를
터득하면 인생이 아주 편해진다. 예컨대 야간 수업을 마치고 퇴근할
때쯤 차를 타고 귀가하고 싶으면 새천년관 5층의 진영종 교수 방 근처
를 어슬렁거리면 된다. 마음 좋은 진 교수는 나를 보고 "언제 퇴근하시
나요? 집 근처로 가는 방향인데 함께 가실까요?" 하고 반드시 묻곤

한다. 그 말이 진심인지는 알 수 없지만 나는 "정 원하신다면 그렇게 하지요" 하면서 못 이기는 체 얼른 그의 차에 오른다. 정말 편하기 짝이 없다. 이처럼 내가 차 없이 사는 이유는 지극히 이기적인 동기에서 비롯되었다. 하지만 왜 자동차 없이 사느냐고 꼬치꼬치 묻는 사람들이 있다. 처음에는 이런저런 이유를 댔지만 나중에는 일일이 설명하기가 귀찮아졌다. 한번은 우리 NGO대학원 학생들과 학교 앞 '청춘을 적신다'에서 저녁 시간을 적시고 있는데, 한 친구가 자동차를 왜 안 굴리느냐고 또 물어왔다. 한 잔 술에 약간 장난기가 발동한 나는 엄숙한 얼굴로 "지구 온난화"라고 짧게 한 마디 했다. 그랬더니 학생들이 일제히 "와, 역시……" 하면서 존경스럽다는 표정을 짓는 게 아닌가. 내가 수업 시간에 그토록 많은 가르침을 베풀었어도 단 한 번도 받아보지 못했던 높은 수준의 존경심을 한순간에 획득했던 것이다. 여기서 중요한 교훈을 얻은 나는 그 후에도 지구 온난화를 많이 팔고 다녔다. 나는 이 세상에서 지구 온난화의 수혜를 입은 몇 안 되는 사람이 아닐까 생각한다.

작년에 미국에서 연구년을 보내게 되었을 때도 나는 자동차를 장만하지 않았다. 집에서 학교까지는 셔틀버스를, 장을 볼 때는 집 근처의 가게를 이용했다. 알다시피 미국은 차 없이 살기에는 적잖게 불편한 나라다. 그럼에도 나는 꿋꿋이 지조를 지켰다. 이런 내가 좀 딱해 보였던지 알고 지내던 같은 동네의 한국 사람들이 장 보러 갈 때나 교외에 나갈 때 가끔 자동차를 태워주었다. 그럴 때마다 나는 한두 번 사양한 후 상대의 마음이 바뀌기 전에 재빨리 차를 얻어 타곤 했다. 그러던 어느 날 한국 가족들이 웰즐리 칼리지에 소풍을 가는데 같이 가지 않겠느냐는 연락이 왔다. 당연히 따라나섰다. 그 일이 내게는 미국의 대학교육 전반에 대해 알아보는 계기가 되었다.

웰즐리 칼리지는 보스턴 시에서 차로 약 40분쯤 걸리는 교외에 자리 잡고 있었다. 조그만 단과대학 정도일 거라는 내 예상은 보기 좋게 빗나갔다. 수목과 구릉과 호수를 낀 수천 에이커의 아름다운 캠퍼스 사이사이에 고딕풍의 벽돌 건물과 최첨단 과학 센터가 자리 잡고 있는 큰 규모의 학교였다. 그런데도 재학생 수는 2,000명을 조금 넘는 정도라 해서 나는 한 번 더 놀랐다. 명문 여자대학인 웰즐리는 19세기에 설립된 후 수많은 여성 인재를 배출했다. 미국의 민주당 대통령 후보로 유력했던 힐러리 클린턴, 국무부 장관을 지낸 매들린 올브라이트 같은 이들이 웰즐리를 졸업했고 장개석 총통의 부인 송미령 여사도 이 학교 출신이라고 한다. 우리나라에서 이 학교를 졸업한 여류 인사들도 꽤 있다는 이야기를 들었다. 웰즐리는 대표적인 리버럴 아츠 칼리지(liberal arts college) 중 하나라고 했다. 리버럴 아츠 칼리지란 도대체 무엇인가? 이 질문에 대한 답을 얻기 위해서는 미국 대학교육 전반에 대한 약간의 설명이 필요하다. 그 전에 미국에 잠깐 가본 적은 있어도 오래 머물러본 경험이 없었던 나는 이번 기회에 미국의 대학 시스템에 관해 기초적인 조사를 하게 되었다.

미국의 대학은 재정원에 따라 크게 공립과 사립으로 나눌 수 있다. 공립은 흔히 각 주정부에서 운영하고 주 교육세를 통해 운영하므로 주립대학이라고 부른다. 지역 주민은 자기 주에서 설립한 주립대학에 상당히 저렴한 등록금을 내고 다닐 수 있다. 미국인이라도 다른 주의 주립대학에 입학할 경우에는 그 주의 영주권을 인정받을 때까지 학비 감면 혜택을 받을 수 없다. 사립대학은 교육을 받는 사람이 교육비를 자비로 부담하는 학교다. 공립보다 사립대학의 수가 더 많으며, 비율은 약 4 대 6 정도다. 미국에도 국립대학이 있다. 사관학교가 그것이다. 육군, 해군, 공군, 해안경비대, 상선대(商船隊) 등에서 운영하는 5개 사관학교가 국립대학이다. 미국에서 사관학교에 입학하기는 하늘의 별따기라고 한다. 등록금이 전액 면제되는데다 졸업과 함께 자동으로 장교로 임관하기 때문에 입학하려면 지역구 국회의원의 확실한 추천서가 있어야 할 정도다. 미국의 대학을 교육 연한으로 나누면 4년제 정규대학과 2년제 전문대학이 있다. 2년제 전문대학은 흔히 커뮤니티 칼리지라 부른다. 커뮤니티 칼리지에서는 각종 실용 학문을 가르치며 이곳을 졸업하고 4년제 대학으로 편입할 수도 있다.

미국에 대학교가 모두 몇 개나 있을까? 미국교육통계연구소에 따르면 2003년 현재 전국 4,140개 대학에서 1,690만 명의 학생이 재학 중이라고 한다. 이 중 4년제 대학은 약 2,500개, 학생 수는 약 1,000만 명이다. 학부와 대학원이 모두 있지만 학교 이름을 그냥 칼리지로 부르는 대학교가 있고, 정식으로 유니버시티라고 이름이 붙은 대학교도 있다. 대학원이 없는 학부 중심 대학도 칼리지라고 부른다. 유니버시티라 하더라도 그 안에서 학부만을 가리킬 때는 흔히 칼리지라고 부른다. 우리의 단과대학과는 조금 다른 용법이다. 학과를 불문하고 학부 과정 전체를 칼리지라고 하는 것이다. 예를 들어, 프린스턴대학교에는 학부와 대학원이 있지만 학부만 떼어서 부를 때는 프린스턴 칼리지라고 하는 경우가 많다. 미국 전체 대학생 중 학부 학생은

1,400만 명이며, 일반대학원 재학생은 200여 만 명, 직업대학원은 약 40만 명 정도다. 법학, 의학, 치의학, 신학, 경영학 등이 직업대학원에 속한다. 미국의 대학 부문 전체를 통틀어 여학생이 더 많은데, 약 57퍼센트가 여학생이다. 미국의 대학생 중 약 28퍼센트가 유색 인종 출신이며, 외국 유학생은 4.4퍼센트를 차지한다. 미국의 대학을 교육 특성으로 분류할 수도 있다. 크게 보아 연구 중심 대학과 교육 중심 대학으로 나눌 수 있는데, 이는 공·사립학교에 모두 해당된다. 교육 중심 대학은 학생 교육과 교원 양성에 중점을 두는 대학교다. 이들을 부르는 방법도 다르다. 예를 들어, 캘리포니아 주에 있는 연구 중심 주립대학을 유니버시티 오브 캘리포니아(University of California)라고 부른다면, 교육 중심 주립대학은 캘리포니아 스테이트 유니버시티(California State University)라고 한다.

여기서 다시 웰즐리 칼리지로 돌아가자. 위의 분류법에 따르면 웰즐리는 사립, 4년제, 교육 중심, 학부 중심, 여학교에 속하는 칼리지다. 그런데 웰즐리와 같은 학교를 굳이 리버럴 아츠 칼리지라고 부르는 이유가 무엇인가? 도대체 리버럴 아츠 칼리지가 무엇인가? 나는 미국의 대학 시스템에서 우리에게 제일 낯선 개념이 리버럴 아츠 칼리지라고 생각한다. 그리고 이것은 내가 제일 흥미롭게 생각했던 학제이기도 하다.

리버럴 아츠 칼리지는 내가 아는 한 미국에만 있는 미국적인 제도다. 영국, 이탈리아, 독일, 프랑스 등의 학제를 알아봤지만 미국의 리버럴 아츠 칼리지에 딱 들어맞는 학교는 없는 것 같았다. 리버럴 아츠 칼리지를 직역하면 '자유교양 대학교'가 된다. 옛날 그리스, 로마 시대의 고전 교육을 본 뜬 학제다. 유럽에서는 거의 사라진 고전 교육 제도가 미국으로 건너와 명맥을 유지하고 있는 것이다. 자유교양 대학의 가장 큰 특징은 학생 수가 적고, 기숙학교 위주로 운영되며, 학부에서 세분화된 전공보다 고급의 교양 교육에 치중한다는 점이다. 대학원 과정이 소규모로 부설되어 있는 경우도 있지만 주로 학부 교육에 중점을 둔다. 교수들은 물론 연구에 임하지만 가르치는 일을 중요시하며 학교 측에서도 교수의 교육 실적에 인센티브를 많이 부여한다. 자유교양 대학은 학생 수가 2,000명 안팎인 학교가 많다. 전국적으로 자유교양 대학으로 분류될 수 있는 학교는 약 400~500개 정도다. 숫자는 적지만 미국 사회에서 자유교양 대학이 차지하는 영향력과 전반적인 인식은 아주 좋은 편이다. 대다수 자유교양 대학은 사립이지만 그중에는 공립학교도 꽤 있다. 여자 대학, 남자 대학, 남녀공학 대학이 있고, 종교기관이 운영하는 대학과 일반기관이 운영하는 대학이 있다. 자유교양 대학이 큰 종합대학과 결정적으로 다른 점은 교수 대 학생 비율이 매우 낮다는 점이다. 그리고 교수가 직접 강의를 하고 학생을 가르친다는 점도 다르다. 미국의 큰 대학에서는 학부생의 강의를 대학원생(TA)이 맡는 경우가 많다고 한다. 내가 미국에 있을 때도 종합대학의 학부 교육이 너무 형식적이고 교수가 직접 가르치지 않는 경우가 많다고 해서 큰 뉴스거리가 된 것을 보았다. ≪뉴욕 타임스≫에 보도된 사례에 따르면 아이비 리그에 속하는 어떤 종합대학의 학부를 졸업한 학생이 자기 학과에서 추천서를 부탁할 교수를 찾기 힘든 경우가 있었다고 할 정도다. 교수에게 직접 배운 적이 없으니 당연한 이야기다.

자유교양 대학에서 교양과목 위주로 배운다 해도 그 교육의 구조는 잘 짜여 있다. 자연과학, 사회과학, 역사, 문학·언어, 수학, 과학, 예능 등의 영역이 있고 그 속에서 더욱 세분화된 과목을 가르친다. 웰즐리 칼리지의 경우를 보면 학과보다는 영역을 강조하며 특정한 전공을 할 수도 있지만(예: 스페인어) 자기가 전공 영역을 직접 디자인할 수도 있다. 자유교양 대학의 학생들은 졸업할 때까지 고전에 속하는 사상서, 문학서, 교양서를 엄청나게 많이 읽는다. 직업적 특성이 있는 교육을 되도록 배제하고 수준 높은 교양과목에 치중한다고 보면 된다. 전인 교육과 진취적 사고, 개방적 사고와 정의로운 사회의식을 강조하는 자유교양 대학을 나온 학생들은 잘 읽고, 잘 쓰고, 사회 적응력이 높다고 정평이 나 있다. 자유교양 대학을 나왔다고 해서 졸업 후 불이익을 받는 일은 전혀 없다. 오히려 정반대다. 사회에서 크게 환영한다. 이 학교를 나온 후 바로 직장을 찾아갈 수도 있고 다른 대학의 대학원으로 진학할 수도 있다. 최근 하버드대학의 총장이 된 드루 파우스트(Drew G. Faust) 교수도 펜실베이니아 주의 브린 마우어 칼리지라는 아주 작은 자유교양 여대를 졸업한 학자다. 한반도 문제로 우리에게 낯익은 미국 국무부의 크리스토퍼 힐 차관보도 메인 주에 있는 보우도인 칼리지라는 자유교양 대학에서 경제학을 전공했다. 자유교양 대학 출신은 전체 대졸자의 3퍼센트 정도에 불과하지만 그들의 활약은 이처럼 만만찮다.

자유교양 대학을 말하면서 우리 학교를 떠올리지 않을 수 없다. 여러모로 비슷한 측면이 많기 때문이다. 솔직히 말해 한국의 대학

중 자유교양 대학에 가장 가까운 특성을 지닌 학교가 우리 성공회대학이라고 생각한다. 물론 다른 점도 많고 단순히 비교하기 어려운 차원도 있다. 따라서 미국의 자유교양 대학을 그대로 따르자고 말할 수는 없다. 하지만 우리 학교가 미국의 자유교양 대학으로부터 취할 수 있는 건설적인 아이디어는 있다고 생각한다. 두 가지만 꼽아보자. 첫째, 작은 학교 공동체라는 특성을 최대한 살려 교수와 학생 간의 긴밀한 인간적인 교육이라는 목표를 잡는다. 대규모 공장에서 찍어내는 제품이 아니라, 학생 한 사람 한 사람을 수공품 만들 듯이 빚어내는 교육 정신은 다른 큰 학교에서는 불가능하더라도 적어도 우리 학교에서는 꿈꿔볼 만한 목표가 아닐까? 둘째, 개방적이고 '리버럴'하며 전인적인 교양인을 양성한다는 목표 역시 우리가 마음만 먹으면 추구할 수 있는 지향점일 것이다. 요즘 한국 사회가 보수화되고 있다는 말을 많이 듣는다. 우리 학교가 추구해온 '진보'라는 이상과 관련해서 고민거리를 안겨주는 동향이다. 하지만 나는 우리 국민이 특별히 보수화되고 있다고 생각하지 않는다. 진보와 민주주의 자체를 반대하는 것이 아니라, 진보'만' 이야기하고 민주주의'만' 거론하는 단색적인 접근방식에 식상한 것이라고 본다. 좀 더 유연하고 문화적이며 휴머니즘이 풍부한 콘텐츠로써 진보니 민주주의니 하는 정치성 짙은 주장을 인간화하고 보완해주기를 원하는 것이다. 이렇게 본다면 앞으로 우리 학교가 지향할 목표는 '전인적인 교양과 민주적 진보의 겸비'에 있는 게 아닐까?

나는 이번 학기에도 수업을 마치고 간혹 진영종 교수의 차를 타고 귀가하곤 했다. 그때마다 나는 우리 학교가 이런 방향으로 발전하는 게 좋지 않을까라고 열심히 이야기를 한다. 진 교수가 이의를 제기하려고 하면 "운전 중에는 운전에만 신경 쓰시라"고 말을 막고 내가 주로 발언을 독점한다. 내 작전이 주효했는지 요즘엔 진 교수도 내 의견에 100퍼센트 동조하는 기색을 보인다. 이제 한 분은 완전히 설득했으니 앞으로는 다른 교수님의 차를 얻어 탈 기회를 늘려 이런 이야기를 적극적으로 해볼 작정이다. 지구 온난화 문제와 학교 발전 문제를 함께 해결할 수 있는, 이것이야말로 일거양득이 아닌가.

우리는 사람이 사는 마을로 간다

이 지 상(성공회대학교 교양학부 외래 교수)

노 래로 보는 한국 사회

박경태 교수(사회과학부)의 〈이등병의 편지(김현성 작사 · 작곡)〉가
강의실에 울려 퍼진다. 피아노에 앉은 반주자의 어깨를 장난치듯
토닥거리며 열창을 마치는 순간, 교수가 노래를 부르는 모습에 신기
해하던 학생들은 이내 노래 실력에 감동받은 관객의 표정이 되어
박수와 환호를 멈출 줄 모른다. 오늘의 공연을 위해서 30년 동안
머리를 희게 물들였다는 김창남 교수(신문방송학과)의 농담에 어깨를
들썩이며 웃다가 그가 숨넘어갈 듯 여린 소리로 부르는 〈기지촌(김민
기 곡 · 노래)〉에는 조용히 눈을 감고 손가락 장단을 맞춘다. 이어

김진업 교수(사회과학부)의 '눈 감으면 코 베어가는'이 아니라 '입만 열면 잡혀가던' 삼엄했던 대학 시절 얘기가 펼쳐지면 학생들의 초롱한 눈망울에는 1970~1980년대 유신과 군사 독재 시대에 살았던 한 청년의 고뇌가 맺힌다.

"자유의 나무는 자유를 갈망하는 자의 치열한 삶을 먹고 자란다"는 평범한 진리가 반드시 책 속에만 있는 것은 아님을, 매 학기의 마지막 수업으로 진행되는 더 숲 트리오(김진업·김창남·박경태 교수)의 공연을 통해서 확연히 느낄 수 있다.

— '노래로 보는 한국 사회' 제15강 '청년아! 청춘의 노래를 들어라' 중에서

2004년 새봄에 시작된 '노래로 보는 한국 사회'라는 교양과목이 현재까지 학생들의 꾸준한 호응을 얻고 있는 기저(基底)에는 **시대와 함께 청년의 삶을 치열하게 살았던** 이들 더 숲 트리오의 노랫소리가 깔려 있다.

"모든 예술의 감동의 최고치는 눈물이다." — 조태일

때로 예술가란 존재는 뱀처럼 다른 곳을 볼 줄 모르는 고집을 갖고, 베짱이처럼 자신의 작품에 관대하며, 외나무다리의 염소처럼 자존(自存)을 지키기 위해 싸울 줄 알아야 한다. 모든 사회가 그런 것은 아니지만 일반적으로 예술가를 특별하다고 여기는 것은 그들이 품고 있는 세상에 대한 인식과 고민의 폭이 남달리 넓다는 것을 용인하기 때문이다. 게릴라와도 같은 위험한 상상을 통한 예술가들의 위대한 소통

능력은 **한 시대의 환부를 꿰매기도, 해부하기도 하며**(김창남) 막강한 대중적 지지를 토대로 사회를 진보의 단상 위로 끌어올리기도 한다.

진보의 역사 위에는 늘 그 시대를 대표할 만한 예술가와 작품이 있었다는 사실이 이를 증명한다. 그러므로 진정한 예술가의 고집이나 자존은 세상으로부터의 단절과, 독립된 자기 확신에서 비롯된 것이 아니라 세상과의 불화(不和) 속에서도 적극적인 치유의 방식을 찾아나서는 순례자의 고통 속에서 나와야 한다. 예술가의 예지적 능력 또한 스스로 만들어내는 상상력보다 사회와의 관계로부터 부여받는 것이 당연하다.

누군가 "험난한 노래의 길"이라는 표현을 썼다. 이 말에는 사랑이든 이별이든 그 어떤 추상명사든 개인의 사소한 감정을 말하기보다 사회적 관계 속에서 마주하는 보편적 정서를 끌어내기 위한 고민이 담겨져 있다.

이러한 노래 속에서의 사랑은 삶의 저변에 깔려 있는 수많은 사람의 고통을 들춰내고 연대하며 결국은 그 고통을 넘어서고자 하는 가장 아름다운 투쟁의 모습을 하고 있다. 우리는 이 '험난한 노래의 길'을 찾는 과정을 '삶에 대한 경외'라고 말한다.

'험난한 노래의 길' 속에서 만나는 고통과 희열, 분노와 사랑의 에너지를 오선지 속의 선율로 그리고 가슴속 깊은 폐부의 음성으로 토해내는 창작자가 있고, 그 길에서 창작자와 같은 개인적·사회적 경험을 공유하고자 노래를 찾는 수용자가 있다. 이 둘에게 '삶에 대한 경외'라는 말은 함께 적용되며 음악적으로 가장 이상적인 이 둘의 만남 사이의 경계에는 **눈물이라는 감동의 최고치**가 놓이게 된다.

역사를 반영한 음악이야말로 진정한 눈물의 음악이라고 했다. 지나온 한국 사회의 속내를 들여다보며 그 안에 꿈틀거리는 노래를 듣는 일은 그래서 더욱 중요하다.

역사 속의 노래, 노래 속의 역사

고려 시대 원나라에 바쳐졌던 공녀(貢女)와 조선 시대 청나라로 끌려 간 환향녀(還鄉女)는 자신의 가족조차도 지키지 못하는 봉건 시대 가부장제의 허울을 안은 채 '일본군 위안부'가, 또는 해방 후 낯선 이방의 군인에게 청춘을 팔아야 하는 기지촌의 여성이 되고 '일본군 위안부'나 기지촌 여성의 고통스런 역정(歷程)을 담은 〈사이판에 가면(민병일 시, 이지상 곡)〉, 〈에레나가 된 순이(손로원 작사, 한복남 작곡)〉, 〈기지촌(김민기 작사·작곡)〉 혹은 〈비닐 장판 위의 딱정벌레 (최성호 작사·작곡)〉라는 노래들은 오롯이 그 슬픈 역사 안에 남아 있다.

- '노래로 보는 한국 사회' 제10강 '환향녀/일본군 위안부/기지촌에 얽힌 여성의 수난사' 중에서

어릴 때 떨어지는 감꽃을 셌지
전쟁 통엔 죽은 병사 머리를 세고
지금은 침 발라 돈을 세지
먼 훗날엔 무얼 셀까

- 〈감꽃(김준태 시, 유종화 작곡)〉

조용하다.

기타를 울리기 전 웅성거리며 담소를 나누던 소리들은 어디로 가고 90여 명, 180개의 눈동자가 강단으로 쏠린다. 노래를 부르는 나는 이 적막함이 좋다.

묵언(默言)과 묵언 사이, 단지 나의 목젖이 울릴 뿐인데, 지근거리에 있는 학생들의 심장은 내 노래의 박자에 맞춰 흔들리는 듯하다. 노래를 부르며 많은 말들을 생각한다.

울 뒤의 감꽃을 엮어 댕기진 머리에 꽂으며 산수유 냇길 따라 봄나물 캐러 다녔을 구례군 산동면의 순례. 귀신 잡는 해병으로 베트남 정글을 누볐다던 우리 동네 아저씨. "무엇이 돈 되나"로 시작해서 "부자 되세요"로 끝을 맺는 일상의 대화 방식 등은 노래가 끝나면 내가 설명해야 할 내용들이다.

열일곱. 강의를 함께하는 학생들보다 훨씬 어린 소녀 백순례는 여순 항쟁 당시 산사람(빨치산)이 된 오빠 대신에 토벌군에게 끌려가 죽음을 맞게 된다. 피우지 못한 청춘의 한은 포승줄에 묶여 서늘한 가을 언덕 어디론가 사라지는 백순례의 입을 통해 〈산동애가〉라는 노래로 만들어지고 또 누군가의 입을 통해 긴 역사를 건너와 그 당시 비참했던 전장(戰場)의 참상을 말하고 있다.

베트콩의 귀때기를 잘라 중대장에게 보고를 했다고 하던가.

미군 비행기가 한바탕 비를 뿌리고 가면 월남 정글의 수많은 나무 이파리들이 떨어지고 적들의 동태가 한눈에 보여 전투하기가 훨씬 수월했다는 무용담을 들을 무렵은 월남전 참전 용사인 동네 아저씨가 환국(還國)할 때 사들고 온 동네에서 하나밖에 없는 TV를 보고 있을 즈음이었다.

그 후 연인원 30만 명이 참가했던 그 전쟁에서, 살아 돌아온 이들의 몸에 붉은 반점이 생기고 팔다리가 마비되면서 정글의 폭염을 식혀 주었던 미군 비행기의 비 같은 것이 고엽제라는 몹쓸 물질이었다는 것이 알려지게 된다. 보이는 모두가 적이 아니라 민간인이기도 했다는 것과 그래서 그들의 귀때기도 함부로 자르면 안 되었다는 걸 한국 사회가 자성하게 되면서 〈월남에서 돌아온 새까만 김 상사(신중현 작사·작곡)〉에 등장하는 용감한 전사였던 그 아저씨의 행적이 궁금해지기 시작했다.

1966년 베트남 중부 선틴현 푹빈촌에서 한국군에게 강간당한 베트남 처녀 레티응옥과 그 때문에 사랑하는 사람을 잃은 톤롱히엔의 40여 년 된 망부가 〈베트남에서 온 편지(이지상 곡)〉를 그 아저씨께 들려주며 그 당시의 상황을 좀 더 물어보고 싶었으나 동네에 그분의 행적을 정확히 아는 이는 많지 않았다.

– '노래로 보는 한국 사회' 제5강, '전쟁을 멈추라, 이 해가 가기 전에' 중에서

과제 하나–노래 듣고 울어보기

비 오는 수요일에는 한 번쯤 듣고 넘어가는 〈비 오는 거리(김신우 작사·작곡)〉가 끝난 후 뜬금없이 학생들에게 질문을 던진다.

"노래 듣고 울어본 경험이 있습니까?"

우선 문자나 영상 매체에 비교할 때 노래라는 장르가 갖는 시간적·공간적 한계는 차치하고라도 노래방에 가야만 노랫말을 확인할 수 있는 요즘의 음악, 그리고 춤, 비트, 가수의 현란한 모습 등 노래 외적인

요소들이 경쟁의 주요 쟁점이 된 가요의 현주소를 생각하면 위의 질문에 학생들이 생뚱맞은 표정을 짓는 것은 당연하다. 더욱이 소위 "돈이 되는" 일에만 몰두해 있는 대중 매체를 노래 정보의 원천으로 삼을 수밖에 없는 현재의 유통 구조상 "사랑아! 네가 떠나서 나는 운다" 류의 한정적 주제 외에 노래를 통해 더 다양한 문제의식을 가지라고 요구할 수도 없는 노릇이다.

그럼에도 가슴속 진동과 심장의 두근거림에서 기인한 눈물의 노래를 찾는 것은 **노래가 단순한 감정의 배설물이 아니라** 차고 넘쳐나는 음악의 홍수 속에서 자신의 마음을 쉬게 할 작은 배를 만드는 것이고 나아가 일생을 두고 함께할 정서적 의지처(依支處)를 확보하는 일이다.

"이번 학기 첫 번째 레포트 '노래 듣고 울어보기' 다음주까지 제출해 주세요."

내 말이 떨어지기 무섭게 학생들의 애교 섞인 볼멘소리가 들린다. "그런 경험이 없어요"라든가 "숙제가 너무 어려워요" 등등. 그러나 학생들은 이번 기회를 통해 이뤄지지 못해 더 아팠던 첫사랑을 떠올릴 것이고, 자신을 낙오자라고 여겼던 끔찍했던 고교 시절을 기억할 것이며, 더러는 가족의 생존을 위해 일하다 어깨가 늘어진 노동자 아버지의 십팔번을 적어낼 것이다.

과제 둘–집으로 가는 길

봄비가 촉촉이 적시는 한가한 오후이기를 바란다. 가능하다면 우산은 받지 않는 게 좋겠다. 그게 안 된다면 되도록 작은 우산을 썼으면

한다. 단 한 번, 단 일 초만이라도 그 우산에 떨어지는 빗방울의 개수를 헤아려보자. 낙엽이 그득히 떨어져 거리에 뒹구는 날이어도 좋다. 가을 바람에 떨어지는 나뭇잎이 어디로 향하는지를 봤으면 좋겠다. 낮은 곳, 더 낮은 곳. 그곳에서 "사랑은 왜 낮은 곳에 있는지"를 낙엽에게 물어보라던 (안도현 〈가을 엽서〉) 시구절 하나를 떠올려보자. 만에 하나 당신이 그곳에서 외롭다면 그 외로움은 어디서 오는지 생각해보라.

'노래로 보는 한국 사회'의 두 번째 과제는 집으로 가는 길.

능력이라는 언어로 포장된 효율성의 잣대는 알을 많이 얻기 위해 좋은 사료를 공급받는 양계장의 닭과 똑같은 방식의 삶을 인간에게 요구한다. 한계가 없는 효율성 중심의 경쟁 체제에서 그 안에 갇힌 모든 것들은 벼슬의 색깔이 시드는 줄도 모르고 알 낳기에 열심인 양계장의 닭처럼 자신의 생산력에 감탄하며 경쟁에서 살아남는 법을 자랑스레 설파한다.

그 경쟁의 중심에 속도가 있다. 놀라운 세상의 속도는 대한민국 어느 누구에 관한 정보라도 알아낼 수 있는 네트워크를 구축했고 신모델 전자 제품을 몇 개월에 한 번씩 바꿔치우는 생산력도 갖췄지만 과연 그것이 한 개인의 삶에 얼마나 도움이 될까?

'집으로 가는 길'은 숨 가쁜 세상의 속도에서 잠시 벗어나 자신만의 속도를 즐기는 과제다.

버스나 지하철의 차창으로 스쳐 지나갔던 일상의 풍경들을 오직 두 발로 터덜터덜 걸어보면 대중 교통의 속도로 인해 놓치고 지나갔던 무수한 것들이 눈에 들어온다.

두어 시간 남짓 걸은 지친 다리를 펴고 쉴 때쯤 문득 사람이 그리워

눈시울이 붉어진다면 그것은 **자본 중심의 효율성의 세계로부터 인간 중심의 진정성의 세계로 첫발을 디딘다는 신호**가 될 것이다.

사람이 사는 마을

오른 손바닥을 가슴 높이에서 하늘을 향해 펼친다. 그 위에 자신이 생각하는 작고 예쁜 새를 마음대로 올려놓고 손을 꼭 움켜쥔다. 당연히 손 안에 움켜쥔 새는 자신의 것이 되지만 주위를 둘러보면 90여 명의 학생 모두가 자신의 것만 움켜쥐고 있다. 소통의 단절이다.

그 상태에서 다른 이가 생각해낸 예쁜 새는 자신과 전혀 상관없는 것이 된다. 이제 움켜쥔 손을 펴본다. 자신의 손바닥에 있던 작은 새는 옆 친구의 어깨 위에 앉고 옆 친구가 생각해낸 예쁜 새는 또 다른 친구의 머리 위에 앉는다. 강의실에는 각자가 생각해낸 무형의 예쁜 새들이 누구의 소유도 아닌 채 자유로이 날고 있다. 자연스런 소통이다.

애인이 없음에도 자신에게 맞는 사람을 찾아 눈알을 굴리지 않는 학생은 이 수업을 듣지 말아달라고 첫 강의 때 늘 얘기한다. 사람, 사회, 자연, 그리고 역사의 원활한 소통을 주요 테마로 삼는 강좌니만큼 이 수업을 통해 자연스럽게 엮인 연인 한두 쌍쯤은 있을 만도 한데, 유감스럽게도 아직 그런 소식이 없는 걸 보면 여전히 그 모든 것들의 자유로운 소통은 상상 속에서나 가능한 것일까? 사람이 사는 마을로 가는 길이 험난한 것처럼.

서두에 소개한 제15강 '청년아! 청춘의 노래를 들어라'의 풍경 중에 빼놓은 것 하나.

더 숲 트리오의 공연에 맨 마지막 곡은 '노래로 보는 한국 사회'의 반가(班歌)인 〈철길〉(안도현 시, 이지상 곡)이다.

한 학기 동안 열심히 연습한 학생들과 함께 더 숲 트리오가 화음을 넣어 부른다.

"사람이 사는 마을에 도착하는 그날까지 그날까지 그날까지."

더 숲 트리오의 노는 이야기

김 창 남(성공회대학교 신문방송학과 교수)

매 학기가 끝나고 방학이 시작될 즈음이면 교수 수련회를 간다. 내가 성공회대학교에 온 지 벌써 12년이 되었으니 연구년으로 해외에 있던 때를 제외해도 줄잡아 스무 번 정도는 수련회를 다닌 셈이다. 나는 워낙 게으른 편이라 휴일이든 방학이든 식구들 데리고 어디 놀러가거나 여행 다니는 일이 거의 없지만, 우리 학교의 교수 수련회만큼은 빠지지 않고 따라간다. 뭐든 내가 결정해야 하고 게다가 운전하고 다니면서 책임을 져야 하는 여행과 달리 수련회에는 그저 따라다니기만 하면 되니 부담이 없어 좋다. 무엇보다도 거기서 교수들끼리 어울려 노는 것이 즐겁기 때문이다. 수련회에 가면 마치 20~30년 전 대학 시절로 돌아가 선후배들이 함께 MT를 떠난 기분을 느끼게 된다. 교수들 가운데는 70~80년대 군사 정권 시절에 대학을 다니면서 비슷한 경험을 했던 사람들이 많은 까닭에 노는 방식에서도 이른바 '코드'가 맞는다. 그러니 수련회는 내게 오래 전의 젊은 시절로 되돌아가는 일종의 시간 여행인 셈이다. 과거 대학 시절의 MT때도 그랬듯이 수련회의 밤도 언제나 술잔을 앞에 놓고 둘러앉아 밤새 노래를 부르는 것으로 시간을 보내곤 한다. 최근 몇 년 동안은 공식적인 수련회 말고도 강원도 미산계곡의 개인 산방을 찾아 하루를 지내고 오는 경우가 자주 있었는데, 거기서도 밤샘 노래 파티는 변함없이 진행되곤 했다. 대강 밤 10~11시쯤 시작된 자리는 새벽을 지나 동이 틀 때쯤이나 파하는 것이 상례다. 그때쯤이면 함께 자리를 시작했던 사람들 상당수가 먼저 판을 떠나 잠자리에 든 후지만, 그래도 끝까지 남아 있는 최후의 용사 몇몇은 늘 있게 마련이다. 술 좋아하고 노래 좋아하고 놀기 좋아하는 그 사람들은 공식적인 교수 수련회뿐 아니라 비공식적인 개인 산방 나들이에도 늘 함께하는 단골들이다. '더 숲 트리오'의 역사는 그렇게 밤새 술 먹고 놀던 모임에서 시작되었다.

'더 숲 트리오'의 구성원은 사회학과 박경태, 김진업 교수와 나 이렇게 셋이다. 모두 노는 자리에는 빠지지 않는 사람들이고 남이야 뭐라든 '한 노래' 한다고 자부하는 사람들이다. 물론 MT에서 늘 새벽까지 판을 떠나지 않는 최후의 용사들이다.

박경태 교수는 대학 시절 한때 노래패들과 어울렸던 경력이 있던 만큼 노래도 잘 부르지만 탁월한 유머 센스로 언제 어디서나 분위기 메이커 역할을 한다. 어떤 자리건 그가 사회자로 나서면 적어도 분위기 썰렁해질 걱정은 할 필요가 없다. 스스로 주장하듯 그는 타고난

'사회학' 전공자다. 그 사회학이 그 사회학인지는 잘 모르겠지만.

김진업 교수는 평소에는 점잖고 진중한 사람이지만 일단 노는 자리에서는 누구보다 적극적이고 게다가 막강한 지구력의 소유자라 결코 남보다 먼저 잠자리에 드는 법이 없다. 무엇보다도 그는 노래를 좋아하고 매우 잘 부른다. 뛰어난 음악성을 타고나서 함께 노래를 부를 때면 멋진 화음으로 코러스를 넣어 분위기를 살려주곤 한다.

수련회에서 놀다 보면 주로 내가 기타 반주를 하고 박경태 교수가 사회자로 분위기를 즐겁게 하고 김진업 교수가 레퍼토리를 이끌고 나가며 코러스를 해준다. 우리가 즐겨 하는 레퍼토리도 동요에서 뽕짝, 팝송에 이르기까지 다양하지만 아무래도 가장 주요한 레퍼토리는 70년대의 포크 가요와 80년대의 민중가요들이다. 중요한 것은 우리가 밤새 놀 때 '한 번 부른 노래는 결코 다시 부르지 않는다'는 미련하기 짝이 없는 원칙을 늘 고수한다는 점이다. 밤새면서 적어도 대여섯 시간을 쉬지 않고 노래하지만 단 한 번도 노래가 겹치지 않는다는 게 우리 '더 숲 트리오'의 자랑이라면 자랑이다.

'더 숲 트리오'가 그저 밤샘 노래판의 '최후의 용사'에 그치지 않고 남들 앞에서 노래를 연주하는 진짜 '트리오'가 된 것은 가수 이지상이 진행하는 '노래로 본 한국 사회'라는 교양 과목을 통해서였던 것 같다. '노래로 본 한국 사회'는 한국 현대사를 당대의 노래와 함께 살펴보는 인기 교양 과목인데, 이 강의의 맨 마지막 시간에 우리를 초대한 것이다. 그게 2003년 무렵 아닌가 싶다. 이 자리에서 우리는 학생들에게 우리의 대학 시절을 이야기해주고 그 시절 우리가 불렀던 노래를 불러주었다. 학생들로서는 평소에 듣기 어려웠던 교수들의 진솔한 체험담을 듣고 게다가 노래까지 들을 수 있는 기회였으니 호응이 매우 좋았는데, 이후 이 행사는 매 학기 거르지 않고 진행되고 있다. 우리의 자식뻘 되는 젊은 학생들에게 우리가 지나온 시대를 이야기해주고 그 시절의 노래를 통해 조금이나마 공감해보는 건 매우 즐겁고 소중한 경험이다.

그렇게 성공회대 내에서 조금씩 활동 폭을 넓혀가던 우리 트리오가 처음으로 많은 수의 관객 앞에서 공연할 기회를 가지게 된 것이 2004년 10월에 있었던 '샤우트 아시아' 공연이다. 아시아 지역의 인권과 평화를 위한 시민사회 지도자 육성 기금을 모은다는 취지의 이 공연에 윤도현밴드와 강산에, 김C가 이끄는 밴드 '뜨거운 감자', 그리고 우리 대학의 교수들이 참여했다. 윤도현밴드나 강산에, '뜨거운 감자'는 모두 나와 개인적으로 가까운 친구들이고 그 덕분에 우리 학교에서 공연을 해본 적이 있는 가수들이다. 1996년 내가 성공회대에 처음 왔을 때 몇몇 가까운 음악인에게 부탁해 우리 학교에서 공연을 했던 것이 그 시작인데, 그때 와준 친구들이 강산에, 안치환, 윤도현, 권진원, 이정렬, 노찾사, 그리고 한돌 선배 등이었다. 이듬해인 1997년에도 윤도현밴드, 권진원, 이정렬, 노찾사, 그리고 정태춘 선배가 공연을 해주었고, 2001년에는 동물원, 장필순, 뜨거운 감자, 강산에, 윤도현밴드가 성공회대의 작은 캠퍼스를 열광시킨 바 있었다.

'샤우트 아시아'는 그런 관계의 연장선에서 이뤄졌다고 할 수 있다. 윤도현이 신문방송학과 03학번으로 입학한데다, 우리 대학의 졸업생으로서 주목받는 공연기획자로 성장한 탁현민 군이 윤도현밴드와 강산에, 김C의 소속사인 다음기획에서 콘텐츠팀장을 맡고 있던 때라 공연 기획은 어렵지 않게 이뤄졌다. 문제는 교수 출연진을 어떻게 구성하고 레퍼토리를 어떻게 할 것인가였다. 일단 박경태, 김진엽, 김창남 세 사람이 출연하기로 했고 김성수 총장님과 신영복 선생님, 그리고 조효제, 김동춘, 한홍구 교수가 함께 나서기로 했다. 이 공연에서 김진엽, 박경태, 김창남의 무대가 마련되었고 여기서 우리 세 사람은 수천 명의 관객 앞에서 그동안 갈고 닦았던 실력을 마음껏 과시……했다고 생각했지만, 나중에 촬영 화면을 보면서 아마추어의 어쩔 수 없는 한계를 절감해야 했다. 평소 노래 부를 때는 몰랐는데, 막상 좋은 기계로 녹음을 해서 들으니 음정이며 박자며 뭣 하나 제대로 된 것이 없었다. 그런 아마추어의 어설픈 노래에 열광해준 관객의 너그러움이 그저 고마울 뿐이다.

아무튼 그렇게 해서 우리 트리오가 처음으로 교문 밖까지 알려지게 되었는데, 그때까지도 우리에게는 특별한 이름이 없었다. '더 숲 트리오'란 이름은 2005년 겨울 미산 개인 산방에서 열린 '더불어숲 학교'에 신영복 선생님과 우리가 함께 강사로 나섰을 때 참석하셨던 손혜원 선생(크로스포인트 대표)이 붙여주신 이름이다. '더 숲'은 '더불어숲'에서 따온 말이지만 숲의 의미를 강조해 '더(the) 숲'으로 해석할 수도 있다. 가끔 신영복 선생님께서 '숲'이 영어의 'soup'이니 '더 숲'이면 국물을 더 달라는 뜻이 아니냐고 놀리시기도 한다.

'더 숲 트리오'란 이름을 갖게 된 이후 우리의 활동은 더 활발해졌다. 그중에서도 기억나는 것이 2006년 8월 신영복 선생님 정년 퇴임을 기념하는 공연에 섰던 일이다. 한영애, 장사익, 강산에, 안치환, 윤도현 밴드, 시 노래 모임 나팔꽃(백창우, 김현성, 이지상, 홍순관) 등 기라성 같은 가수들과 함께였다. 이 공연의 맨 마지막 무대를 우리가 장식했으니 거의 조용필 수준의 대접을 받은 셈이다. 아쉽게도 때마침 비가 오락가락하는 바람에 준비된 레퍼토리를 다 하지 못하고 신영복 선생님과 함께 〈상록수〉를 부르는 것으로 끝내기는 했지만 우리로서는 결코 잊지 못할 무대였다.

신영복 선생님 정년 퇴임 콘서트 무대에 선 이후 '더 숲 트리오'는 갑자기 유명해졌다. 오랜만에 만난 친구들이 "너, 가수 활동도 한다며?" 하는 인사를 건네는 경우도 많았다. 한번은 강남 지역의 무슨 구민회관에서인가 섭외 전화를 걸어온 적도 있었다.

"김창남 교수님이세요?"

"네, 그런데요."

"저, 이번 '노인의 날' 기념 행사에 '더 숲 트리오'를 모시고 싶은데 가능하신지요."

"네? 아니 '노인의 날'에 왜 저희를……."

"노인 분들이 또래의 활동에 관심이 많으시거든요."

순간 무슨 대답을 해야 할지 당황하지 않을 수 없었다. 대충 스케줄이 바빠서 곤란하다고 핑계를 대고 전화를 끊고 나서는 한바탕 배를 잡고 웃어야 했다. 내가 이 이야기를 전하자 다른 사람들이 "이게 다 당신 때문이야. 머리가 허연 사람이 기타치고 있으니 노인인 줄 알잖아" 했다.

2006년 12월에는 대학원 합동 종강 음악회가 열렸다. 이 행사도 신영복 선생님으로부터 시작된다. 신영복 선생님이 맡고 계신 대학원 강의를 듣는 수강생이 청강생을 포함하여 150명이나 되어 강당(피츠버그 홀)에서 진행해야 했다. 이 강좌의 청강생 가운데는 아나운서, 피아니스트 등 다양한 분들이 있어 이분들을 중심으로 콘서트 행사가 준비된 것이다. 우리 '더 숲 트리오'와 이지상 씨, 그리고 대학원생과 청강생들 가운데 여러 팀이 노래와 춤, 연주를 들려준 이 공연도 우리 성공회대만이 가질 수 있는 따뜻하고 아름다운 자리가 아닐 수 없었다. 대학원 종강 콘서트는 이후 2007년 여름, 2008년 겨울에도 진행되어 이제 매 학기마다 진행되는 고정 프로그램이 되었다.

'더 숲 트리오'의 활동이 가장 활발했던 것은 2007년 한 해라 할 수 있다. 이해에 우리는 학교 안에서뿐 아니라 바깥의 다양한 공간에서 공연을 갖게 되었는데, 그중 가장 큰 행사는 10월 이화여대에서 있었던 국제 유아교육 심포지엄이다. 유아교육 관련 학자와 전문가들이 모인 이 국제 행사에서 신영복 선생님의 강연과 '더 숲 트리오'의 공연을 함께 초청한 것이다. 이 공연이 우리에게 큰 의미가 있는 것은 여기서 처음으로 이른바 개런티라는 걸 받았기 때문이다. 노래를 부르고 돈을 받다니, 이제 우리도 프로가 된 것 아닌가. 감격적인 일이 아닐 수 없었다. 이후 신 선생님의 강연과 '더 숲 트리오'의 공연을 패키지로 엮은 행사가 몇 차례 더 있었는데, 그중에서도 잊을 수 없는 것은 영등포교도소에서의 공연이었다. 우리 대학 사회복지학과 이영환 교수가 관계하고 있는 '재소자를 위한 인문학 강좌 프로그램'의 일환으로 신영복 선생님께 강연 요청이 왔는데, 신 선생님께서 '더 숲 트리오'와 함께 가는 게 좋겠다고 하시는 바람에 마련된 행사였다. 이 행사에서 우리는 정말 최고로 힘든 공연을 해야 했다. 지금까지 우리가 했던 공연장의 관객과는 달리 우리와 공감대를 전혀 갖지 못할 뿐 아니라 듣겠다는 의지도 거의 없는 사람들을 대상으로 노래를 부르는 건 정말 쉽지 않은 일이었다. 게다가 수백 명이 모인 강당에 마이크라고는 강연용 2개뿐이었으니 정말 최악의 조건이 아닐 수 없었다. 그 최악의 조건 속에서 우리는 최선을 다했고 처음에 심드렁했던 재소자 관객들도 나중에는 꽤나 적극적으로 호응해주었다. 이날 공연 중 잠시 쉬는 시간에, 재소자 한 사람이 무대로 올라와 내게 인사를 했다. 알고 보니 10년쯤 전에 서울대학교에서 내 강의를 들었던 학생이었다. 양심적 병역 거부로 형을 살고 있다고 했다. 가슴이 짠해왔다.

그렇게 몇 번 개런티 받는 공연을 다니면서 '더 숲 트리오'도 완전히 프로의 반열에 오른 셈이다. 하지만 정말 의미 있는 자리라면 돈 한 푼 받지 않고도 기꺼이 힘을 보탤 줄 아는 것이 진정한 프로의 자세이기도 하다. 여전히 '더 숲 트리오'가 함께하는 자리들은 대체로 너무나 의미가 많은 자리들이다. 아, 세상은 왜 이렇게 여전히 의미 있는 자리를 많이 필요로 하는지······.

무소속 구락부

교양학부 교수로 보낸 8년

한 홍 구(성공회대학교 교양학부 교수)

작은 학교 성공회대학

성공회대학교는 작은 학교다. 아주 작은 학교다. 내가 잘 아는 어느 원로 사학자는 나한테 대놓고 "학자가 크려면 큰 학교에 있어야 한다"는 독특한 이론으로 지나친 걱정을 해준 적도 있었다. 아닌 게 아니라 학교가 작긴 작다. 내가 미국으로 유학을 떠난 1989년에는 우리 학교가 비로소 '성공회신학교'라고 이름을 바꿀 때이니 학교의 존재 자체가 사회에 거의 알려지지 않았다. 나 역시 미국에서 한국 신문을 보면서 신영복, 이재정, 조희연 등 매우 활발한 활동을 하는 진보 인사들의 이름에 늘 성공회대라는 이름이 따라다니는 것을 보고 우리 학교를 유심히 지켜보게 되었다. 그리고 김동춘 선생이 오랜 강사 생활 끝에 개인적으로 안식년을 보내러 LA에 왔다가 몇 달 안되어 성공회대에 임용이 되었다고 좋아하면서 서울로 돌아간다는 전갈을 받고 '그 학교 참 좋은 학교구나' 하는 생각을 하게 되었다. 1999년, 10년 만에 귀국하면서 인연이 닿아 성공회대에서 '북한 사회의 이해'라는 과목을 강의하게 되었다. 지난 몇 년간 언론을 통해 큰 관심을 갖고 지켜보던 성공회대학교에 첫발을 내딛는 순간 받은 첫인상은 요즘 인기 TV프로의 코너 이름처럼 '달랑 이거'였다. 그때는 새천년관도, 도서관도, 대학 성당도, 열림관도, 성 베드로학교 신축 건물도 없을 때였으니 그럴 만도 했다.

2000년에 운이 좋게 우리 학교에 전임이 되어 자리를 잡았는데, 마침 새천년관이 완공이 되어 입주하게 되었다. 이 무렵 선배 교수나 복학생들로부터 자주 듣는 이야기가 학교가 너무 커지고 복잡해졌다는 것이다. 그 전에는 웬만한 사람은 대개 낯이 익었는데, 이제는 모르는 사람이 천지이고 서로 알려고 하지도 않는다는 것이다. 그래도 추억으로나마 전교생이 거의 다 알고 지냈다는 이야기를 할 수 있는 대학은 우리 학교밖에 없지 않을까?

무자식 상팔자

나는 성공회대학교에서도 교양학부 소속이다. 각 대학마다 교양학부의 성격과 위상이 조금씩 다를 터인데, 우리 학교의 경우는 교양학부가 일종의 '무소속 구락부'다. 큰 대학의 경우에도 아주 특수한 분야를 전공한 교수의 경우, 간혹 어느 과에도 속하지 않는 일이 있을 수 있는데, 우리 학교 교양학부 소속 교수 3명의 전공은 이른바 '메이저'

학문으로 분류되는 교육학, 한국문학, 한국사다. 우리 학교 교양학부에는 외국의 일부 대학에서 실시하는 자유교양 교육처럼 학생이 소속되어 있지 않다. 교수 3명에 조교 1명이 교양학부 식구의 전부다.

자신의 전공 과목에 해당하는 학과가 없다는 것은 솔직히 여러모로 불편한 점을 느끼게 한다. 한국처럼 각 학문이 분과별로 움직이는 현실에서 같은 분야를 연구하는 동료 교수가 없거나, 전공 과목을 깊이 있게 가르칠 수 없다는 것은 적지 않은 불이익이라 아니할 수 없다. 그러나 또 한편으로는 자식이 없어 쓸쓸하기도 하지만 '무자식 상팔자'를 실감하기도 한다. 번잡한 학과회의를 많이 할 이유도 없고, 과별 입시 경쟁률에 일희일비할 필요도 없고, 아무래도 많은 학생들을 돌봐야 하는 다른 학과 교수들에 비하면 학생들 취업 문제 걱정에서도 한 발 비켜서 있다 하겠다. 국회에 비유한다면 교양학부는 '교섭단체'가 아니라 '무소속 구락부'라 할 것인데, 무소속의 설움 내지 불이익을 상쇄해주는 것은 자유로움이다. 그런데 그러한 자유로움을 즐기다가도 '너무' 자유롭다는 것을 느끼는 때가 바로 스승의 날이다. 한동안은 우리끼리 '밥이나 먹읍시다' 하고 모였는데, 그것도 좀 '거시기' 하다 해서 치워버렸다.

나는 사회 현안과 관련하여 언론과 인터뷰할 때나 ≪한겨레21≫ 등에 글을 쓸 때 누구 눈치보고 주저하는 일이 거의 없었다. 그런데 내가 다른 학교에 재직하고 있었다면 그럴 수 있었을까? 우리 학교에 자리 잡고 한 학기도 안 되었을 때의 일이다. 당시 우리 학교 겸임교수로 있던 친구 유시민 군이 MBC 〈100분 토론〉의 진행을 새로 맡게 되었는데, 첫 주제로 잡은 것이 당시 극히 민감했던 베트남전에서의 한국군에 의한 민간인 학살 문제였다. 나는 당시 베트남전 진실위원회 활동을 하고 있어 이 프로에 출연하게 되었다. 토론을 마치고 다음날 학교에 왔더니 참전 군인들 쪽에서 학교로 당장 쳐들어올 기세로 항의 전화가 엄청나게 많이 왔다는 것이다. 다른 학교 같으면 난리가 났을 텐데 우리 학교에서는 아무도 나에게 눈치를 주거나 자제를 요청하지 않았다. 다만 같은 교양학부의 고○헌 선생님이 마침 교무처에 있을 때도 그런 항의 전화가 걸려왔는데, 전화를 받은 직원 선생님이 고○헌 선생님께 전화를 주면서 "저, 얼굴 넓적한 ○○ 찾는데요?" 하더란다. 그 얘길 하면서 고○헌 선생님이 농담으로 "한 선생, 앞으로 그런 데 나오라면 나가지 말아요. 대신 김○춘 선생 내보내" 그랬다. 그러자 김○춘 선생 못지않게 얼굴이 긴 이○환 선생이 깜짝 놀라면서 "안 돼, 안 돼, 그냥 나가, 그냥 나가"라며 손사래를 쳤다. 그러니 민감한 주제에 대해 선배 교수로부터 방송 출연을 승인받은 셈이다. 만약에 내가 큰 대학 사학과에 자리 잡아서 층층시하 선배 교수들 아래 있는 처지라면 이런 자유로움은 꿈도 꾸지 못했을 것이다.

우리 학교만의 교양 과목

전공 수업을 하지 못하는 섭섭함은 우리 학교만의 특색 있는 교양 과목을 운영하는 것으로 어느 정도 상쇄할 수 있다. 내가 가르치는 학부 교양 과목은 답사 과목('문화 답사 기행', '문화 유산 탐방')을 매 학기 개설하고 있고, '한국 현대사'와 '군대와 사회'를 번갈아가며 개설하고 있다. '한국 현대사'는 요즘 대부분의 대학에서 다 개설하는 과목이지만, 답사 관련 과목은 개설된 대학이 몇 되지 않고, '군대와 사회'는 거의 없다.

답사 과목은 한 학기에 2번 정도는 버스를 빌려 강화도, 매향리, 나눔의 집(일본군 위안부 할머니 쉼터 및 역사 자료관), 용문사 및 서울영화종합촬영소, 노근리, 평택 미군기지, 철원 등지를 답사하고, 5~6회 정도는 경복궁, 종묘, 청계천, 수원 화성, 운현궁, 명동성당, 정동(성공회 성당 및 덕수궁 포함), 남산, 서대문형무소, 인천 차이나타운, 화성, 서울 성곽, 국립 현충원, 수유리 4·19 국립묘지, 전쟁기념관, 국립현대미술관, 경기도미술관, 백범기념관 및 백범 묘소, 한겨레신문사, MBC, KBS 등을 방문한다. 한 학기에 한 번 정도는 첨예한 문제로 제기되는 사안과 관련된 집회(낙선 운동, 이라크 파병 반대 집회, 미선이·효순이 촛불 집회, 탄핵 반대 촛불 집회 등)에 참석하기도 한다. 특별한 집회가 없을 때는 참여연대, 외국인노동자 단체 등 시민단체를 방문했다. 좋은 기회가 닿아 초대권이 확보되면 영화나 연극을 단체로 관람하기도 한다. 얘깃거리가 많은 곳을 답사할 때는 강의실 수업을 하고 간다. 아는 만큼 보이기 때문이다. 집회 참가나 시민단체 탐방은 지금 만들어지는 역사의 살아 있는 현장을 찾아가 함께 해보는 소중한 체험과 생생한 느낌을 얻게 해준다.

답사 수업은 소속 학과와 학생이 없는 나로서는 우리 학생들과 친해질 수 있는 좋은 기회다. 밥도 같이 먹는 경우가 몇 차례 있고, 또 답사지에 따라서 유적만 보는 것이 아니라 사람들이 무엇을 먹고 살았나를 알아보는 것이 중요하다는 이유로 '수질 검사'를 빙자하여 막걸리와 지역 특산품을 안주로 한 잔 하기도 한다. 한 학기에 7~8번씩 밖에 나가는 게 쉬운 일도 아니고, 또 버스를 빌려 답사를 할 때는 하루종일 걸리고, 교통체증이라도 빚어지면 밤 10시가 넘어 학교로 돌아오기도 하니 소요되는 시간도 만만치 않다. 그러나 "백문이 불여일견"이란 말이 괜히 나왔겠는가? 직접 자기 발로 현장을 찾아 눈으로 보고 몸으로 느끼는 것만큼 생생한 체험은 없다고 생각한다.

'군대와 사회' 수업은 내가 인권평화단체에서 활동하면서 절절하게 느낀 문제를 수업으로 만든 과목이다. 그리고 학생들 입장에서는 술자리에서 자주 이야기하는 문제를 역사적·사회과학적 관점에서 강의실로 옮겨온 것이기도 하다. 처음 이 과목을 만들었을 때는 언론에 특별한 강의로 소개되기도 했는데, 군 당국의 방송, 월간지, 일간지 등 홍보 매체에도 모두 비중 있게 소개되었다. 군 측에서 자기네 매체에 이야기를 싣겠다고 연락이 왔을 때는 "이 과목은 군을 홍보하는 것이 아니라 비판하는 과목"이라고 '자수'했지만, 일반 대학에서 군을 다루는 일이 워낙 없다 보니 팔자에 없이 국군방송 라디오 대담에도 나가고, 국군TV에서 수업하는 모습을 찍어가기도 했다.

왜 한국의 군대에서는 1980년대까지 전쟁을 치르지 않아도 해마다 1,000명 안팎의 젊은이들이 죽어가야 했을까? 왜 1990년대의 한국 사회는 군사 독재를 벗어났는데, 대학에서는 민주화된 시기에 선배가 후배에게 기합을 주는 일 등이 더 강화되었을까? 왜 일찍이 박정희 시대에 예비군을 없애야 한다고 강력히 주장하던 김영삼과 김대중이 10년간 대통령을 지낸 나라에서 예비군 폐지가 공론화되지 못하는 것일까? 왜 군대 갔다 와야 사람이 된다는 말은 우리 사회에서 아직도 힘을 발휘하는 것일까? 군 가산점 논쟁 같은 때 왜 예비역들은 그렇게 거친 반응을 보이는 것일까? 왜 한국에서는 수많은 기독교 평화주의

자도, '살생을 하지 말라'를 으뜸 가는 계율로 삼는 불교도도, 군사
독재와 목숨 걸고 싸운 민주화 투사도 다 얌전히 군대에 가고 양심에
따른 병역 거부는 여호와의 증인이라는 특정 종교 신자들만 해온 것일
까? 왜 한국군은 이북의 국가 예산보다 더 많은 국방비를 수십 년째
쓰고도 아직도 남쪽의 군사력이 북쪽의 군사력보다 열세라고 주장하
는 것일까? 이런 끝없는 의문이 이 수업을 만들게 된 동기이고, 또
수업에서 토론하는 주요 과제다. 학생들도 자신의 현실과 미래, 그리
고 체험과 직접적으로 관련된 문제이기 때문에 관심도 크고, 토론에도
적극적으로 참여한다. 탈군사주의라는 과제는 학교(특히 입시 전쟁을
치르는 고등학교)와 NGO에도 극히 중요한 문제이기 때문에, 비슷한
내용을 수준을 높여 대학원에서도 '군사주의와 한국 사회'라는 과목으
로 개설하여 수업하고 있다.

아주 특별한 대학원 수업

정말 성공회대이기에 가능한 것은 '특별한' 대학원 수업이다. 대학원
에서 수업을 한 것은 여러 해 되었지만, 2007년부터는 아주 특별한
경험을 하고 있다. 나는 2006년 안식년을 맞았는데, 다른 선생님들처
럼 외국에 나가지 못하고 '국가정보원 과거 사건 진실 규명을 통한
발전위원회'에서 상근하게 되었다. 과거 청산에 대한 책임감과, 남들
이 보기 힘든 중앙정보부-안기부 자료를 볼 수 있지 않을까 하는 기대
감이 작용해서 그렇게 된 것인데, 막상 일을 시작하고 보니 보통 스트
레스가 쌓이는 게 아니었다. 매일 보는 자료라고는 조작 간첩 사건
같은 숨이 턱턱 막히는 자료이고, 만나는 사람이라고는 100일간 지하

실에 갇혀 영문도 모르는 채 간첩이 된 트라우마에 가득 찬 피해자, 또는 시치미 딱 떼는 수사관 같은 사람이니 고래심줄 같은 신경을 가진 나도 돌아버리기 일보 직전의 그런 상황이었다. 그때 나에게 커다란 위안이자 치유가 되었던 것이 대학원 수업에서 학생들과 소중한 만남을 가진 것이었다.

2007년도에 아예 휴직을 하고 국정원 과거사위원회 일에 전념을 할까 망설이다가 뒤늦게 수업을 잡은 탓에 원래 대학원에 수업이 개설되지 않는 금요일로 시간이 배정되었다. 전에 수업을 할 때는 저녁 8시 15분경에 수업을 마치면 수강생들이 바로 다른 수업이 있고, 10시 넘어 마치면 그때부터 뒤풀이를 하기에는 너무 늦은 시간이라 대학원에서 학생들과 모임을 갖는 게 쉽지 않았다. 그런데 뒤늦게 금요일에 시간을 잡으니 금요일 저녁이 날아가는 대신 장점도 많았다. 보통 2시간 세미나를 하면 시간이 부족하여 급하게 마치게 되는데 뒤에 수업이 없어 마음놓고 이야기를 할 수 있어 좋았고, 한 시간쯤 토론을 하고 9시경에 마치면 한 잔 걸치러 가자는 이야기를 하기도 딱 좋은 시간이었다. 때로는 수업의 연장으로, 때로는 살아가는 이야기를 풀어놓다 보니 '놀토'라도 겹치는 날이면 밤을 지새우는 일도 많았다. 나뿐 아니라 수업을 듣는 수강생 선생님들(교사나 단체 활동가가 대부분)에게도 이 수업과 뒤풀이가 위로와 치유의 공간이 되었던 듯싶다. 특히 우리 학교에서 안식년을 보내고 계시던 서경식 선생님께서 별다른 일이 없으면 수업에 참여해주시고 몇 차례 과외로 토요일에 특강도 해주셨으니 수강생들로서는 특별한 호강을 누린 셈이다. 금요일 저녁을 대학원 수업에 바치다 보니 다른 인간관계 유지가 힘들어지더라는 이유로 수강생들끼리 따로 만나기도 하더니, 1학기가 끝날 때쯤 그냥 헤어질 수 없으니 MT라도 가자는 얘기가 나왔고 보충수업이라는 명목으로 답사를 가기도 했다. 그러더니 급기야 인터넷 사이트 다음(daum)에 카페를 차렸다.

1학기 수업을 들은 선생님 중 몇 분이 2학기에도 내 수업을 택하면서 이런 분위기가 자연스레 이어졌고, 2학기와 겨울방학 중에는 태백으로, 곡성으로, 안동으로 아주 '진한' 여행을 다녀오기도 했다. 일부에서는 한 모의 '훼밀리'라 하는데, 아닌 게 아니라 '훼밀리'의 성격을 지닌 것을 부인할 수 없다. 처음에는 친구와 동료를 청강생으로 데려오고, 뒤풀이나 나들이에 아들 딸, 남편도 데려오더니 급기야 남편 친구들까지 데려오기도 했다. 학교 바로 앞에 사는 분이 있어 제삿날 음복하러 가기도 했으니 참 끈끈한 사이가 된 것이다.

대학원 수업에서 느끼는 것은 우리 학교에 정말 특별한 사람이 많다는 것이다. 흔히 언론에서는 성공회대를 다룰 때 특별한 사연을 간직한 교수진에 관심을 기울인다. 그러나 우리 학교에는 학부에도 그렇고 대학원에도 그렇고 열정과 경험, 그리고 거기서 우러나오는 위안과 치유의 힘을 지닌 분들이 너무나 많다. 이런 분들이 학교 울타리 안에서 자족하지 않고, 성공회대에서 얻은 위안을 갖고 자신의 삶의 현장으로 돌아가 배운 대로 느낀 대로 실천을 하고 있다. 이것이야말로 우리 학교가 지닌 특별한 자산이 아닐까?

'느티아래'*에서 신학하기

김 기 석(성공회대학교 신학과 교수)

내가 처음 느티아래에 발을 들여놓았던 때는 아마도 1980년 어느 날로 기억된다. 성공회 청년연합회 모임에 참석하기 위해서였다. 당시 소수의 성공회 사목신학연구원생들이 공부하던 이곳의 첫 느낌은 조용하고 아늑했다. 그때는 이곳이 내게 운명적인 장소가 될 줄은 꿈에도 몰랐다. 당시 대학 1학년이던 나는 성공회에 갓 입문한 풋내기 신자에 불과했다. 그로부터 몇 해 지나지 않은 1984년 봄, 나는 군복무를 마치고 천신신학교 2학년으로 편입학하게 되었다. 학부와 사목연구원 과정을 합하여 5년을 다녔고, 20여 년이 지난

---

* 이 글에서 '느티아래'란 항동골, 혹은 성공회대학교나 그 전신이었던 성공회대학, 천신신학교를 가리킨다.

2004년 유학을 마친 후 가르치는 입장으로 다시 이곳에 오게 되었으니 내 삶에서 느티아래와의 인연이 각별하지 않을 수 없다.

가끔 내게 어떻게 성공회 신자가 되었는지 묻는 사람이 있다. 또 나의 첫 전공이 항공기계공학이었다는 것을 알게 되면 어떻게 신학으로 전공을 바꾸게 되었는지 다들 궁금해한다. 내가 성공회를 다니게 된 것은 대학 서클 선배의 인도 때문이었다. 그 선배는 신앙생활보다는 주로 책 읽고 토론하는 교회 대학생회 세미나에 함께하자며 꼬드겼다. 그런데 당시 나는 신앙생활할 곳을 찾고 있었으나 적당한 교회를 찾지 못하고 있었다. 교회에 나가려 했던 이유를 설명하자니 나의 어린 시절 이야기를 안 할 수가 없다. 초등학교 졸업 무렵, 어머니가 병환으로 돌아가시고 가세가 형편없이 기울어 중학교를 갈 수 없었다. 상급학교에 다니던 형과 누나들 모두 학교를 그만두고 군대로, 공장으로 떠나야 했다. 나 역시 어린 나이에 꼬박 5년간 공장 생활을 하게 되었다. 과자 공장, 빙과류 공장, 주물 공장, 시계 공장 등을 전전했다. 1970년대는 한국 사회가 농업 사회에서 수출 주도형 산업 사회로 탈바꿈하던 시기였다. 이 기간에 산업 현장의 밑바닥에서 수많은 일을 경험했지만, 그것들을 어찌 이 짧은 글에서 다 소개할 수 있으랴?

그러던 나에게 공장 생활을 접고 공부하도록 길을 열어준 분은 누님이셨다. 친구들이 고3이던 1977년 봄에 나는 검정고시 학원을 다니기 시작하여 중학교 과정과 고등학교 졸업 자격시험을 통과하고 드디어 선망하던 대학도 눈앞에 바라보게 되었다. 그런데 한창 대입 시험을 준비하던 여름에 누님이 그만 갑상선 암에 걸려 세상을 떠나셨다.

아직 스물여섯 살의 젊디젊은 나이였다. 오빠와 동생들을 위해 뒷바라지만 하다가 꽃도 피워보지 못하고 생을 마친 것이다. 늦은 저녁에 편지를 뜯어보고는 슬픔을 주체하지 못해 밤늦도록 삼청공원을 방황했다. 다음날 친구를 만나 이야기를 했더니 그 친구는 "누님의 영혼은 하늘나라에 가셨을 거야"라고 말해주었다.

나는 그때까지는 인간의 이성만을 최고의 가치로 신봉하던 무신론자였다. 절친한 친구 중 여럿은 교회를 다니고 있었다. 나는 그들에게 "종교란 인간이 자신과 주변 세계를 과학적으로 인식하지 못했던 구시대의 유물로서, 오늘날과 같은 과학 시대에는 더 이상 유효하지 않은 어리석은 행태"라며 논쟁을 벌이곤 했다. 그러나 무엇으로도 설명할 수 없고 위로할 수 없는 누님의 죽음을 보면서 그러한 생각을 버리게 되었다. 갑자기 없던 신앙이 생긴 것은 아니지만 최소한 돌아가시기 전에 교회를 다녔던 누님의 영혼을 위해 기도해야 한다는 생각을 하게 되었다. 그래서 몇몇 교회의 예배에 참석해보았으나 고루하고 뻔한 설교 내용 때문에 실망하여 다닐 수가 없었다. 그런데 선배를 따라 참석한 성공회 미사는 처음부터 그 느낌이 너무 아름답고 좋았다. 가슴속에 환한 빛이 비치는 듯했다. 그해 겨울 성탄절에 영세를 받고, 다음해 부활절에는 견진을 받게 되었다.

남들보다 어렵게 들어간 대학이었고 공부를 마치면 어느 정도의 안정된 삶을 보장받을 수 있는 학과였지만, 1980년의 시대적 상황은 내게 순탄한 인생길을 허락하지 않았다. '서울의 봄'이라 일컬어진 시위와 이어진 비상 계엄, 휴교와 조기 방학 등으로 전공에는 도저히 취미가 붙질 않았다. 바람결에 광주에서의 흉흉한 소식도 들려왔다. 전공 공부 대신에 교회 대학생회 활동과 비밀리에 모임을 갖던 탈반 세미나 활동, 그리고 야학 교사 활동으로 일상이 채워졌다. 더구나 거처가 마련되지 않았고 학비와 생활비를 벌어야 했으므로 삶은 고단하기 그지없었다.

그해 겨울 난곡동에서 은밀하게 벌어졌던 노동자들의 탈춤 공연을 보고서 대학 생활을 접기로 마음먹었다. 본시 민중이었으니 다시 민중들 속으로 돌아가자는 마음이었다. 나중에 살아보면서 결코 지킬 수 없는 약속이라는 것을 깨닫게 되었지만, 당시에는 연탄불 꺼진 자취방에서 냉기에 떨면서 밤새 고민하며 내린 나름대로 순수한 결심이었다.

군대에서는 장로교신학교 출신의 군목을 만나 복음적인 신앙의 고결함도 배울 수 있었다. 말년 휴가를 나왔다가 신학생이었던 선배로부터 신학교에 들어오라는 권유를 받고 마치 예정되어 있던 것처럼 느티아래에 내 삶의 둥지를 틀게 되었다.

당시 느티아래는 여느 대학과는 상당히 다른 진기한 풍경을 갖고 있었다. 개교 당시에는 고등학교 졸업장만 있으면 아무나 들어올 수 있었기에, 몇몇 학생은 요즘 표현으로 하자면 고등학교 때 다리 좀 떨다가 온 친구들이었다. 이들은 서로 어울려 아주 이상한 말과 몸짓으로 주위의 웃음을 자아냈다. 하지만 주류는 1980년부터 몇몇 교회를 중심으로 불붙기 시작한 성공회 청년 운동의 바람에 휩쓸려 뒤늦게 대학이란 곳을 찾아온 늦깎이 학생들이었다. 내가 군대에 있는 바람에 나중에 듣게 된 이야기에 의하면 이렇다. 몇몇 선배들이 전국을 돌아다니면서 벌인 헌신적인 노력으로, 마침내 1981년도에는 성공회 전국 청년연합회가 결성되어 첫 대회를 바로 느티아래에서 갖게 되었다. 전국의 각 교회에 흩어져 있던 성공회 청년들이 처음으로 한자리에 모여보니, 그 열기는 가히 폭발적이었다고 한다. 그들은 마치 외인구단에 모인 버려진 선수처럼, 아니 양산박에 모인 호걸처럼 자기들의 가슴속에 감췄던 끼를 마음껏 드러내며 용광로보다도 뜨거운 열기를 분출했다. 그리고 이들 중 상당수가 이듬해인 1982년에 새롭게 개교한 천신신학교 학생으로 운명처럼 들어오게 된다.

우리는 마치 야산의 채석장에 뒹구는 돌들 같았다. 수업이 끝나면 낮에는 해질 때까지 공을 차고 밤에는 술을 마시며 이야기하고 또 이야기했다. 느티아래는 그냥 강의실에서 신학을 공부하는 장소가 아니라, 서로 몸과 몸을 부대끼며 삶을 나누는 장소로 그렇게 조금씩 다듬어졌다. 방황하던 내 영혼은 느티아래에서 비로소 안식을 얻었다. 그러나 그 안식은 시대로부터 고립된 은거가 아니었다. 어린 새가 날갯짓을 학습**하듯이, 느티아래는 나에게 편안한 둥지였고 시대와 역사라는 창공으로의 비행을 준비하는 안식처였다. 새로 만난 친구들과 함께 한편으로는 열심히 공부하면서 다른 한편으로는 학교를 학교답게 만드는 새로운 일을 모색했다. 다른 대학에서와 같은 학생 활동이 전무하다시피 한 느티아래에서 첫 번째 시도한 일은 학교 식당 게시판에 커다란 전지 두 장을 이어붙이고 '말길'이라는 제목을 단 것이었다. 학생들의 언로를 트기 위해서였다. 그로부터 일 년 후에는 우리 친구들에 의해 제법 그럴듯한 학보가 만들어지고 '햇귀'라는 제호

** 신영복 선생은 학습(學習)이란 단어의 문자적 의미를 "'머리털이 아직 하얀 새 끼새가 날갯짓(習)을 배우는 것(學)"이라고 설명한다.

의 학회지도 간행하게 되었다.

두 번째로 한 일은 교정에서 장구를 치며 탈춤을 배우기 시작한 것이다. 우리는 갑작스럽게 잡힌 6월 초의 성공회 서울교구 청년연합회 체육대회 날 공연을 위해 밤을 새면서 함께 대본을 만들고 연습을 하여 '사슬'이라는 공연을 했다. 공연은 대성공이었다. 끝나는 마지막 순간에는 아무도 시키지 않았는데, 모두가 스크럼을 짜고 학교를 몇 바퀴 돌기까지 했다. 그 후 매년 성소주일에는 전 성공회 신자들 앞에서 탈반이 공연을 하게 되었다.

느티아래에는 매 학기마다 함께 호흡을 같이할 새로운 얼굴들이 나타났고, 우리는 술잔을 기울이고 서로의 눈빛을 마주 보면서 지나온 각자의 길이 그리 다르지 않았음을, 그리고 이곳으로의 부르심이 운명처럼 예정되어 있었음을 느낄 수 있었다. 먼저 온 사람들은 새로운 친구들을 진심으로 환영했고, 새로운 친구들은 금세 함께 가는 길의 동지가 되었다. 80년대 대학가는 변혁 이론으로 요동치고 있었고, 우리는 느티아래에서 그 담론에 어떻게 신학적으로 응답할 것인지 고민했다.

우리는 신학을 공부하면서 하느님이 세상을 초월한 추상적 존재 개념이 아니라, 구체적인 역사 속에서 민중의 희망과 좌절, 기쁨과 고통, 삶에 대한 환호와 신음에 응답하는 살아 있는 존재라는 것을 알게 되었다. 무엇보다도 기독교(유대교)가 해방 사건으로부터 출발했다는 것이 가장 강력한 증거였다. 성서에서 역사적으로 확인 가능한 가장 오래된 이야기는 출애굽 사건이다. 요즘 우리 사회에서 기독교에 대한 비판의 목소리가 높은데, 이는 한국 개신교의 모습이 독선적이고 편협하게 보였기 때문일 것이다. 이러한 편협성은 십계명의 우상 숭배 금지 규정에 크게 기인한다. 하지만 본래 모세가 벌인 우상 숭배와의 투쟁은 고대 노예제 사회에서 인간을 억압하는 지배 구조에 대한 저항으로 보아야 한다. 파라오의 통치 아래서 인간의 가치는 한낱 왕을 위한 노예에 불과했다. 평생을 강제 노역에 시달리다가 죽으면 그 아들과 손자가 뒤를 이어 똑같은 삶을 살아야 했다. 그러나 모세가 전해준 야훼 유일신 사상에서 인간은 하느님의 형상대로 지음받은 존엄한 존재다. 왕과 지배자들을 위한 노역에 평생을 종속시키는 것은 바로 그들이 강요한 거짓 신들을 섬기는 것이었다. 이것이 바로 부정해야 할 우상 숭배의 실체인 것이다.

지금은 우리가 당연한 사실로 받아들일 수 있지만 당시 상황에서 볼 때 이것은 감히 한 사람의 머리에서 나올 수 없는 혁명적인 깨달음이었다. 그래서 계시라고 한다. 만일 야훼 유일신 사상이 계시되지 않았더라면 어쩌면 우리는 대다수 민중이 희망 없는 노예의 삶을 사는 고대 사회에서 빠져나오지 못했을지도 모른다. 아니, 최소한 인류 역사의 발전은 상당히 정체되었을 것이다. 모세가 이끄는 히브리 사람[***]들은 이집트의 통치자 파라오의 병거와 기병의 추격을 극적으로 뿌리치고 새 삶을 펼칠 보금자리를 얻었다. 이것이 구약의 핵심이다. 예수를 따르던 제자들 역시 갈릴래아의 보잘것없는 촌놈들이었다. 그들은 창검의 힘, 즉 정복과 착취를 통해 유지되던 로마의 심장부를 향해

[***] 어떤 학자는 히브리 사람들을 종족의 개념으로 보지 않고 포로, 몰락한 농민, 용병, 노예, 난민 등 고대 국가의 하층 계급, 즉 사회적 집단으로 보았다.

사랑과 희생을 외쳤다.

옥스퍼드대학교의 생물학자로서 세계적인 석학으로 이름난 리처드 도킨스는 최근에 출간한 책『만들어진 신(The God Delusion)』에서 신은 처음부터 존재하지 않았다고 주장하고 있다. 그는 나아가 만일 인류에게 종교가 없다면 끔찍한 십자군 전쟁도, 마녀 사냥도, 9·11 테러도, 탈레반 인질극도 없었을 테니, 지금 세상보다 얼마나 좋겠느냐고 물으며 과학의 진보와 진실성 앞에 이제 종교의 거짓과 광기를 폐기할 때라고 말하고 있다. 그러나 나는 진실로 모세와 예수가 전하고자 했던 세상이 바로 도킨스가 말하는 세상과 크게 다르지 않을 것이라고 생각한다. 예수께서 십자가형을 당한 죄목은 바로 신성 모독이었다. 모세의 유일신 사상이나 예수의 하느님 나라에 관한 메시지는 당대의 종교 지도자들에게 가장 위험하고 강력한 반종교적 사상으로 보였던 점을 직시해야 한다. 그들은 종교를 세우고자 했던 것이 아니라 인간에게 참다운 삶을 제시하고 평화롭고 정의로운 세상을 세우고자 했던 것이다.

느티아래는 서울의 변두리에 있는 아주 작은 학교다. 다른 대학교처럼 웅장한 교문이 없다. 느티아래를 처음 찾은 이들은 대개 보잘것없는 학교 외형 때문에 실망한다. 1980년대의 이곳은 지금보다 더 변두리였고, 학생도 몇 명 되지 않았다. 그러나 느티아래에서 우리들이 시대와 함께 호흡하며 신학하기를 통해 발견한 것은 '나눔'이었다. 나눔은 변혁 이론의 기독교적 실천이었으며 예수의 삶 자체가 바로 나눔이었다. 그는 가난한 이들과 말씀을 나눴고, 빵을 나눴다. 그는 민중과 함께 하느님 나라의 소망을 나눴고, 고통도 함께 나눴으며 그러다가 마침내 자신의 몸과 피를 나누기까지 했다. 그리스도는 나눔으로써 부활하신 것이다. 나눔은 생명이었다. 우리는 성서가 가진 자의 것을 빼앗아 나눠주는 것이 아니라 없는 자들이 먼저 자발적으로 나눔으로써 승리하는 길을 제시해주고 있음을 깨달았다.

이러한 깨달음에 기초하여 세워진 것이 '나눔의 집'이었다. 당시에 민중 신학의 영향을 받아 200여 개까지 설립되었던 개신교의 민중교회들이 1980년대와 1990년대를 거치며 엄청난 어려움을 겪은 끝에 결국 대다수가 간판을 내린 것에 비하면 나눔의 집은 상당한 성공을 거뒀다고 평할 수 있다. 지금은 어디서나 너무도 쉽게 '나눔'이란 말을 들을 수 있지만 20년 전에는 결코 그렇지 않았다. 지금 우리 사회, 아니 지구촌의 가장 중요한 이슈 중 하나가 양극화 문제다. 이를 어떻게 해결할 수 있을까? 당연히 나눔을 통해서다. 오늘 세계적인 대기업이 '나눔 경영'을 모토로 내걸고 있다. 서울에서 변두리 학교에 불과한 이곳 느티아래에서 제기한 나눔이라는 가치가 오늘날에는 모두가 동의하는 전 지구적 모토가 된 것이다.

그러나 '느티아래에서 신학하기'가 낡은 레코드판처럼 항상 같은 목소리로 되풀이되어서는 안 될 것이다. 시대를 앞서 가는 예언자적 감성이 다시금 필요할 때다. 지금은 80년대와 같지 않다. 과거 좌우 두 진영으로 나뉘었던 대립과 모순은 이제 분절되고 파편화되어 다양하고 복잡한 모습으로 도처에서 나타나고 있다. 오늘날 우리는 장밋빛 미래에 대한 환상과 동시에 종말론적 징후를 보여주는 어두운 그림자가 지구를 덮쳐오고 있음을 예감한다. 생명을 보듬어야 할 때다. 과거의 나눔이 인간과 인간 사이의 문제였다면, 보다 다양한 형태와 구조 속에서 수많은 뭇생명의 신음 소리가 들리는 지금은 인간과 생태계 사이의 나눔으로 확장해야 할 때다. 우주적 사건으로 출현한 생명이 절체절명의 위기를 맞고 있는 지금, 신학은 이제 우주론적 지평으로 확장될 것을 요구받고 있다. 우주 안의 모든 존재가 서로 연결되어 있으며, 모든 생명이 서로 의존하고 있음을 몸으로 느끼고 실천하는 영성을 보듬어야 할 때다. 평화의 씨앗을 뿌리고 가꿔야 할 때다. 나눔과 생명과 평화! 성서에 나타난 그리스도의 삶이 바로 이 혼란의 시대에 우리가 어떻게 길을 찾아가야 할지를 알려주는 나침반이라고 믿어 의심치 않는다. '느티아래 신학하기'는 계속되어야 한다.

희망을 노래하는 법

김 진 업 (성공회대학교 사회과학부 교수)

성공회대학교에 몸을 담은 지 벌써 10여 년이 흘렀다. 강산이 변한다는 세월보다 더 지내왔으니 이골이 날 만도 하건만 아직도 나에게 가르치는 일은 정답이 없는 과제로 남아 있다. 우리 학교 학생들을 만나 처음 강의에 나섰을 때의 기억이 새롭다. 열심히 준비한 보따리를 그야말로 땀 뻘뻘 흘려가며 풀어놓았지만 학생들의 반응은 영 신통치 않았다. "많이 가르치려 욕심내지 말고 기본적인 것을 확실하게 가르쳐라", "가르침의 시작은 학생의 입장으로 돌아가는 일이다". 초보 시간 강사 시절에 선배 교수들이 나에게 일러준 충고들이다. 그렇지만 충고를 따라 고르고 골라 쉽게 가르치려고 애써도 학생들의 눈을 사로잡는 일은 간단치 않았다. 사실을 말하자면 학생들은 내 강의에 그다지 관심을 갖지 않았고 단지 학생으로서의 예의를 지키고 있을 뿐이었다. 도대체 이게 웬일인가?

얼마 지나지 않아 그것이 나만의 고민이 아니라는 것을 알게 되었다. 동료 교수들도 다수 학생들의 '무관심'에 골치를 썩고 있었던 것이다. 결국 나는 가르치는 선생이 아니라 배우는 학생들에게 문제가 있다고 생각하기에 이르렀다. 그도 그럴 것이 우리 학교에는 잘 알려진 교수들이 적지 않았고, 이들 유명 교수를 찾아오거나 또는 다른 어떤 이유로 이른바 소신 입학을 한 학생들은 비록 소수지만 다수의 다른 학생들과 달리 초롱초롱한 눈으로 수업 분위기를 주도하고 있었기 때문이다. 물가에 억지로 끌고 가도 결국 물을 먹지 않으려는 다수의 학생들까지 내가 책임질 수는 없는 노릇 아닌가? 게다가 어느 나라 어느 학교의 강의실을 보더라도 학생들은 결국 열심히 공부하는 소수와 무관심한 다수로 나뉘게 되어 있지 않던가?

그렇지만 그렇다고 해서 고민이 해소될 수는 없었다. 왜냐하면 우리 학교의 풍경은 보통의 대학에서 볼 수 있는 것과 크게 다른 점이 있었기 때문이다. 일반적으로 대학의 학생들이 강의에 무관심한 이유는 강의가 아닌 다른 일에 관심을 쏟기 때문이 아니던가? 예컨대 학생들의 관심을 학교 강의에서 멀어지게 하는 것은 고시나 공무원 시험 열풍이 아니던가? 유학 열풍이나 해외연수 열풍 따위가 문제 아니던가? 학생 운동이나 동아리 열풍 때문이 아니던가? 하다못해 연애 열풍이 문제 아니던가? 그렇지만 우리 대학의 다수 학생들은 다른 학교의 학생들이 누구나 기웃거린다는 고등고시나 공무원 시험에 무관심했다. 취업 준비에 열을 올리는 학생도 드물었다. 이른바 진리에 대한 관심은 고사하고 세속적인 출세에도 도대체 전혀 관심을 보이지 않았던 것이다.

다수의 학생들은 습관처럼 그저 학교에 다닌다. 도대체 이런 학생들에게 무엇을 가르칠 수 있겠는가? 동료 교수들과 나눈 얘기 끝에 결국 나는 생각을 바꾸게 되었다. 학생들과 자주 면담하고, 소집단과 동아리로 묶어주고, 학업 평가를 강화하고, 목표의식을 분명하게 만들어주고, 취업 박람회도 열어야 한다는 것에 동의하게 되었다. 우리 대학에서는 어떻게 가르치느냐의 문제보다 동기 부여가 더 급하다는 것을 인정하게 되었던 것이다. 말하자면 우리 학교에서 필요한 것은 학생을 학생으로 만드는 일이었다. 배우려는 의지도 없이 단지 의무로 학교에 나오는 학생들에게 적극적인 동기를 부여하는 일이었다. 그렇지만 그래도 여전히 풀리지 않는 물음이 남아 있었다. 이른바 일류 대학 학생들과 달리 우리 학생들의 배우려는 의지나 성취 동기가 매우 미약한 이유가 도대체 무엇일까?

마침내 알게 된 가슴 쓰라린 사실은 우리 학교 다수 학생들의 무관심이 그동안의 입시 경쟁에서 경험한 패배감과 좌절감에서 나온다는 것이었다. 이른바 이류 대학에 마지못해 입학하게 되었을 뿐만 아니라, 아무리 열심히 공부하더라도 우리 대학의 졸업장은 취업에 그리 큰 보탬이 되지 않을 것임을 이미 알고 있는 데서 오는 패배감과 좌절감이었다. 다수의 학생들에게는 간단한 이 사실을 내가 그동안 파악하지 못했던 이유는 부끄럽게도 선생의 입장에서만 사태를 바라봤기 때문이었다. 우리 학교 학생을 다른 학교 학생보다 더 많이 공부해야 할

'학습 부진아'로 여겨 내 스스로 학생들을 줄 세웠고, 줄 세우기 자체가 어떤 근본적인 문제를 안고 있는지를 미처 깨닫지 못했다. 30년 전에 대학을 다닌 나로서는 지금의 대학생이 당시의 대학생과 근본적으로 다르다는 것에 생각이 미치지 못했던 것이다.

낮은 점수 때문에 할 수 없이 입학하게 된 곳이라지만 '엘리트'를 양성하는 우리 대학의 학생들이 패배감과 좌절감에 빠져 있다는 것을 나로서는 도대체 이해할 수 없었다. 물론 예전에도 대학 사이에 서열이 있었고, 이른바 이류 대학생에게는 패배감과 좌절감이 없지 않았다. 그러나 30년 전만 하더라도 대학생이 되는 일은 일류 이류 할 것 없이 모두 다 동년배의 10%만이 누릴 수 있는 특권이었다. 대학은 곧 엘리트를 양성하는 곳이었고 대학생은 곧 엘리트로 간주되었던 것이다. 대학생이냐 아니냐의 간극은 일류 대학과 이류 대학의 차이와는 비교조차 할 수 없을 만큼 큰 것이었다. 그들에게도 경쟁은 있었지만 그것은 오늘날과 같은 무한 경쟁이 아니라 최소한의 삶이 보장되어 있는 엘리트끼리의 경쟁이었다. 그러므로 그들에게는 대학생이라는 자부심과 함께 엘리트로서의 책임감이 있었고 성취 동기가 높은 것은 오히려 당연한 일이었다.

그러나 30년이 지난 지금, 대학생을 곧 엘리트로 간주하는 것은 어불성설이 되었다. 좀 과장하자면 돈만 있으면 대학에 가는 세상이요, 돈 없어도 대학에 가야 하는 세상이 되었기 때문이다. 동년배의 90%가 대학에 다니게 되었으니 대학생이면서도 자부심이나 엘리트 의식은 커녕 열등감만을 갖게 되는 것이 오히려 당연해졌다. 이런 학생들은 마치 미리 공모하기라도 한 것처럼 학교의 졸업이 곧 예정된 패배의 시작임을 이미 알고 있다. 그런데도 다른 길이 보이지 않으니 떠밀리듯 앞으로 밀려나가고 있는 것이다. 이런 학생들에게 기존 질서에 순응하는 성취 동기를 부여하겠다고 나서는 일은 손바닥으로 하늘을 가리는 일이 아닐지? 우리 대학 학생이냐 너희 대학 학생이냐, 또는 이 학생이냐 저 학생이냐가 달라질 뿐, 열심히 노력한다고 해서 졸업과 함께 예정되어 있는 다수 학생들의 패배와 그로 인한 좌절이 줄어들 수 있는 것은 결코 아니기 때문이다.

평범한 노동자 중에서 대통령이 나와야 세상에 희망이 생긴다던 어느 돌아가신 어른의 말씀이 생각난다. 그러고 보면 정말 그렇다. 국회의원들이 평균적인 국민보다 학력이나 재산이 많다면 국민을 대표하는 일이 도대체 가능하기나 하겠는가? 대통령이나 장관이 민주주의를 모르거나 경제를 몰라서가 아니라, 학식 많고 돈 많은 사람과 한패거리라서 서민의 삶을 나 몰라라 한다는 것쯤은 이제 누구라도 다 알게 되지 않았는가 말이다. 그러므로 대학을 나오지 않고도 잘살 수 있는 세상이라는 말은 대학을 나와야 잘살 수 있다는 말과 똑같이 잘못된 말이다. 열등한 사람도 잘살 수 있는 세상보다 열등한 사람이 없는 세상이 훨씬 더 좋은 세상이 아니겠는가? 대학에서 가르친다는 것은 엘리트를 키우는 일이라는 생각을 송두리째 걷어치웠어야 했다. 30년 전의 타성에 젖어서 모든 학생에게 엘리트를 흉내내라고 부추기는 일은 다수의 학생들을 두 번 죽이는 일에 다름 아니기 때문이다.

우리 학교의 다수 학생들이 갖고 있는 패배감과 좌절감은 주어진 서열에서 앞서려는 성취 동기를 더 갖게 된다고 해서, 그것을 위해 남보다 더 열심히 노력한다고 해서 해소될 수 있는 것이 결코 아니다. 이러한 사실을 잘 알고 있기 때문에 그들은 줄 서기와 점수 매기기를 통해 주어진 서열 구조를 확대 재생산하려는 대학의 강의에 무관심으로 저항하고 있는 것이었다. 세상을 더불어 살 수 있도록 뒤바꾸지 않으면 어느 누군가에게는 패배감과 좌절감이 반드시 남아 있게 되리라는 것을 그들은 이미 알고 있는 것이다. 성공회대학교에서 지난 10여 년간 내가 나의 학생으로부터 배운 것은 바로 이것이다.

성공회대학교에 있는 것과 없는 것

박 경 태(성공회대학교 사회과학부 교수)

다른 대학에 재직하고 있는 교수들을 만나서 얘기를 나눌 때 대부분 자기가 몸담고 있는 대학에 대해 이런저런 불만이 많음을 발견한다. 하기야 자기가 몸담고 있는 직장을 침 튀겨가며 자랑하는 것도 썩 보기 좋지는 않을 것 같다. 그럼에도 이 글에서 나는 성공회대학교에 있는 것과 없는 것을 몇 가지 들어 학교 자랑을 해볼 생각이다. 우리 학교라고 문제가 없을 리 없고 또 내가 학교에 대해 불만이 없는 것도 아니지만, 아마도 다른 대학에서 나타나는 문제나 불만과는 양상이 조금 다를 것 같다. 초·중등교육에서 대안 학교에 대한 관심이 고조되고 있는 요즘, '대안 대학'의 냄새를 많이 풍긴다는 성공회대학교에는 과연 무엇이 있고 무엇이 없을까? 먼저 없는 것들에 관한 얘기를 해보자.

서울에서 부천으로 넘어가는 경인로 찻길에서 학교가 있는 쪽으로 몇 발짝 걸어오다 보면 서양풍의 오래된 이층짜리 빨간 벽돌집이 보이고 그 앞에 허리 높이밖에 안 되는 아담한 돌에 학교 이름이 새겨져 있다. 이렇게 교문과 담장이 없이 갑자기 학교가 시작되는 것이다. 원래는 우리에게도 교문과 담장이 있었다. 그러다가 몇 년 전에 대구에서 담장 없애기 운동을 하는 마을이 있다는 얘기를 접하고는 그 신선함에 놀라 우리도 그렇게 하자고 얘기를 모아 아예 없앴다. 대신 그 자리에는 나무를 심고 평상을 놓고 커피 자동판매기를 놓았고, 저녁이 되면 동네 사람들이 나와서 차도 마시고 애들이 뛰놀며 배드민턴도 치는 공간이 되었다. 근처 연립주택의 입주자 대표들이 고맙다고 총장께 인사를 왔었다고. 교문과 담장이 없다는 사실 자체도 좋지만, 그렇게 진행된 과정이 더없이 즐거웠다. 보안 문제 때문에 난색을 표하는 사람들을 설득하고 새로 생긴 공간을 무엇으로 채울 것인가를 논의하는 과정에서 엉뚱한 얘기들이 나와서 깔깔거리며 웃던 기억이 새롭다.

학교로 걸어 들어와서 식당으로 가보자. 우리 대학에는 교수(교직원) 식당이 없다. 점심시간에 학생들 사이사이에 교수와 총장이 함께 줄을 서서 식판에 밥을 타는 모습을 보고 외부에서 온 손님들이 '감동 먹는' 경우를 종종 보게 된다. "역시 학생과 함께하는 대학이군요!" 이런 칭찬을 들을 때는 공연히 어깨에 힘을 한 번 줘보기도 한다. 전교생이 2,000여 명에 불과한 작은 대학이라서 공간이 넉넉한 것은 아니지만 만들자면 한쪽 구석에라도 만들 수 있을 텐데도 그렇게 하자는 교수는 별로 없다. "그래도 우리끼리 먹는 공간이 있으면 더 좋지 않을까요?" 라는 얘기를 하는 교수들도 식당에서 줄을 서서 학생들과 웃고 떠드는 기회를 즐기기는 것은 마찬가지인 것 같다. 그러고 보니 우리 대학에는 내빈용이나 외빈용 화장실도 없고 그런 팻말들이 상징하는 권위주의도 없는 것 같다.

대학은 직장의 속성상 한번 자리를 잡고 나면 정년퇴직할 때까지 여간해서 떠나는 사람이 없다. 그래서 매우 긴 세월을 함께 보내야 한다는 점 때문에 동료들끼리 소위 '코드가 맞는가'가 꽤 중요하다. 그런 '코드'의 관점에서 볼 때 우리 대학의 교수들 중에는 골프나 주식투자 얘기를 하는 사람이 없다. 물론 개인적으로야 즐기는 사람이 있겠지만 모여서 수다를 떨 때 이야기의 주제로 떠오르지는 않는다. 내 경우를 보면 적어도 골프는 아직까지는 내가 즐기는 축구나 농구에 비해 운동량이 부족해서 안 하고 있고 주식 투자는 이른 새벽에 뉴욕증시 상황에 마음 졸이는 것이 귀찮아서 못하고 있는데, 눈치를 보니 다른 동료들도 대체로 비슷한 것 같다. 대신에 조금 특이(?)하게도 우리는 축구와 탁구를 즐기고, 일 년에 두 번 수련회를 가면 함께 모여서 밤늦도록 기타를 치고 노래를 부르며 논다. 교수 대부분이 70~80년대에 대학을 다닌 세대인데, 곰곰이 생각해보면 대학 때 놀던 모습을 여태까지 유지하고 있는 셈이다.

이번에는 성공회대학교에 있는 것들을 살펴보자. 우리 대학에는 독특한 가게가 하나 있다. 2007년 2학기가 개강하던 날 전국 대학 최초로 우리 대학 안에 문을 연, 한국생협연합회가 만든 빵집 '자연드림 베이커리·카페'가 바로 그것이다. 빵과 커피를 좋아하는 나로서는 우리 밀로 만든 빵과 공정무역 커피인 동티모르의 평화 커피를 파는 자그마한 이 카페가 생긴 것이 얼마나 좋은지 모르겠다. 다른 대학에는 다국적 기업인 스타벅스와 맥도날드가 들어서고 있는 현실에, 생활협동조합과 생산자가 함께 만든 빵집이 들어와서 우리 밀 농가와 동티모르의 평화에 기여할 수 있다는 것이 커피를 즐기는 이상의 기쁨을 주고 있다. 사실 나는 각 대학 교정에 들어서고 있는 대자본과 다국적 기업의 간판들이 자못 불편하다. 안 그래도 대학이 점점 기업이 원하는 사람을 대신 만들어주는 공장화되어간다는 자괴감이 드는 마당에, 안 그래도 재래시장과 중소기업들이 발붙일 곳이 없어져가고 사회가 온통 대기업과 다국적 기업만의 시장으로 전락해가는 마당에, 학생들마저 학창 시절의 마지막 순간에조차 다른 대안적인 삶의 방식을 배우지 못하고 대기업과 다국적 기업을 선망하는 단순 소비자로 전락한 채 졸업한다는 것은 참으로 안타까운 일이다. 건강한 유기농 먹을거리를 접한다는 측면에서도, 우리 농민과 견실한 중소기업을 살린다는 측면에서도, 파괴되어가는 지구 생태계를 구한다는 측면에서도, 다른 나라의 가난한 사람들을 살리고 그들과 함께한다는 측면에서도 대학은 고민하면서 소비를 해야 한다.

우리 대학에 있는 또 한 가지, 우리 대학에는 외래 교수가 있다. 한국의 대학들이 교수를 충분히 뽑지 않아서 강의의 상당 부분을 '시간 강사'라고 불리는 비전임 교원이 담당하고 있음은 잘 알려져 있다. 매 학기마다 강의를 새로 '얻어'야 하는 불안정한 신분에다가 그나마 방학 중에는 강의료가 없기 때문에 그야말로 손가락을 빨아야 하는 시간 강사들은 먹고살기 위해서 어쩔 수 없이 여러 대학을 돌며 많은 강의를 해야 한다. 수만 명의 젊은 학문 후속세대들을 생계 전선으로 내모는 이런 구조는 결국 학자들이 연구에 집중할 수 없게 만들고, 따라서 한국의 학문 발전을 저해함으로써 선진국에 학문적으로 종속 시키는 결과를 낳고 있다. 여기에서는 제대로 배울 수가 없어서 유학을 가고, 갔다 오면 대접받으면서 취직을 하고, 그것을 보며 후배들이 "역시 공부는 외국에서"라며 또 유학을 가는 악순환이 지속되고 있는 것이다. 교육부가 만든 기준인 교수충원율이 높은 성공회대학교지만 일부 과목은 어쩔 수 없이 시간 강사들이 담당하고 있는데, 전임 교수 가 되기 전에 그런 시절을 겪어봤고 또 그 명칭이 주는 자괴감을 잘 아는 우리로서는 이런 현실이 적이 부담스럽지 않을 수 없었다. 그래 서 우리는, 눈 가리고 아웅하는 것인지는 모르지만, 시간 강사라는 명칭을 '외래 교수'로 바꿨고, 쥐꼬리만 한 금액이기는 하지만 방학 기간에도 연구비를 지급하기 시작했다. 이런 일을 시작하던 2004년에 우리는 이런 관행이 국내의 다른 대학들에게도 퍼져나가기를 기대했 고 우리보다 더 부유한 대학들이 더 많은 방학 연구비를 지급하기를 기대했는데, 놀랍게도(!) 그런 일은 벌어지지 않았다. 아무도 주목하 지조차 않았다.

많은 대학과 마찬가지로 성공회대학교에도 사회교육원이 있다. 정 확한 이름은 '민주사회교육원'인데, 여기서 하는 사회교육의 내용이 조금 특별하다. 약간 과장해서 말하자면, 다른 대학의 사회교육원에서 는 주로 '돈벌이가 되는' 교육을 하는 데 비해서 우리 대학 사회교육원 은 오히려 반대로 가는 경향이 있다고나 할까. 주부를 대상으로 하는 프로그램도, 최고경영자를 위한 과정도 없이, 민주사회교육원의 대표적인 프로그램인 노동자를 위한 노동대학은 올해로 8년, 교사를 위한 교육 사랑방은 10년을 맞았다. 특히 노동대학은 현장의 노동자들을 교육하는 대표적인 프로그램 중의 하나로 알려졌는데, 노동자들이 노동 현장에 직접 관계되는 내용뿐만 아니라 인문학적 감성을 키우고 공부하는 소중한 공간으로 자리 잡았다. 덕분에(?) 민주사회교육원은 70년대의 한국 권투가 그랬던 것처럼 '헝그리 정신'으로 버티고 있다.

이렇게 나열을 하다 보니 마치 성공회대학교가 한국 사회의 외딴곳에 뚝 떨어져서 존재하는 유별난 존재처럼 보일지도 모르겠다. 꼭 그렇지는 않다. 가르치는 사람이 있고 배우는 사람이 있고 그 사이를 오가는 내용이 있다는 점에서 성공회대학교는 다른 많은 대학과 다르지 않다. 공부를 열심히 하는 학생도 있고 'F'학점을 받는 학생도 있으며, 해마다 봄이 되면 등록금이 비싸다고 시위하는 학생도 있고 그것을 무마하려고 애쓰는 교수도 있다. 다만 여느 대학과 다른 점이 있다면 우리 대학은 좀 다르다는 생각, 또는 최소한 우리만큼은 좀 달라야 하는 것 아니냐는 생각을 나누는 사람이 약간 더 많이 있을 것이라는 점이다. 세상을 주류의 시각에서가 아니라 비주류의 시각에서, 사회적 강자의 시각에서가 아니라 약자의 시각에서 보려는 사람들이 조금 더 있다는 점이다.

우리 사회에는 수많은 대학이 있고 저마다 나름대로의 특징을 갖고 있다고 주장한다. 그러나 결과적으로 나타나는 것은 도토리 키 재기나 오십보백보처럼 보인다. 우리가 가진 특징도 그런 정도의 차이에 불과할 수 있다. 그러나 나는 성공회대학교가 우리 사회의 많은 대학 중에서 약간 차별성을 지니고 있다고 생각한다. 모두가 주류가 되려고 하고 1등이고자 하는 사회에서 그것만이 유일한 가치인가를 질문하는 대학이 하나쯤 있는 것도 괜찮지 않은가. 시대와 반목하느라 20년을 감옥살이한 신영복 교수가 가르칠 수 있는 대학이 하나는 있어야 하지 않겠는가.

오럴 사커와 모럴 사커

정 윤 수(축구평론가, 성공회대학교 교양학부 외래 교수)

캐스터: 말씀드리는 순간, 양팀 선수들이 입장하고 있습니다. 오늘 경기하기에는 매우 좋은 날씨인데요. 저희가 경기 전에 그라운드에 내려가서 상태를 확인해봤잖습니까?

해설자: 그렇습니다. 하늘이 참 맑군요. 오전에 비가 조금 내렸는데, 그래서 운동장이 적당히 무르고 또 먼지도 나지 않습니다. 양팀 선수들이 저마다의 개인기를 유감없이 발휘할 수 있는 날씨라고 말씀드릴 수 있습니다. 뭐, 하긴 이 선수들 날씨가 나쁘다고 경기를 포기한 적이 없는 선수들이죠.

캐스터: 아, 그런데 양팀 선수들 유니폼이 단일하지 않군요. 마치 동시에 일곱 개 팀 정도가 들어온 것 같네요.

해설자: 저도 축구 해설을 많이 해봤지만, 이렇게 다양한 유니폼이 그 어떤 통일성도 없이 자유자재로, 흡사 유니폼이라는 그 통제 양식 자체를 거부하는 듯한 이런 상황은 본 적이 없는데요. 아무래도 양팀을 식별할 수 있도록 한쪽이 조끼를 입어야 할 것 같습니다.

캐스터: 경기 전에 팀 관계자를 만나보니까, 그날 그날 선수 구성도 어떤 틀이 따로 없다고 하더군요.

해설자: 그래서 가장 편한 방식을 채택한 것으로 알고 있습니다. 그러니까 '선착순'으로 이쪽 한 명, 저쪽 한 명 해서 그날 편리한 대로 구성하고 있습니다. 모든 것을 규격화하는 오늘의 세태에서 본다면 이렇게 날씨나 교통, 수업이나 회의, 개인 약속이나 그날의 기분 등을 전혀 고려하지 않고 오로지 '선착순'으로 매주 팀 구성이 바뀐다는 것은 틀림없이 '놀라운 단순성'이 있습니다. 적어도 이 경기장 내에서만은 대단히 '합리적인 비합리성'을 갖고 있다고 평가할 수 있습니다.

캐스터: 자, 말씀드리는 순간, 드디어 경기가 시작……. 앗, 방금 무슨 일이 일어난 거죠?

해설자: 글쎄요. 저도 제가 방금 목격한 것이 제가 알고 있는 그 축구가 맞는지, 과연 저것이 100년 전통의 축구가 고수해온 '킥오프' 방식이 맞나 심각하게 의심하고 있습니다.

캐스터: 다시 말씀드리면 일단 경기 시작을 알리는, 아 참, 그것도 누구인지 확인은 되지 않습니다만 휘슬이 아니라 "자, 이제 시작하지 뭐" 이런 소리와 함께 경기가 시작됐잖습니까?

해설자: 네, 공식적인 선언인지, 몇 사람의 대화인지, 혼자만의 푸념인지 알 수 없는 소리와 더불어 본부석 왼편 팀의 공격수가 오른편의 상대 팀으로 공을 차서 넘기지 않았습니까? 상대방에게 공을 차주는 이 '로컬 룰'이 지닌 소통과 상생과 나눔의 '킥오프'에 대해서는 아무래도 국제축구연맹(FIFA)에 그 적법성을 질의해봐야 할 것 같습니다.

캐스터: 아무튼 경기는 시작되었습니다. 주거니 받거니, 혼전 양상인데요.

해설자: 그렇습니다. 아무래도 양팀이 초반부터 중원에 밀집하여 미드필드를 장악하려는…… 것 같지는 않구, 중원에 밀집하긴 했는데 미드필드를 장악하려는 의지는 거의 보이지 않구요. 한 번에 상대 팀 깊숙이 찔러주는 종패스가 난무하고 있어요.

캐스터: 아무래도 경기장 특성과도 관련이 있을 듯한데요?

해설자: 그렇습니다. 이 경기장은 국제축구연맹의 규정과는 거의 관련이 없습니다. 길이나 폭이 정규 규격의 약 60% 정도 되잖습니까? 아무래도 선수들의 평균 연령을 고려해서 설계한 듯합니다. 평균 연령이 40세를 오래 전에 넘겼고 곧 50세를 바라본다죠? 아무튼 그래서 짧게 찔러준다고 한 패스가 곧장 상대 문전에 도달해버리면서 바로 위험 상황이 연출되는, 유례없는 속도와 긴장의 축구가 펼쳐질 수밖에 없는 상황입니다.

캐스터: 경기장 한쪽 면이 스탠드와 바로 이어져 있는 것도 이채로운데요.

해설자: 그동안 한국 축구의 고질이 바로 팬과 선수의 격절감 아니겠

습니까? 이 경기장은 선수들의 호흡을 가까이에서 느끼자는 그런 차원조차 넘어서서 선수와 팬이 혼연일체가 되는, 선수가 곧 팬이 되고 팬이 곧 선수가 되는, 동양적 사유로는 무변의 원융한 세계이며 서구의 시선으로는 수많은 수로를 만들어 경계를 지우고 사방으로 탈주하는 그런 관점으로 설계된 것이 아닌가 싶습니다.

캐스터: 역시 탁월한 해석이십니다. 저기 좀 보세요. 팬들이 경기장 주변으로 그냥 걸어다니고 있잖습니까? 한쪽에서는 자전거를 타는 아이도 보입니다. 방금 해설하시는 중에도 뒤늦게 도착한 선수들이 가위바위보도 생략하고 그냥 이쪽저쪽으로 걸어 들어갔습니다.

해설자: 가위바위보라는 최소한의 관습도 거부하는군요. 억압과 규칙성을 벗어나기 위한 현대 축구의 어떤 숙명적 미학이 이 경기장에서는 일상적으로 실천되는 듯한 느낌입니다.

캐스터: 아, 말씀드리는 순간 첫 골이 터졌습니다. 이영표……가 아니고 그와 흡사한 외모와 플레이를 보여 주는 김서중 선수(신문방송학과 교수). 달려오는 상대를 가볍게 제치고 길게 패스, 피구의 드리블과 흡사한 드리블을 보여주는 김명준 선수(미디액트 소장, 신문방송학과 겸임교수)가 특유의 터닝 슛을 날렸습니다. 지난 챔피언스리그 맨유 대 첼시 전에서 드록바가 보여준 논스톱 터닝 슛을 연상시키는데요.

해설자: 네, 김명준 선수. 지난해 시즌에서 바로 저렇게 멋진 자세로 그만 헛발질을 하는 바람에 후유증을 앓기도 했어요. 헛발질

할 경우 신체의 무게 중심이 크게 흔들려 부상까지 당할 수 있거든요. 그래서 지난 겨울 시즌에 동계 훈련에 전념했다는 후문입니다.

캐스터: 아, 또 골이 터졌어요. 황토……. 잠깐만요, 기록을 봐야겠는데요. 네, 맞군요. 황. 토. 맨땅 운동장을 뜻하는 줄 알았는데, 그게 아니라 황토 스님, 선수 맞습니다. 황토 스님이 중간에서 스루 패스, 이를 김영섭 목사님이 헤딩으로 떨어뜨려주고, 달려들던 김기석 신부님(신학과 교수)이 강력한 오른발 슛을 날렸는데, 정작 골은 디딤발인 왼발에 터치되어 상대 골키퍼를 완전히 현혹시키고는 골이 되었습니다.

해설자: 상대방은 물론 자기 자신마저 속이는 놀라운 개인기가 속출하는 경기장 아닙니까. 3대 종교가 합심하여 넣은 골치고는 조금 민망한 상황입니다만, 어쨌거나 특이하네요. 골을 넣은 이후에 그 누구도 저마다의 종교적 상징에 따른 세레모니를 하지 않는 것도 독특하구요. 아, 골 넣은 선수가 골키퍼와 교체하는군요. 넣은 만큼 먹어야 한다, 뭐 그런 뜻 아닌가 싶기도 하고. 사실 골키퍼는 선수들이 별로 하고 싶어하지 않는 포지션이니까 고통 분담의 의미도 있겠네요.

캐스터: 경기 속개되었습니다만, 전체적으로 양팀의 전술이랄까 스타일을 어떻게 보시는지요.

해설자: …… 뭐, 꼭 답을 해야 한다면 말입니다. 에, 또, 마…… 흠흠, 특별한 전술과 스타일을 고집하지 않는 "무애의 축구다", 이런 말을 하고는 싶습니다만.

캐스터: 몇몇 선수는 탈아시아급, 아니 탈항동급 선수들 아닙니까?

해설자: 네, 그렇습니다. 이지상 선수(교양학부 외래 교수)인가요? 저 선수는 오로지 이 경기장이 좁기 때문에 멈출 뿐이죠. 유일하게 저 선수를 막는 수비수가 있었습니다. 지금은 캐나다에 전지훈련 나가 있는 박경태 선수(사회과학부 교수)죠. 역발산 기개세로 뛰기 때문에 그가 달리면 모든 선수가 두려움에 휩싸이게 됩니다.

캐스터: 또 어떤 선수를 꼽을 수가 있습니까?

해설자: 박경태 선수의 가히 무지막지한 체력의 축구를 권혁태 선수(일어일본학과 교수)의 세련된 기술 축구가 보완하고 있구요. 아주 빠른 정원오(사회복지학과 교수), 그보다 더 빠른 정연식(멀티미디어시스템공학과 교수), 놀라운 볼 컨트롤로 치고 들어가서는 결국 빽패스를 하곤 하는 김용득(사회복지학과 교수), 슈팅이 깔끔한 김명철(글로컬IT학과 교수), 박지성처럼 그라운드를 누비는 김은규(신학과 교수), 강철 같은 수비의 양기호(일어일본학과 교수), 견실하게 막아내는 장영석(중어중국학과 교수), 확실하게 걷어내는 이상훈(유통정보학과 교수), 허허실실 수비의 달인 김덕봉(글로컬IT학과 교수), 논스톱 패스가 일품인 김진업 선수(사회과학부 교수) 등을 꼽을 수가 있습니다.

캐스터: 매주 수요일마다 생업을 팽개치고 이 경기장을 찾는 선수들은 어떤가요?

해설자: 아주 인상적인 선수들입니다. 사실 성공회대학에 거의 상주하면서 숙소와 라커룸과 식당까지 갖춰두고, 오후 3시가 되면

유령처럼 여기저기 건물에서 슬슬 걸어나오는 선수들이야 그렇다 치더라도, 서울과 경기의 임계 지점인 이곳까지 일주일의 한복판에 일부러 공을 차러 오는 사람들이야말로 정말 대단한 열성 아니겠습니까? 대체로 '갑근세'라는 근대적 양식의 과업 완수형 사회 관리 체계를 거부하고 있는 선수들인데요. 아까 말씀드린 황토 스님과 김영섭 목사, 발 재간이 놀라운 정안 스님과 김기용 선수, 때때로 자기편에게도 야유를 받을 만큼 저돌적인 가수 안치환 선수, 골키퍼 재능이 뛰어난 사진작가 권양수 선수, 과연 축구평론가가 맞기는 한가 매우 의심스러운 정윤수 선수, 그리고 아마도 축구의 내적인 성질을 육체적으로 체득하여 원만한 경기 스타일을 보여주는 듯한 곰두리 축구단의 신철순 감독님과 그 관련 선수들, 그 외에 일일이 거론하기 힘든 많은 선수들 모두가 기억될 만합니다.

캐스터: 그 많은 다양성이 450g의 공 하나로 모일 수 있다는 것도 이채로운데요.

해설자: 그 점을 두 부분으로 나눈다면 말씀입니다. 우선은 축구 그 자체의 성질에 있다 이렇게 분석하고 싶습니다. 만약 축구가 아니라 크리켓이나 컬링이나 배드민턴이었다고 하면 이렇게 다양한 혼용이란 성립되기가 어렵지요. 다음으로, 아마도 이것이 더 본질적인 부분인데, 베일에 싸여 있는 '성공회대 구단'이라는 미묘한 정체성, 정체성을 규정하고자 하면 그 정체성이 사라져버리는 자율성, 자율성을 말하기 위해 구태여 사회과학적인 개념을 도입하지 않아도 되는 유연성, 그 유연성에

내포되어 있는 다원적인 열림의 문화가 이토록 이질적이면서도 축구사에 유례가 없는 자유로운 축구단을 완성했다고 볼 수 있겠습니다.

캐스터: 아, 말씀드리는 순간, 또 골이 터졌어요.

해설자: 도대체 쉬지 않고 골이 터지는군요. 골 기록의 의미가 없을 지경입니다. 양팀 합쳐 10점이 넘는 경우는 저 19세기 스코틀랜드에서 축구가 유아기를 벗어날 때를 빼놓고는 좀처럼 발생하기 어려운데요. 이 경기장에서는 매주 대량 득점이 터지고 있죠.

캐스터: 이번 골은 이영환 선수(사회복지학과 교수)와 김창남 선수(신문방송학과 교수)의 합작품인데요.

해설자: 뭐, 정확히 말해 '합작했다', 이렇게 말하기에는 어려운 구석이 있습니다만, 두 선수는 양팀을 통틀어서 가장 이채로운, 어쩌면 현대 축구에서도 그 예를 달리 찾기 어려운 스타일을 구사하는데요. 뭐냐하면 붙박이 축구를 한다, 이 말씀입니다. 이영환 선수는 중앙의 포스트 플레이어로서 경기 내내 그 반경을 정확히 지켜내고 있구요. 김창남 선수는 오른쪽 공격수 아니겠습니까? 잉글랜드 전지훈련까지 다녀온 공격 본능을 타고난 선수입니다. 그래서 그 공격 본능 때문에 하프라인 이하로는 거의 내려오지 않습니다. 동료에 대한 신뢰가 두텁다고나 할까요? 때때로 자신이 찬 슛인지 자신조차 믿지 못하는 무회전 '너클 볼' 슛을 터트리지요.

캐스터: 그 밖에 또 독특한 선수는 없습니까?

해설자: 저는 진영종 선수를 반드시 기억해야 한다고 주장합니다. 이 선수를 그라운드에서 만나는 일은 거의 없습니다. 뛰어난 기량에도 불구하고 부상이 잦기 때문이지요. 하지만 언제나 스탠드 상단에서 '오럴 사커'의 진수를 보여주고, 아니 들려주고 있습니다. 대체로 경기장의 선수들은 이를 의식하지 않고 경기를 뜁니다만, 진영종 선수의 경이로운 특징은 바로 대다수의 완벽한 외면에도 불구하고 그의 '오럴 사커'가 지칠 줄 모른다는 것입니다.

캐스터: 이 경기장이 '오럴 사커'로는 유명한 곳이죠.

해설자: 그렇습니다. 저조한 관중 수 때문에 선수들이 주고받는 일상적 대화들, 혹은 때로는 몇몇 선수의 격렬한 동작을 멀리서 한가롭게 평담하는 소리들이 쉬지 않습니다. 악착같이 살아내야 하는 우리네 삶의 어떤 망집과 허위의 풍선을 슬며시 터트려버리는 통렬함도 없지 않은, 그런 '오럴 사커'의 세계입니다.

캐스터: 한편으로는 '모럴 사커'다, 이런 표현도 있습니다만.

해설자: 킥오프 장면 봤잖습니까? 소통과 상생과 나눔의 축구를 상징적으로 드러내는 킥오프. 그러니까 전후반 시작할 때마다 상대팀에게 공을 차주잖습니까? 최근까지도 선수 생활을 하시다가 얼마 전 명예롭게 은퇴를 하신 바 있는 신영복 선수(석좌교수)가 주창한 것인데요, 스포츠란 기본적으로 영육에 걸쳐 상호 간에 어떤 대결을 하는 것입니다만, 그것이 비적대적이라는 점에서 아름다운 것입니다. 이곳이 바로 이를 실천하고

있는 경기장입니다. 이곳은 신성한 경기장이다, '승리'라는 유일한 목적 하나만을 위해 그 밖의 것을 도외시하는 그런 곳은 아니다, 아마도 우리네 삶도 그와 같아야 되지 않겠는가, 하는 그런 경지의, 저로서는 이렇게 입에 올려보는 것만으로도 경외로운 그런 축구 미학, 곧 '모럴 사커'가 바로 이 근대적 발전의 상징인 수도의 변방에서, 그 경계에서 조용히, 그러나 몇 년째 혹서기와 혹한기에도 끈질기게 살아 있는 것 아니겠습니까? 아, 신이시여, 제가 과연 제가 하는 말의 의미를 알면서 이렇게 말하고 있는 것인지요.

캐스터: 아, 말씀드리는 순간, 이상한 방식으로 경기가 끝이 났습니다. 이상하지요. 시작할 때처럼 끝날 때도 휘슬 소리는 들려오지 않고요, 그냥 적당한 시간이 되었기 때문에 적당히 끝내는 듯 보입니다.

해설자: 그것이 바로 무심의 경지요 무변의 축구이며 놀이와 경쟁, 유희와 대결이 혼합된 오럴 사커, 아니 모럴 사커의 단면입니다. 생각해보십시오. 우리네 어린 시절, 낮과 밤의 경계가 애매한 상황, 저녁 어스름한 무렵에 사위가 어두워지고 동네 집집마다 애 이름을 외쳐 부르는 엄마들 소리가 들려오고, 그 와중에도 노는 데 정신이 팔려 있습니다만, 아이들이 하나둘 사라지고 나면 곧이어 골목이 텅 비게 되고, 그때를 기다렸다는 듯이 밤은 슬며시 가난한 동네로 내려와 거룩한 위로를 드리우지 않았습니까? 바로 그와 같은 경지입니다. 호이징하가 말했던 놀이의 세계, 혹은 가히 바흐친적인 카니발리즘

아니겠습니까? 보십시오. 저 선수는 졌는데도 웃고 있어요. 경이롭습니다. 이 성공회대 경기장의 오럴 사커, 아니 모럴 사커! 강렬한 음향의 휘슬로 그 시작과 끝이 분명하게 판단되어 우르르 뛰어들었다가 고개 푹 숙이고 나오는, 그런 축구는 분명 아니라는 것입니다. 아름답습니다.

캐스터: 이상으로 경기 중계를 마치겠습니다. 오늘도 평범한 사건과 사실을 필요 이상으로 확대 해석하여, 듣고 나면 정말 그렇게 보이게 만드는 경이로운 미묘한 해설, 들려주셔서 고맙습니다.

해설자: 네, 감사합니다. 흠흠.

Cyber와 似而非: 김성수 주교

이 정 구(성공회대학교 신학과 교수)

나는 2004년 8월 15일에 36년 8개월을 연속하여 피워온 담배를 끊어야겠다는 생각을 끊겠다는 결심을 했다. 의지박약 시험의 마지막 관문을 뚫지 못한 것이 그 이유의 전부지만 그래도 내심 끊어서는 안 될 다른 구실을 붙여야 할 필요가 있었다. 하느님이 교통사고를 당하여 죽을 목숨을 살리시는 큰일은 하시나 금연 같은 사소한 것까지는 안 도우신다고 믿고, 비겁하게도 그 이튿날 교내에서 유일하게 연구실 철제 출입문 위에 흡연이란 딱지를 붙였다. 모든 건물이 원칙적으로 금연 구역이지만 다수 교수들이 흡연 표지 없이 자신의 연구실에서 끽연을 즐긴다. 그래도 떳떳치 못한 그 딱지 탓인지 내 방엔 종종 일정한 선생들이 모여 끽연을 하며 객설을 나눈다. 교내 몇몇 선생(教授)들은 나를 사이버(Cyber), 혹자는 사이비(似而非) 신부라고 한다. 여기에는 이런저런 친밀하고 친절한 사연이 있는데, '이 신부(李 神父)' 앞에 '사이버, 사이비'를 붙였다기보다는 '사이버, 사이비' 뒤에 '이 신부'를 붙였다고 해야 옳다. 지극히 현대적이고 동시에 중세적이며 천국과 지옥을 오갈 수 있는 판타지 속 사이버 신부는 천사나 매트릭스만큼 멋지다. 그러나 사이비는 쓸모는 있지만 값없는 모조 짝퉁이 아닌가. 어느 오만 불손한 선생이 나를 그렇게 이름 지었다. 476년 된 성공회(聖公會)라는 명품 이름으로 신부를 하기에는 함량 부족 '짝퉁 성직자'란 의미일 게다. 55세에 듣는 애칭이 예뻐야 할 까닭은 없겠지만 존경스러우면 더 말할 나위 없을 것이다. 그러나 이것은 분명 욕칭(辱稱)이다. 내가 다 안다. 내 언행과 소행이 살아온 날 수에 대응한 값, 20년 5개월 신부(神父) 값 못하고 괘씸했으니 연하의 중생들이 이 사이버(비) 신부를 마지못해 존경하는 것을 개탄해서는 안 된다.

사이버가 아무리 멋져보여도 이것은 가상이니 따지고 보면 이조차도 사이비다. 이런저런 생각이 깊었던 것으로 유명한 플라톤과 성 아우구스티누스는 사이버를 너무 좋아한 나머지 모든 것을 두 개로 나눠 좋은 것은 저 너머에 있는 사이버로, 나쁜 것은 지금 내가 발을 딛고 서 있는 이 몹쓸 사이버의 근사(近似)한 짝퉁 세계, 즉 사이비로 규정해버렸다. 예수도 끝내 아버지로부터 버림받았던 자신의 고향 사이버를 그리워했다. 이데아 세계와 에덴동산, 하느님 나라와 유토피아, 그것(곳)은 당대인들에게 실재하는 믿음의 사이버 공간이었다. 좋은 신부(司祭)란 중생에게 이들이 죽어서 그 사이버로 들어갈 수 있는 길을 잘 안내하는 사제다. 네비게이터로서 안내를 잘해야 할 신부가 미로에서 중생들과 '여럿이 함께' 헤매고 있다면 그 사제의 회로에 문제가 발생한 것이다. 그 길이 반듯한 신작로라면 안내자가 무엇이 필요하겠는가. 헤매는 것도 길 찾는 즐거운 여정일 수 있는데, 미로는 방향이 없으니 길이라고 하기 뭣하지만 그래도 어딘가에 출구가 있을 것이라 믿고 헤매는 것이니 모로 가도 사망하기 전에 서울만 가면 된다는 사이비의 호방함도 있을 법하다.

김성수(金成洙). 내가 감히 존경하옵는 이 노인은 성공회 은퇴 주교시다. 명품 주교로서 한 시절 명성을 떨치셨던 분이고 그 명성과 인품은 지금도 유효하여 대학 총장으로 공직을 마감하실 듯하다. 부디 만수무강하시길 빈다. 나는 1984년 2월부터 이 어른의 졸개로 입문했으니 오늘로서 꼭 24년 3개월, 날 수로는 대략 8,800일, 면식 기간을 합치면 거의 10,000여 일을 목뼈 부러져라 위로 바라보면서 지내왔다. 가끔은 몇 발짝 피해 있을 때(유학)도 있었지만 그 그림자가 커서 뛰어야 벼룩인 셈이었는데, 이제는 나도 쉰다섯 해 살았으니 비슷하게 노인 범주에 드는 셈이다. 내가 말띠고 김 주교님도 말띠로 24년차 동띠다. 내가 큰 것이 아니라 나이가 불손함을 드리운 것이니 내 탓만은 아니다.

김 주교님은 모질게도 잘생기고 친절하며 동시에 기품이 있으셔서 지위고하 남녀노소 막론하고 잘 어울리고 존경을 받으셨다. 일찍이 베드로학교를 설립하고 대한성공회를 관구로 승격시키셨으며 역대 주교 중 가장 많은 성직자를 양성하고 나눔의 집을 만들어 지금의 사회복지 교회, 명품 성공회로 둔갑시킨 혁혁한 공을 세우신 분이다.

그러면서 별 소용없는 겸양으로 당신의 무식함을 언제나 자랑으로 삼으셨다. 그러니 이분이야말로 진정한 사이버, 사이비 성직자시며 나야말로 이 사이버, 사이비 주교 총장님의 천 분의 일 짝퉁 역할조차도 못하는 신부다.

당신은 복이 많으셔서 물질로 곤고함은 없으셨으나 젊은 시절 지병으로 고생을 하신 덕에 아픈 사람과 정신 지체아와 그 부모의 심경을 잘 헤아리셨고, 신학생 시절 탄광 빈민선교를 통해 가난을 몸으로 체험하여 어른이 되신 후에도 옛 기억으로 폼 못 잡는 짝퉁 주교 같았지만 그 위엄은 당당하셨다. 사제 시절에는 딴따라들과 어울려 사이비 신부 소리 듣고, 주교로 등극하신 후에는 사제와 교우에게 하느님 나라 사이버의 세계를 몸으로 보여주셨다.

내가 붙인 이분의 별명은 '크레믈린'이다. 같은 이야기를 열 사람한테 시차를 두고 들어도 언제나 처음 듣는 듯이 하시고 입이 지나치게 무거우셨다. 가장 즐겨 쓰시던 말이 '쪼다 병신, 까불고 있어, 짜식이' 언제나 이 세 마디였다. 그런데 그 단어들 안에 주교님의 사랑과 아낌이 들어 있다는 것을 모르는 사람은 없었고, 주교님도 아무에게나 그런 단어를 사용하지는 않으셨다. 용렬함과 소심함을 배척하셨지만 호방함 안에 친절과 사랑이 들어 있었다.

사모님은 영국인이신데, 긴 결혼 생활이 행복하셨는지는 난 잘 모른다. 남편 몫을 잘 못하는 짝퉁 남편이었음에 틀림없다. 두 자녀는 결혼하여 각각 분가했고 손자들 사랑은 자동차 안에 붙어 있는 손자 사진으로 어림할 수 있지만 그 장치는 좀 유치하다. 가끔은 중절모에 깃털을 꽂는 그 키치가 김 주교님의 매력을 한껏 부풀린다. 이제는 정말 할아버지가 되셨다. 점점 사이버로 가까이 가시는…….

이제 학교를 떠나시면 당신이 이룩하신 강화 고향 우리 마을에서
정신 지체아들과 또 여생을 보내실 듯싶다.

"까불고 있어 짜식들이~."

이 음성과 함께 지나온 기억의 파편들이 눈시울을 적신다. 정말
어른이셨다. 사랑 가득한!

학생들이 나에게 준 희망의 메시지

장 화 경 (성공회대학교 일어일본학과 교수)

지난해 12월 초순의 어느 날 저녁 8시 반경, 어느덧 어둑어둑해지고 있었다. 학생들이 삼삼오오 이야기를 나누면서 느티아래에 모였다. 우리는 학교 앞의 한 음식점으로 자리를 옮겨 둘러앉았다. 나는 학생들이 발그레 상기된 얼굴로 이야기꽃을 피우고 있는 모습을 살펴보았다.

한 달 반 전인 10월 말에 시작된 학생상담실의 집단상담 프로그램에 참가한 학생들이다. '진로 탐색 프로그램'의 첫 모임에 열댓 명이 둥글게 모여 앉았다.

"이번 프로그램에 참가한 여러분을 환영합니다. 강의실이나 캠퍼스에서 마주칠 때보다 더 반갑네요. 옆에 앉은 친구와 인사 나누세요."

나에게 시선을 집중했던 학생들이 약간 어색한 미소를 지으며 서로 눈인사를 주고받았다. 그 다음에는 돌아가면서 자기소개를 했다. 남녀, 학년, 학과가 골고루 섞여 있었다.

"오늘 여기에 온 학생들은 각자 자신이 속한 학과에서 공부하고 있지요. 이 모임에서는 카운슬러 선생님들과 함께 자신에 대해 진지하게 생각해보고 그것을 친구들과 이야기하는 기회를 가질 것이고, 또 다른 친구들은 어떤 생각을 하고 있는지 함께 나눌 것입니다."

내가 입을 열자 순식간에 분위기는 여느 강의 시간과 비슷하게 되어버렸다. '아차, 이게 아닌데. 여기서 그만 줄여야지.' 학생들이 편안함과 즐거움을 느끼는 분위기가 되려면 교수는 얼른 퇴장하는 것이 가장 좋은 방법이다.

"이 프로그램을 다 마친 마지막 날에 다시 여러분을 만나러 올 것입니다. 그때 아마 여러분은 무언가가 달라져 있겠지요."

학생들의 표정이 조금 누그러지는 것을 보면서 나는 승연관의 작은 교실을 나왔다.

진로에 대한 대학생의 가치관은 개인적 요인뿐만 아니라 사회적 상황도 매우 큰 영향을 미친다. 요즈음의 사회적 분위기에 휩쓸려 남들이 유망직종이라고 하는 것에 매달려서 여기저기 학원을 쫓아다니는 학생들도 적지 않다. '진로 탐색' 프로그램은 매주 수요일 저녁에 2시간씩 여섯 번에 걸쳐 진행되었다. 이 프로그램에서는 먼저 진로성숙도 검사를 실시했다. 어릴 때부터 지금까지 자신의 꿈이 어떻게 변화했는지, 나에게 중요한 사람은 내가 어떤 사람이 되길 기대하는지, 내가 진로 결정을 하는 데 방해 요인이 되는 것은 무엇인지 등을 소주제로 하여 이야기를 풀어나갔다. '나의 강점'을 찾는 방법으로는 자신이 과거에 잘했던 일이 무엇인지 경험을 상기시켜서 스스로의 자질을 이해하도록 했다. 자신의 흥미, 가치관, 능력, 적성에 맞는 직업으로는 어떤 것이 있는지 정보 수집을 통해 알아보고, 자신에게는 어떤 직업이 맞을지 고민하는 시간도 가졌다. 직업 탐색 시간에는 직업에 관련된 정보를 찾는 방법, 각 직업의 특성과 그 분야의 직장에서 일하는 사람들의 성공담과 실패 사례도 찾아보았다. 그리고 자신의 미래 청사진을 설정하고, 이 목표를 실현하기 위해 어떠한 준비가 필요한지 단기/장기실천계획을 세워보았다.

프로그램을 마무리하는 날에 다시 만난 학생들은 이 과정들을 통해서 '진짜 자신'을 되돌아볼 수 있었다고 입을 모았다.

"나만 아직도 앞으로의 진로를 선택하지 못하고 갈팡질팡하고 있다고 생각했어요."

"나의 고민과 다른 친구들의 고민이 다르지 않다는 것을 알고 마음이 놓였어요."

"친구들의 이야기를 들으면서 나도 자신감이 생겼어요."

"이제 실천 계획표를 만들었으니 우물쭈물하며 시간을 낭비할 수 없어요. 다음주부터 당장 계획대로 움직일 생각이에요."

"어떤 직업을 갖고 사느냐는 다른 사람이 인정해주느냐, 얼마나 돈을 잘 벌 수 있느냐 하는 것보다 자신의 가치관이 더 중요하다는 것을 깨달았어요."

"대학생이 된 다음에 이렇게 자신에 대해 골똘히 생각해본 것은 처음이었어요."

"지금 4학년인데요. 2학년 정도에 이런 프로그램에 참여했다면 더 좋았을 것 같아요."

"다른 친구나 후배들에게 꼭 권하고 싶어요."

어느덧 10시가 넘었고 밖은 깜깜해졌는데도 학생들은 이야기에 정신이 팔려 있었다. 즐거운 종달새처럼 계속 조잘대는 학생들의 밝고 진솔한 표정을 보면서 나는 고맙고 또 미안하다는 생각이 들었다.

21세기는 글로벌 시대이고 무한 경쟁이라는 말이 하도 많이 떠돌아다녀서 우리는 그 단어의 뜻에 그만 무감각해져버렸다. 오늘날 대학생들은 경제 상황이 안 좋다느니, 경기가 둔화되어 청년 실업률이 최고치를 기록했다느니 하는 말들을 너무나 많이 접하고 있다. 이런 사회적 상황에서 이제 막 20대의 문턱에 들어선 대학생들의 가슴속에 희망이나 기대가 차지하는 자리는 너무나 작다. '대학을 졸업한 다음에 취업이나 제대로 할 수 있을까?', '살아남으려면 어떻게 해야 하지?' 막연한 불안감이 커지고 여러 가지 스트레스가 쌓이면서 구체적 계획이나 노력을 하기보다는 이런저런 소문에 현혹되어 우왕좌왕하기도 한다. 경쟁적 분위기나 기세에 눌려 지레 겁먹고 자신감을 상실하여 주저앉아버리기도 한다. "왜 하필이면 이런 때에 20대가 되었는지……." 한탄하는 젊은 백수의 생활을 희화하는 개그를 보며 그냥 웃어넘기기에는 마음 한구석이 무겁다. 젊음이 축복이 아니라고 절망적으로 선언하는 듯한 무책임한 분위기는 희망의 싹을 무참히 짓밟아 버리는 폭력이라는 생각이 든다. 희망은 단지 현실감이 결여된 환상에 지나지 않는다는 자조적 풍경은 씁쓸하고 슬프기조차 하다. 우리 사회의 미래에 아무런 희망을 걸지 못하는 그런 시대에 살고 싶은 사람이 있을까.

젊음은 미숙하기에 아름다운 것이리라. 이제 성인기의 중간 단계에서 지난날을 되짚어보면 20대 시절은 기대와 희망을 가슴에 품고 안개 속을 걷는 것과 같았다. 내가 앞으로 살아갈 인생이, 내가 앞으로 가고 싶은 길이 내 앞에 탄탄대로로 펼쳐져 있어서 그냥 그 길을 따라가기만 하면 되는 그런 날들은 분명 아니었다. 대학생 시기는 자아정체감이 확립되는 단계이므로 혼란과 불안, 기대가 교차하는 가운데 자신의 존재를 인식하는 사회심리적 특성을 경험하게 된다. 자신은 어떤 성격과 적성을 가진 사람이며, 앞으로 어떤 분야에서 일하며 살 것인지 인생의 방향에 대해 많이 고민하는 기간이다. 전공 분야의 공부를 통해서 전문지식을 익히면서 자신의 가치관을 만들어가는 시기인 것이다. 젊음의 패기로 천방지축, 좌충우돌하다가 크고 작은 실패와 좌절을 겪기도 하지만, 이를 딛고 일어설 수 있는 것이 20대의 젊음이리라. 시행착오는 젊음을 성숙시키는 묘약이기도 하기 때문에.

그런데 사회적 분위기는 대학생들이 자신에게 관심을 갖게 하기보다는 무엇 무엇을 필수로 해야 한다는 의무사항을 먼저 제시하고, 그것을 기본적인 자격 조건으로 착각하게 만든다. 그 과정에 상업적인 사교육과 틈새 시장이 활개치고 있음은 물론이다. 외국어 학원이나 해외 어학연수가 어학 능력을 보장해줄 것이라는 달콤한 광고와 선전들, 대학이 서열화되어 있어서 전공 공부보다는 학점 관리에 신경을 써야 한다는 낭설들이 난무하는 가운데, 학생들은 각자 거친 파도가 이는 바다 한가운데서 조각배를 저어가듯 자신의 대학 생활을 보내고 있다.

기독교 재단에서 설립한 대학의 교육적 소명은 정의롭고 평화롭게 함께 사는 사회를 만들어가는 사람들을 키워내는 것이 아닐까. 대학에서는 전문지식 교육과 더불어 학생들이 안정된 정서와 적응 능력 등을 갖추고 인격적 성장을 도모하도록 지원해야 한다. 교수들은 학생들이 자신에 대한 진지한 관심을 갖도록 유도하여 자아존중감을 형성하도록 지켜봐주고, 그들이 자신의 잠재 능력을 스스로 발견하고 계발하려는 의지를 키워줘야 할 것이다. 성공회대학교에서 학생과 교수는 같은 공간에서 자신의 삶의 한 부분을 함께 지내는 동지다. 인생의 봄날을 살아가는 풋풋함이 넘치는 대학생과 이들을 가르치는 책임을 수행하는 교수들, 대학 캠퍼스는 다름의 조화 속에서 자신의 모습을 새로이 발견하는 삶의 터전인 것이다. 우리가 여기서 보낸 시간들이 우리 사회에 소중한 의미와 변화의 작은 씨앗이 되었으면 좋겠다는 겸손한 믿음이 한 자락이라도 있다면…….

4월 중순의 어느 화창한 날, 누런색의 거친 종이로 포장된 작은 소포를 하나 받았다. 스리랑카에서 선교사로 활동하고 있는 한 졸업생이 보낸 허브차와 편지였다. 반가운 마음으로 연두색 편지지 세 장에 빼곡히 적힌 편지 글을 읽으면서 눈시울이 뜨거워졌다.

대학 다닐 때는 잘 몰랐는데, 저는 성공회대학교를 다닌 것에 감사하고 있어요. 지금 생각해보면, 거기에서 좋은 선생님과 친구들을 많이 만났고 풍성한 고민을 마음껏 할 수 있었어요. …… 아직도 많이 부족하지만 이곳 스리랑카에서 아이들에게 음악을 가르치면서 기쁨과 보람을 온몸으로 느끼고 있어요. 그리고 나를 이렇게 키워준 성공회대학교를 위해 기도하고 있어요…….

이제 이 대학에서 가르친 지도 10년, 그저 분주한 일상에 쫓기면서 허덕이며 지내고 있는데, 편지의 한 구절 한 구절이 불꽃이 되어 나의 가슴속에 던져졌다. 나의 삶이, 나의 시간들이 내가 만나는 학생들 하나하나의 삶과 시간과 어떻게 만나고 있는지…….

나는 스리랑카에서 날아온 허브차를 마시면서 그 학생의 대학 시절의 모습을 떠올린다. 강의실에서 또 연구실에 찾아와서 질문을 속사포같이 쏘아대기도 하고, 어느 날은 두 눈을 반짝거리며 자신의 인생 설계를 나지막한 목소리로 이야기하던 그 생기발랄함이 새삼 그리워진다. 그때보다 성숙한 모습으로 오늘도 더위 속에서 스리랑카의 아이들 앞에서 낡은 칠판에 음표를 그리며 멜로디에 몸을 싣고 음악 수업을 하고 있겠지. "너를 만날 수 있어서 진정 고마운 것은 바로 나야."

제2부 세계로 열린 창

시베리아 횡단 열차를 타고 보름이건 한 달이
건 내쳐 질주해보라. 러시아 작가 안톤 체호
프가 오직 창공에 나는 새만이 그 끝을 알 수
있다고 표현한 광활한 시베리아 벌판과 타이
가 숲을 미친 듯이 달려가 보라. 그리고 지상
에서 가장 깊고 큰 담수호인 바이칼 호수의
차디찬 물에 그대의 힘찬 손발을 적셔보라.
세상이 다르게 보일 것이다. 눈앞의 작은 이
익과 손해에 일희일비하지 않으면서, 때로는
낯선 사람과 어깨동무하며 세상을 살아갈 수
있는 지혜와 용기를 얻을 수도 있을 것이다.

가르치며 배우며

'중국창' 프로그램

장 영 석(성공회대학교 중어중국학과 교수)

원 격 세미나

매 학기마다 하는 수업이지만 수업 준비와 진행에 은근히 많은 시간을 들여야 하고, 또 많은 신경을 써야 하지만 항상 가르치는 교수나 배우는 학생 모두가 수업 성과에 크게 만족하지 못하고 새로운 과제만 늘어나는 과목 하나가 있다. 중국에 1년 동안 어학연수를 나가 있는 본교 학생들을 대상으로 한국 현지에서 매 학기마다 개설하는 '중국창 원격 세미나' 과목이 그것이다.

'중국창 원격 세미나'는 학생들이 중국 현지에서 어학연수를 하는 동안 중국 사회를 좀 더 심도 있게 파악하기 위한 목적으로 개설한 과목인데, 학생들은 중국 현지인을 대상으로 설문 및 인터뷰 조사를 수행하고 담당 교수에게 조사 보고서를 제출해야 한다. 담당 교수는 설문 및 인터뷰 조사 주제 및 조사 대상 선정, 조사 문항 설계, 보고서 작성, 보고서 수정의 각 단계마다 학생과 인터넷으로 수많은 메일을 주고받아야 한다. 의사소통을 일일이 글로써 해야 하기 때문에 원격 세미나 담당 교수나 학생 모두 '고생'을 각오해야 한다.

'중국 청년들의 휴대폰 문화', '중국 대학생들의 인터넷 언어 사용 실태 조사', '중국 학생 회의 활동 실태' 등과 같이 국내 중국학 연구에서 아직 연구 성과가 축적되지 않은 신선한 주제를 선정하는 학생도 있고, '중국 환경단체 활동의 운영 실태', '중국 대학생들의 대미 의식 조사'와 같이 사회성이 짙은 주제를 선정하는 학생도 있으며, '중국 대학생의 결혼관', '중국의 노인 복지 실태'와 같이 연구 성과가 부족한 영역을 파고드는 '기특한' 학생도 있다.

원격 세미나 담당 교수는 학생들의 호기심에 부응하기 위해 새로운 자료를 검토할 기회를 갖게 되고, 또 학생들이 제출하는 보고서를 통해 새로운 사실도 알게 되기 때문에 수업을 통해 얻는 소득이 제법 쏠쏠하지만, 학생들은 수업의 진행 과정에 대해 크게 만족하지 못하는 모양이다. 중국의 현지 사정에 밝지 못하고 또 사회조사방법론을 수강한 적이 없는 학생들이 조사 준비 및 조사 과정과 보고서를 쓰는 과정에서 갖게 되는 다양한 의문을 원격 세미나 과목을 통해 충분히 해소하지 못하고 있다는 느낌이 든다. 이에 학생들이 중국 현지에 있다는 이점을 충분히 활용하여 다양한 의미 있는 경험을 할 수 있는 방법을 곰곰이 생각해보게 된다.

중국창 프로그램

'중국창 원격 세미나'는 '중국창 프로그램' 가운데 하나로 개설된 과목인데, 중국창 프로그램의 주임 교수가 과목을 담당한다. 2004년 9월에 시작된 중국창 프로그램은 성공회대학교 학생들이 중국해양대학교에서 8개월간 일상 및 비즈니스 중국어 회화를 배우고 3개월 동안은 일반 무역, 유통, 문화 산업 관련 회사 또는 사회 단체 등에서 인턴십을 하도록 설계되어 있다. 이 프로그램을 마친 학생은 매 학기 19학점, 1년 동안 총 38학점을 획득하게 된다. 학생들은 원격 세미나를 통해 매 학기 19학점 가운데 2학점을, 중국해양대학교의 어학 학습 및 인턴십 참여를 통해 17학점을 획득한다. 성공회대학교는 이 프로그램에 참여하는 학생들에게 교육비의 50%를 감면해주는데, 이는 일종의 '특별 장학금'이라고 볼 수 있다.

그간 중국창 프로그램은 4기 학생들을 배출했고, 2008년 4월 현재 19명의 제5기 학생들이 중국해양대학교에서 어학연수를 받고 있다. 중국창 프로그램에 참여하고 있는 학생의 대부분은 중어중국학과 학생들이지만, 중국의 경제 성장과 한중 경제 교류 확대에 따른 '중국 수요'의 증대를 감지한 사회과학부, 유통정보학과, 신문방송학과의 일부 학생들도 참여하고 있다.

중국창 프로그램의 주임 교수는 참여 학생들의 현지 생활 안착 및 학습을 독려하기 위해 보통 1년에 4번 정도 중국 현지로 출장을 간다. 참여 학생들이 중국으로 들어간 지 1개월 반 정도 후인 4월 중순경, 학생들이 어느 정도 중국 생활에 정착하기 시작하는 7월경, 인턴십 단계의 10월경, 졸업식을 하는 1월 말경이다. 보통 2~3일 정도의 출장 일정인데, 중국창 프로그램 수료식에 참여하는 출장을 제외하고 나머지 세 번의 출장은 매일 고된 일정을 소화하게 된다.

출장 첫날은 중국해양대학교 국제교류처 선생님들과 만나 그간 쌓인 처리해야 할 문제를 점검하고 저녁에는 식당에서 학생들과 함께 저녁을 먹는데, 이 자리에서는 학생들의 현지 생활 및 학업 과정에서 쌓인 문제들을 듣는다. 식욕이 왕성한 학생들이지만 중국의 물가가 한국보다는 싸기 때문에 음식 값 걱정은 없다. 식사가 끝나면 커피숍이나 술집을 찾아 못 다한 중국 생활 이야기를 듣는데, 거의 12시가 넘어서 끝이 난다. 그 다음날은 학생들의 숙소를 방문하거나 학생들을 호텔로 불러 개별 또는 조별 면담을 한다. 학생들이 인턴십에 들어가면 인턴십 기관을 찾아가 학교가 마련한 작은 선물을 전달하고 기관장에게 학생 지도를 특별히 부탁한다. 2~3일 동안 빡빡한 출장 일정을 소화하고 나면 거의 파김치가 된 몸을 이끌고 본교의 학교 수업으로, 자신의 일상생활로 되돌아온다.

기억에 남는 세 학생

중국창 주임 교수는 1년 동안 중국창 프로그램에 참여한 학생들과 많은 이메일을 주고받고, 또 여러 번 중국 현지에서 학생들과 직접 대면하여 이야기할 수 있는 기회를 갖기 때문에 참여 학생들의 이름을 거의 기억하게 된다. 이들 학생 가운데 중국창 프로그램을 잘 소화하고, 또 적지 않은 긍정적인 변화가 있었다고 판단되는 세 명의 학생을 소개하고자 한다.

한 사람은 중국창 프로그램 제1기로 참여했고, 대학 졸업 후 중국 현지로 가서 한국문화콘텐츠진흥원에서 일을 하다가 중국의 유명한 포털업체인 163.com과 한국의 중앙M&B의 합작 프로젝트에 참여하여 한국여성채널 설립을 도왔고, 지금은 그 채널의 한 운영 멤버로서 일하고 있는 이○○이다. 평소 생각이 다부졌던 그는 지금 한편으로는 한국여성채널 일을 하면서 다른 한편으로는 자신의 전문성을 키우기 위해 중국미디어대학교 석사 과정을 밟고 있다. 그가 중국에 뿌리를 내려야겠다고 생각하기까지는 중국창의 인턴십 경험이 크게 작용한 것 같다.

"저는 한국문화콘텐츠진흥원 중국사무소에서 인턴을 하게 되었고, 평소 관심이 많았던 문화 산업에 대한 이해를 높일 수 있었습니다. 중국과 한국이 문화라는 코드를 어떻게 서로 함께 공유할 수 있을까에 대해서도 고민하게 되었습니다. 3개월이라는 시간은 너무도 짧았고, 많은 아쉬움이 남았지만 잊지 못할 좋은 사람들과 추억을 만들 수 있었습니다. 꿈 같았던 1년의 중국 생활이 지나고, 다시 한국으로 돌아왔을 때는 '취업 준비생'이라는 꼬리표가 따라다니는 대학 4학년 졸업반이었습니다. 졸업 후 취업을 고민하던 중 중국으로 가야겠다는 결심을 하게 되었습니다. 걱정도 많았지만 이미 시작된 중국과의 인연은 저를 중국으로 이끌었습니다. 중국창 인턴으로 인연이 있었던 한국문화콘텐츠진흥원 중국사무소에서 홍보 업무를 맡게 되었습니다."

이○○의 경우 인턴십 과정에서 한국문화콘텐츠진흥원 중국사무소 소장의 눈에 들었다. 중국어를 잘 구사했고, 또 빈틈없이 일하는 모습을 소장이 기특하게 보았던 것 같다. 인턴십 기간에 소장과 형성된 끈끈한 인간관계가 그가 졸업 후 중국으로 떠날 수 있었던 '밑천'이 되었던 셈이다. 그의 꿈은 '중국에서 큰그릇이 되는 것'이다. 중국미디어대학교에서 석사 과정을 밟고 있는 것도 그 일환이다. 그는 산업 현장에서 획득한 실무 지식을 체계적인 지식으로 발전시키고, 중국의 사정에 좀 더 정통하기 위해 중국미디어대학원을 선택했다.

주○○의 경우 유통정보학과 졸업반 학생이다. 그는 "유통정보학과에서는 영어를 배우기 위해 어학연수를 가는 학생들은 있었지만, 중국어를 배우려는 사람은 극히 드물었다. 주위에서는 영어를 먼저 배우라면서 저의 위험한 모험에 반대하는 소리가 많았다"라며 중국창 프로그램을 선택할 당시의 주변 상황을 밝혔다. 그렇지만 그가 중국창 프로그램을 선택한 이유는 "평소 무역 쪽에 관심이 많았고, 급부상하고 있는 중국을 보면서 중국창 프로그램에 관심을 갖게 되었"기 때문이다.

그는 먼저 복수 전공으로 중어중국학과를 선택했고, 중국창 프로그램에 참여하기 전에 휴학계를 내고 상하이(上海)에서 1년 동안 중국어 학습을 마쳤다. 중국창 프로그램에 참여했을 때 그의 중국어 실력은 중어중국학과 학생들의 평균 수준 이상이었고, 중국 프로그램을 마칠 즈음 한어수평고사(HSK) 고급에 해당하는 9등급을 받았다. 그의 꿈은 졸업 후 한국 회사에서 먼저 유통에 대해 배우고 후에는 중국으로 가거나 중국과 연관된 일을 하면서 개인 창업을 하는 것이다. 그에게 거대한 중국 시장은 자신의 이상을 실현하는 무대가 될 것이다.

정○○은 중국창 프로그램을 통해 자신을 단련시킨 중어중국학과 졸업반 학생이다. 그는 중국 생활을 한 적이 없었지만, 중국학과를 입학할 당시 중국어를 어느 정도 구사할 수 있었다. 어릴 적부터 중국 영화를 좋아해서 중국 영화 속에서 나오는 중국어를 따라하다가 중국어를 터득했다. 그는 HSK 중급에 해당하는 7급을 획득한 상태에서 중국창 프로그램에 참여했기 때문에 중국에 도착한 첫날부터 일상생활을 하는 데 전혀 문제가 없었다. 그가 밝힌 자신의 단점은 중국어 공부만 좋아했지, 자신의 전공 분야를 개척하지 못한 것이다.

정ㅇㅇ은 인턴십 과정에서 많은 것을 깨달은 것 같다. 그는 "인턴십 과정은 교과에서만 배우는 중국어가 아닌 생활 중국어를 공부할 수 있는 기회며, 중국인들과의 대화를 통해 그들의 사고방식을 이해할 수 있는 기회다. 게다가 짧지만 혹독한 사회 생활 또한 경험해볼 수 있기 때문에 인생의 전환점을 맞을 수 있게 된다. 1년의 과정 중에 인턴십 기간에 배우고 느낀 것이 가장 많았던 것 같다"라고 밝혔다. 내가 그의 인턴십 기관을 방문했을 때 기관장은 친절하게 대하면서 농담조로 "정ㅇㅇ은 완벽주의자인 것 같다"라고 평가했다. 기관장이 필자와 배석한 정ㅇㅇ를 대하는 태도에서 적어도 그가 기관장으로부터 전폭적인 신임을 받고 있다는 인상을 받았다.

남은 과제

중국창 프로그램을 진행하면서 중어중국학과 및 중국 현지의 교과 과정에서 몇 가지 개선해야 할 점이 좀 더 분명해졌다. 학생들이 사회조사의 주제를 선정하고, 조사 대상을 확정하며, 자료를 수집·분석·가공하는 능력을 배양할 수 있도록 저학년 학생을 대상으로 '중국 사회조사 연습'이라는 교과 과목을, 중국창 프로그램에 참여한 학생을 대상으로 '인턴십'에 대한 교과 과목을, 인턴십에 들어가 있는 학생을 대상으로 매주 학생들이 경험을 공유하고 그 경험을 종합·분석하며 새로운 과제를 확인할 수 있는 인턴십 관리를 위한 교과 과목을 개설할 필요성이 있었다.

이런 문제의식을 반영하기 위해 중국해양대학교 국제교류처에 부탁하여 중국창 프로그램 제4기 학생을 대상으로 '인턴십' 교과 과목을 개설했고, 최근 중어중국학과 학과 회의에서는 2008년 2학기부터 2학년 학생을 대상으로 하는 '중국 사회조사 연습' 교과 과목을 전공 필수 과목으로 개설하기로 했다. 그렇지만 인턴십 관리를 위한 교과 과목 개설 문제는 아직 해결하지 못하고 있다. 학생들이 인턴십 기간을 의미 있게 보낼 수 있도록 중국해양대학교 측에 인턴십 관리 교과 과목을 개설해줄 것을 부탁·해결하는 것이 다음 중국 출장의 핵심 과제 중 하나다.

중국창 주임 교수로서 나는 중국창 프로그램에 참여하는 학생들에게 중국어 비전공 학생들이 HSK 7급 이상을 획득하고 있는 실정을 들어 "중국창 프로그램에 참여하는 중국학과 학생들은 HSK 9급 이상을 받아 귀국해야 한다"고 자주 강조하고 있지만 중국창 프로그램 1년을 수료한 학생들의 다수가 여전히 중급 수준에 주로 멈춰 있다. 그나마 다행인 것은 중국창 제3기 학생부터 HSK 9급을 받아 귀국하는 학생들이 점차 늘어나고 있다는 점이다. 학생들 스스로가 자신에게 요구되는 '객관적인 현실'을 직시하고 노력한 결과라고 보인다.

중국창 프로그램의 가장 큰 성과는 이 프로그램을 수료한 학생들이 중국인을 자신감을 갖고 대할 수 있게 된다는 점일 것이다. 학생들이 교실에서 이뤄지는 중국어 학습 이외에도 중국 현지 생활을 통해 중국의 문화를 '온몸'으로 흡수한 데서 자신감을 얻게 되는 것이다. 이러한 학생들의 자신감이 한국의 교과 과정을 통해 좀 더 심화되었으면 좋겠다. 중국어 문헌을 읽고 분석하며 중국어로 발표하는 수업을 통해 학생들의 실력이 한 단계 더 심화되었으면 좋겠다. 사회 변화의 속도가 매우 빠른 중국을 이해하기 위해서는, 또 한국의 중국 수요에 부응하기 위해서는 '중국어로 된 자료를 읽고 분석하며 중국어로 보고하는' 능력을 갖춰야 한다.

일거삼득의 마력, SPELL

조 병 은(성공회대학교 영어학과 교수, 전 SPELL 주임 교수)

주변에 영어를 잘하는 사람이 너무 많다. 아주 어린아이부터 중·고등학생, 대학생에 이르기까지 영어권 국가에 한 번 안 다녀온 사람 찾아보기 어려울 정도로 어학연수의 기회가 많다. 지역에 따라서는 매 학기 방학 무렵이면 외국 학교로 어학연수를 떠나거나 전학 가는 초·중학생 수가 셀 수 없을 정도다. 국제적 공인 시험인 TOEFL의 시험 신청으로 미국 테스팅 센터의 사이트가 마비된 것도 우리나라에서나 가능한 '이상 영어 열풍'이다. 몇 년 전만 해도 아주 시골로 여겨지던 곳에 영어학원차가 하루에도 몇 번이나 운행하며 아이들을 가까운 도시의 학원으로 데려간다. 회사원이나 기업체 직원도 새벽같이 학원에 나가 영어 수업을 듣고 출근하거나 직장으로 영어 강사를 초빙하여 영어를 공부한다. 너나 할 것 없이 반쯤은 영어 전공자가 되어가고 있다.

대학의 모든 개별 학문은 전공이라는 확실하고도 배타적인 전문 영역 및 노하우를 갖는다. 그리고 그것이 어느 정도 전공자의 자부심이나 긍지로 연결되는 것도 사실이다. 하지만 영어 전공자들은 이런 배타적 특권(?)과 자부심이 사라질 위기에 처해 있다. 영어를 잘하는 사람이 너무 많고 그들의 영어 공인시험 점수도 상당히 높다고 한다. 과연 전공자로서 영어과 학생들에게 남는 전문성은 어디에 있으며, 그들만의 배타적인 영역은 무엇인가?

이런 위기감은 나만의 생각은 아니었다. 동료 교수들과의 짧은 대화로도 이를 어렵지 않게 확인할 수 있었으며, 더구나 우리 학생들에게 그 위기감은 더욱 절실했다. 나름대로의 전문 연구분야가 확정된 우리 교수들과는 달리, 영어를 제외한 영문학에는 별 관심도, 필요성도 못 느끼는 학생들에게 영어 전공은 영어의 네 가지 기능(말하고, 듣고, 읽고, 쓰는 능력)을 제하면 남는 것이 별로 없다. 그런데 그 네 영역에 나보다 더 깊숙이 들어와 있는 다른 전공자가 많다고 생각해보라. 그 초조함과 위기감은 어떨 것인가?

'Study in the Philippines in English Language & Literature'의 약어인 SPELL, 즉 '필리핀 해외 영어 프로그램'은 이런 위기위식을 공유하던 영어학과 교수들의 공동작품이다. 그것은 문자 그대로 '시의적절'했다. 영어학과가 생긴 지 7년쯤, 결혼 생활로 비유하면 꼭 권태기 정도의 시기에 더 이상 교과 과정 개편이나 교수법 개선만으로는 안 된다는, 또 시행되던 방학 중 영어 연수 프로그램만으로는 성이 안 차고 효과가 없다는 결론을 내리고 해결책을 필리핀에서 모색하기로 한 것이다. 별 사전 지식도 정보도 없이 다만 영어를 공용어로 하고, 유럽과 미국에 의한 오랜 식민지 생활의 영향으로 문화와 생활 면에서 아시아 국가 중 가장 서구적이며, 영국식 영어를 쓰는 인도나 싱가포르나 말레이시아보다는 우리나라처럼 미국 영어 중심의 영어교육이 이뤄진다는 것만을 알고 있을 뿐이었다. 당시 학과장이던 권용현 교수의 날개가 달린 듯한 강한 추진력과 열정 어린 헌신으로, 2004년 12월 프로그램 개발에 대한 논의를 시작하고 나서 꼭 2개월 만인 2005년 2월에 상대 학교를 정했다. 필리핀의 고산/교육/휴양도시인 바기오의 가톨릭계 명문대학 '세인트루이스대학교'였다. 5월에는 양해 각서를 교환하고 7월 초에 학생 40명을 보냈다. 필리핀의 공무 처리 속도를 감안할 때 도저히 불가능한 시간에 이뤄낸 성과였다. 또한 '인도창'을 비롯한 해외 창들에 이어, 학생 등록금의 절반 정도를 뚝 떼어 해외교육비로 지원해준다는 쉽지 않은 결정을 내린 우리 학교의 적극적 지원과 업무 탄력성을 보여준, 성공회대학이니까 가능한 학생 중심 경영의 또 다른 사례라 할 수 있었다.

마침 대외적으로도 영어교육에 새로운 변화가 생기기 시작했다. 1997년 IMF라는 커다란 경제적 위기를 넘긴 우리나라 학부모들이 지금까지 영어 종주국에서 이뤄지던 어학연수를 우리로서는 접근성이 용이하고 아시아적 연대도 가능한 인도, 필리핀, 말레이시아, 싱가포르 쪽으로 돌리기 시작한 것이다. 물론 이런 변화의 근저에는 탈식민주의적 사고로의 전환도 한몫했겠지만 그보다는 중류층의 교육 투자 확대와 이에 따른 조기 유학 붐, 현지의 저렴한 물가가 큰 동기를 제공했다. 세계적 추세로는 인터넷 사용으로 영어의 국제적 위상이 변모한 것을 들 수 있다. 즉 영어가 이제 '잘나가는 선진국의 대표 언어'가 아닌 '세계어', 혹은 '국제 공용어'로 우선 정의된다는 중요한 변화 말이다(2006년 SPELL 2기 학생들을 대상으로 한 설문 조사에서 우리 학생들도 영어의 정의로 '선진국 영미의 언어'보다는 '국제어'를 택했다). 영어는 이제 영미 중심의 국가/연방체의 언어라는 한계를 넘어 국제적으로 독립적인 위상을 갖게 되었다고 볼 수 있으며, 학생들의 인식에서 나타나는 이전 세대와 다른 이런 의식의 변화는 우리가 아무 거부감 없이 제3국을 영어 연수의 장소로 택하게 했다.

아시아권 나라의 장점은 지역적 접근이 수월할 뿐 아니라 동일 아시아 문화권이라는 문화적 요소, 그리고 무엇보다 가격이 저렴하여 기관 연수 외에 개인별 일대일 연수를 받을 수 있다는 장점이 있다. 지리적 근접성 때문에 미국이나 캐나다 등 영어 모국어 사용국으로의 유학을 희망하는 어린 학생들의 예비 연수 장소로도 많이 활용된다. 우리와 문화적으로 친밀하고 수난의 역사를 공통으로 지닌 것 외에도, 학교에서 지원하는 비용으로 교육비와 식사를 포함한 기숙사비 일체를 해결할 수 있고, 또 저렴한 인건비로 쉽게 영어 튜터(tutor)를 활용할 수 있다는 경제적인 장점이 있으며, 이로써 기대되는 수준별 개인 수업이 가져올 교육 효과가 큰 매력으로 다가왔다.

프로그램 시작 당시에는 별로 인식하지 못했던, 그러나 어떤 다른 것보다 중요한 장점은 제3국에서의 영어 학습이 어학 공부에 가장 중요한 '자신감'을 가져올 수 있다는 것이다. 자칫 오해를 불러일으킬 수도 있지만, '자신감'은 언어 능력을 최고의 언어 수행으로 연결시킬 수 있는 중요한 요소로서, 외국에서 공부하는 학생의 개인적 성격이나 경제력, 연수 지역에 대한 정서적 친밀성, 지역적 연대감 등에서도 올 수 있지만 구체적으로 환율과 경제 수준으로 표현되는 모국의 전반적인 국가 경쟁력이 그 든든한 울타리를 제공한다. 예를 들면, 우리나라의 국가 경쟁력이 상대적으로 낮았던 때에 영국이나 미국 등 영어를 모국어로 하는 선진국에서 영어 공부를 해본 경험이 있는 사람들은 여러 면에서 주눅이 들고 실수를 두려워하는 자의식적인 태도와 자신감 결여로 영어 수행 능력이 실제보다 더 떨어지는 아픈 경험을 했을 것이다. 국가 경쟁력이 영어 학습자에게 미치는 자신감이라는 관점에서 필리핀 영어 프로그램이 새로운 패러다임이 될 것이라는 개인적인 기대는 이번 기회를 제3세계에서의 영어 학습이 주는 효과를 측정해볼 수 있는 중요한 교육 실험장으로, 대안 교육 장소로 연구해보고 싶은 마음이 들게 했다. 그리고 SPELL에 참가한 학생들에게서 그 효과를 직접 확인할 수 있었다.

2005년 7월부터 시행된 SPELL은 이제 3기째를 맞고 있다. 우리 학생들은 일 년 내내 쾌적한 기온을 유지하는 바기오에 위치한 역사 깊은 필리핀의 명문 대학 '세인트루이스대학교'에서 11개월 동안 맞춤식 영어과 교과 과정을 이수해오고 있다. 프로그램을 원활히 운영하고 담당 교수들의 한국에 대한 이해도를 높이기 위해 우리는 매년 그 대학교수를 교환교수로 초빙하여 우리 학생들의 영어를 2학기 정도 가르치게 한다. 지금까지 총 79명의 학생이 프로그램을 수료했고, 두 분의 교환교수가 우리 대학에서 가르쳤으며, 프로그램을 개발하는 데 주역을 담당했던 권 교수는 연구년을 몽땅 들여 세인트루이스대학에서 한국 문화와 한국어를 가르치기도 했다.

SPELL은 일방적인 어학연수나 교환학생 프로그램을 넘어서는 상호 호혜적인 교환 프로그램이다. 단순한 영어 학습을 넘어 두 대학 간, 두 국가 간, 두 문화 간 차이를 존중하고, 상호 이해를 증진하며, 나아가 더불어 사는 아시아인이라는 연대감을 돈독히 할 수 있는 중요한 가교 역할을 하고 있다. 중심 화두는 영어 학습이지만 11개월의 집중적인 과정을 거치는 동안 학생들은 가외로 문화체험, 여행, 공동체 교육 등 영어보다 더 중요하고 값진 인생을 배우게 된다. 무엇보다 바기오에서 그들은 자신의 삶을 성찰하고 반성하고 모색하는 인생의 일대 전환점을 맞게 된다. 명칭이 시사하듯, 학생들의 삶에 마력(spell)을 제공하는 그야말로 SPELL로 자리 잡아가고 있는 것이다.

SPELL 교육 과정은 영어학과 교과 과정의 큰 틀 속에 위치하며 그 중간 부분을 형성한다. 입학 후 처음 3학기 동안 영어과 학생들은 '기초 과정'을 통해 기본적인 영어 구사력과 의사 소통 능력을 훈련받는다. 기본적인 영어 발음부터 시작하여 기초 회화, 영어 독서 등으로 전반적인 영어의 기능과 교양을 넓히는 것이다. 다음 단계가 바로 '해외 교육 과정'인 SPELL 참여다. 학생들은 3학기로 구성된 필리핀 '해외 교육 과정'에 11개월 동안 참여, 영어를 일상어로 쓰며 세인트루이스대학 교수들로부터 모든 수업을 영어로 받고 다소 이색적인 현지 문화를 배운다. 귀국 후 대학의 마지막 3학기인 '심화 과정'에서 학생들은 갈고닦은 영어를 기본으로 구직과 사회 진출에 필요한 영어권 문화, 문학, 언어에 대한 전공 지식을 탄탄히 하고 영어 구사력을 확인받는 마지막 관문을 지나게 된다. SPELL의 효과가 속속 검증되는 지금, 권장 사항이었던 SPELL은 2008년 입학생부터는 의무과정으로 부과될 예정이다. 영어학과 교수들이 디자인하고 세인트루이스 대학 교수들이 가르치는 SPELL 교과 과정은 이수 후 우리 대학의 해외 인정 최대 학점인 38학점으로 재산정되어 우리의 교과 과정에 산입된다. 처음 2기까지는 영어교수법을 중점 과목으로 운영, 특별 수료증을 수여함으로써 영어교육에 종사하게 될 학생들의 이력과 지식에 도움이 되도록 했으나, 3기에 이르러 참가 인원의 절반을 차지하는 영어 비전공자의 필요를 감안하여 비즈니스 영어, 사회봉사, 체험 학습, 광고와 커뮤니케이션 등 좀 더 실용적이고 일반적인 인문사회 과목으로 대체했다. 한편, 학교 내 여러 전공 교수들로 구성된 SPELL 전담 위원회를 두어 학생들을 위한 '원격 세미나' 과목을 운영하며, 학생들의 구성과 수요에 따른 교과 과정의 변화와 개선을 끊임없이 추구함으로써 새로운 필요를 충족시키고 있다.

해외에서 1년 가까이 보내는 동안 학생들은 새로운 형태의 언어, 문화, 삶에 적응하는 총체적인 전환을 맞게 된다. 자유롭고 익숙하고 안전하며 다소 과잉보호를 받던 생활에서 벗어나 총기 소지가 자유로워 안전이 우려되는 필리핀에서 전혀 낯선 문화를 접하며, 영어를 일상 생활어로 말하고, 복잡하고 엄격한 수칙에 따라 힘든 공동체/기숙사 생활을 하게 된다. 극심한 외로움과 전혀 다른 향과 맛의 음식은 처음에는 그들을 몹시 불행하다고 느끼게 한다. 처음 겪는 생활 방식은 몸에 안 맞는 옷처럼 거북하기만 하고, 6~10명씩 생활하는 기숙사 방은 공주방 같던 한국의 자기 방을 그립게 하며, 노후하고 불편한 시설은 하루에도 몇 번이나 지금까지 인식하지 못했던 우리 집, 우리 학교, 우리나라를 갈망하게 한다. 저녁 7시 반이면 어김없이 들어와야 하며 술과 담배는 물론 짧은 치마도 절대 입을 수 없는 까다로운 기숙사 수칙, 두 나라 간 학제의 차이로 우리나라 고등학생 또래의 필리핀 학생과 어울리며 느끼는 '세대차'로 학생들은 갓 입대한 이등병처럼 힘들어한다. 그러나 그 어려운 과정은 차츰 스스로 선택한 극기 훈련으로, '돈 내고 사서' 하는 젊었을 때 '고생'으로, 그리고 마침내 값진 인생 공부로 인식된다. 영어도 영어지만 학생들은 자기를 훈련하고 발견하며, 장래를 구체적으로 계획하며, 실질적인 자기 인생을 설계하게 된다. 자신의 시야의 한계를 극복하고 새로운 전망과 열린 태도를 준비하게 된다. 외로움과 어려움을 겪은 후에, 혼자보다는 함께하는 삶의 가치를 배운다.

우리는 교환학생/교수 프로그램의 성공은 관련된 두 학교와 학생 개개인, 그리고 관계된 모든 사람의 긴밀한 협조와 상호 이해를 바탕으로 한다는 점을 인식하면서, SPELL을 효과적으로 운영하고 최대의 성과를 내기 위해 파견 전 한 학기 동안 '필리핀 준비반'을, 파견 후 11개월 동안 '원격 세미나' 과목을 운영함으로써 사전·사후 교육을 철저히 하고 있다. 준비 수업에서는 집중적인 영어 훈련, 현지의 문화·역사에 대한 특별 강의 등으로 사전 적응 훈련을, '원격 세미나'에서는 SPELL위원 교수들에게 2주 1회의 영어 보고서를 전자 메일로 제출하게 함으로써 학생들의 수업과 생활을 지속적으로 지도하며, 현장 방문교육과 격려의 기회도 자주 갖는 등, 학교도 바쁘고 긴장된 11개월을 보내게 된다. 영어로 쓴 학생들의 A4용지 10장 분량의 최종 보고서에는 학생들이 몸으로 부딪친 11개월이 고스란히 담겨 있고, 이를 통해 프로그램에 대한 전반적인 평가, 개선점, 제안 사항 등이 피드백된다.

SPELL은 영어를 일상생활에서 구사할 수 있다는 큰 장점 외에도 여러 가지 이점을 지닌다. 우선 학생들은 필리핀 문화를 체험할 수 있으며, 근처 아시아권 국가를 여행함으로써 아시아에 대한 지식과 견문을 넓히고, 아시아인으로서의 연대와 친밀감을 확인하며, 엄격한 기숙사 공동생활을 양보와 협력으로 해냄으로써 동료 간 우정과 공동체적 가치를 배우고 실천한다. 한편 세세한 일상생활의 고충까지 상담하고 해결하는 과정에서 학생들은 양쪽 대학교수들과도 특별한 관계를 형성하게 된다. 이렇게 SPELL은 다양한 만남의 기회를 주는 새로운 관계맺음의 장이 된다. 참가한 학생들에게 바기오는 제2의 고향으로, 세인트루이스대학 교수들은 존경하는 스승으로, 필리핀의 풍부한 라틴 문화도 더 이상 이질적이지 않은 것으로 받아들이게 되며, 필리핀 사람들의 친절함과 열린 마음을 감사할 줄 알게 되고, 함께 다녀온 동료들과는 평생지기 우정을 맺게 된다.

물론 어려움이 더 많이 따른다. 우선 일 년을 한결같이 '영어'만을 생각하며 사는 생활은 그 집중도만큼이나 힘들고 적지 않은 스트레스가 된다. 기대 목표에 못 미치는 실력은 끊임없이 학생들을 좌절시키고 괴롭힌다. "왜 영어가 향상될 기미가 전혀 안 보이죠?" 참여한 지 2~3개월쯤 많이 듣는 하소연이다. 하지만 원격 세미나를 진행하는 교수들은 보내온 보고서의 길이가 차츰 길어지고 영어 표현이 자연스럽고 자유로워지는 것에, 그리고 학생들의 풍요로워지는 전달력과 영어 구사력의 향상 속도에 놀라게 된다. 본인들의 기대에는 못 미칠지 모르지만 향상 폭은 대체로 우리의 기대 이상이다. 다녀온 학생들의 대다수가 수줍고 실수가 두려워 쭈뼛대던 자신감 없는 모습을 벗고, 당당하고 자신감 있고 언제든 국제무대에 설 준비가 된 용기 있는 모습으로 일대 변신을 했다. 졸업 후 영국이나 미국, 호주 등에서 대학원에 진학하거나, 외국 지사에 근무하며 MBA 과정을 밟거나, 졸업도 하기 전에 영어 학원에 초빙되는 등, 이들은 SPELL 참여 전에 예상하던 것과는 사뭇 다른 진로를 가고 있다. 아직 졸업 전인 학생들은 작은 역마살이 들었는지, 방학만 되면 다른 나라를 여행하고 다른 문화를 경험하려고 비행기를 탄다.

SPELL 원격 세미나 지도교수를 하면서 얻은 숱한 대리 체험과 모험들로 내 삶도 풍요로워졌음을 느낀다. 몇 가지 기억나는 일화를 들자면, 법정 전염병의 개념조차 없는 필리핀에서 장티푸스에 걸린 친구를 간호하던 여학생이 결국 본인도 그 병에 전염되었다는 소식으로 학교에 비상이 걸렸던 일, 그러나 그 후 진단이 잘못되었다는 황당한 이야기에 마음 놓던 일, 모 미국 방송사의 서바이벌 게임 프로그램에 아시아 대표로 말레이시아까지 초대되었던 용기 있는 두 남학생, 시간을 안 지키고 임무에 충실하지 못한 필리핀인 튜터를 해고(?)했다가 현지 법원에 고소되고 조정위원회에 참석하여 무책임한 원고의 잘못을 영어로 조목조목 따져 사과를 받고 화해를 이뤄낸 똑똑한 여학생, 동굴 유원지에 여행을 갔다가 동굴 속 큰못에 빠져 아슬아슬하게 구조된 여학생, 처음으로 혼자서 싱가포르에 여행을 다녀와 가슴 뿌듯해하던 여학생, 예약 없이 떠난 외국 여행에서 숙소를 구하지 못해 방황하다 운 좋게 현지 젊은이를 만나 잠자리를 얻었던 남학생, 크리스마스 때 필리핀 친구의 대궐 같은 집에 초대받아 필리핀의 빈부 격차에 적잖이 놀랐던 여학생, 지역 사회단체를 찾아가 어린이를 위한 봉사 프로그램을 직접 만들고 그들과 함께 어울려 '동동동동 동대문' 등 한국의 노래와 놀이를 가르친 사회복지학과 학생, 바기오 시내 한 복판 큰 공원에서 손수 만든 한국 음식과 한국 문화를 선보였던 여러 친선 대사들, 모두가 눈에 선하다. 당시에는 숨 가빴고 막막했던 어려운 경험들이, 혹은 보람 있는 수고들이 이제는 잊지 못할 추억으로 자리 잡았다. 그러다 보니 학생들을 새로 보낼 때면 우리 교수들도 새로운 모험과 도전, 여행을 통한 새로운 배움과 학생들의 변화에 대한 기대로 흥분되고 설렌다. 물론 우려와 긴장이 항상 깔려 있지만.

대부분의 참가 학생들은 SPELL을 통해 영어 학습, 문화 체험, 여행, 이 세 가지를 동시에 하게 된다. 일거삼득의 마력을 지닌 SPELL. 어려움을 겪는 과정에서 얻게 되는 자신의 발견, 자신감의 함양은 그 정수를 구성한다고 할 수 있다. 학생들은 한 번 우물 안을 벗어남으로써 본래의 터전과 떨어져서 자신의 모습을 정직하고 객관적으로 볼 수 있게 되었다. 자신들의 가치관, 우리의 문화 등에 관한 비교 기준을 갖게 되고 그런 깨달음의 바탕 위에서 자신들의 미래의 삶에 대해 아주 구체적으로 계획하고 준비하기 시작했음을 우리는 자주 확인할 수 있었다.

한번 경험하면 결코 잊지 못할 SPELL의 마력(spell), 학생들의 후일 담은 그들의 경험만큼이나 다채롭고 풍요롭다.

"SPELL 참여로 제 인생이 달라졌습니다."

"영어는 저와는 상관없다고 생각하고 지금껏 살아왔는데, SPELL 참가 후 영어가 제 최대의 관심사가 되었습니다. 복수 전공하고 싶습니다."

"SPELL은 제게 자신감의 상징입니다."

"SPELL은 제 삶의 잊지 못할 전환기를 가져왔습니다."

"필리핀의 영어 발음이 안 좋다고 걱정들 하지만, 대학생 정도로 이미 자신의 발음이 안정된 학생들에게는 전혀 문제가 안 된다는 걸 알게 됐어요."

"필리핀 사람들은 무엇보다 친절하고 순수하고 열려 있었어요. 소매 치기와 거지가 많아서 불편하고 위험하다구요? 그들의 자존심을 거스르지만 않도록 주의하세요. 걱정할 필요 없어요."

"총기 소지며 반군으로 위험하다지만 바기오는 아니에요. 더구나 우린 저녁 7시 반에 통금 시간이 정해진 학교 기숙사에 살잖아요?"

지금 SPELL 3기 학생 30명이 세인트루이스대학에서 수업한 지 두 달이 조금 넘었다. 이제 문화 적응의 단계는 잘 거친 셈이다. 내년 5월 말 이 과정을 수료하고 돌아오면 비슷한 이야기들로 게시판이 바빠질 것을 기대해보며, '일거(로 최소한)삼득'하게 되는 SPELL의 마력을 다시 한 번 확인시켜줄 우리 학생들의 자신감 넘치는, 젊은 패기로 가득 찬 모습을 떠올려본다.

좌절 속에서 희망 찾기

중국창 프로그램 참가자들을 떠올리며

이 남 주(성공회대학교 중어중국학과 교수)

지금 인턴십에 참여한 모든 학생이 정확한 자리도 없고 책상에 앉아서 시간 때우기에만 급급합니다. …… 중국창 프로그램에 참여한 대부분의 학생은 4학년 1학기를 마친 상태이거나 4학년 1학기를 시작한 학생들입니다. 한국의 4학년 학생들은 취업 준비 등으로 1분 1초가 아깝습니다. 제대로 된 인턴십도 아니고 그렇다고 취업과 연계된 인턴십도 아니고 하루에도 몇 번씩 한국에 빨리 돌아가고 싶은 마음뿐입니다. 이렇게 멍하니 지나가는 시간을 바라만 보기엔 저희 자신이 한심해서 견딜 수가 없기 때문입니다."

무더위가 기승을 부리던 2005년 7월 어느 날 중국창 프로그램 1기에 참여한 학생으로부터 받은 이메일의 일부다. 2004년 9월부터 어학연수와 인턴십을 연계시킨 중국창 프로그램이 시작되었는데, 2005년 5월까지의 어학연수를 마친 후 인턴십 과정이 시작된 지 한 달이 갓 넘은 상황에서 이러한 의견을 전한 학생과 그 의견을 전달받은 담당 교수가 졌던 마음의 부담은 특별히 설명이 필요하지 않을 것이다.

사실 성공회대 내의 다른 학과에서는 비교적 성공적으로 인턴십 프로그램을 진행해왔지만, 이를 그대로 중국에 적용시키는 것은 쉽지 않을 것이라고 생각하기는 했다. 특히 두 가지 어려움이 있었다. 첫째는 언어 능력이다. IT분야와 같이 표준화된 기술적 능력이 없는 문과 전공자가 대부분인 상황에서 일정한 수준의 어학 능력은 기업에서 인턴십을 수행하기 위한 전제 조건이다. 그런데 당시 3학년 수준의 학생들이 중국 현지의 기업이 요구하는 어학 능력을 갖기란 매우 힘든 것이 현실이었다. 둘째는 학과의 특성과 관계가 있는데, 중어중국학이라는 전공이 특정 직업군과 연결되지 않는다는 점이다. 다른 전공자가 중국창 프로그램에 참여하는 경우에는 초기부터 어떤 방향으로 취업을 준비할지에 대해 비교적 분명한 목표의식을 가질 수 있었다. 그러나 참여자의 80% 이상을 차지하는 중어중국학과 학생들의 경우 인턴십이라는 것이 현실로 다가오기 전까지 과연 어떤 직업군을 목표로 할 것인가에 대해 매우 막연한 인식밖에 없었기 때문에 인턴십 수행기관의 조사와 선정이 쉽지 않았다. 특히 당시에는 학과가 만들어진 지 5년밖에 안 된 상황이라 선배들에게서 역할 모델을 찾기가 힘든 것이 이러한 문제를 더욱 두드러지게 했다.

그럼에도 당장은 어려울지라도 공격적인 프로그램을 통해 학생들이 더욱 적극적인 목표를 갖도록 만드는 것이 이러한 문제를 해결하는 데 바람직할 것이라는 판단으로 중국창 프로그램을 준비하고 시작했다. 그런데 이에 처음 참여한 1기생들이 직면한 문제와 어려움은 생각보다 컸으며 자신들이 새로운 프로그램을 위한 실험 대상에 불과한 것이 아닌가 하고 회의하게 만들었다.

이러한 학생들의 반응을 접하고 머리에 우선 떠오른 것은 '그냥 남들이 하는 것처럼 어학연수 프로그램이나 진행했으면 이런 문제는 피할 수 있었을 텐데'라는 후회였다. 이는 단순히 개인이 불필요한 부담을 졌다는 의미는 결코 아니다. 그보다는 대학의 서열이 존재하는 사회에서 입학의 즐거움과 함께 작은 마음의 상처를 갖고 대학 생활을 시작한 학생들에게 졸업을 앞둔 시점에서 또 다른 좌절감을 심어준 것이 아닌가라는 자책이었다. 이러한 자책 뒤에는 당연히 프로그램을 접는 편이 낫겠다는 생각이 뒤따랐다.

그러나 순간적인 감정만으로 여러 사람의 노력이 담긴 교육 프로그램의 성패를 결정할 수 없는 일이고, 마침 당시 학생들과의 면담을 위한 출장을 예정하고 있었기 때문에 우선 학생들에게 어떤 답을 줄 것인가를 중심으로 상황을 정리해보기로 했다. 문제의 핵심은 중국에서 인턴십 과정이 학생들에게 실보다 득이 많은가에 대한 판단이다. 사실 어학 능력 등을 고려하면 중국 현지에서의 인턴십 상황이 단기적으로 크게 개선되기는 어려울 것이기 때문에 위의 학생이 느꼈던 생각과 결론이 전부라면 더 이상 인턴십을 밀어붙이기는 무리라는 생각이 들었다.

그런데 생각할수록 득과 실을 당장 계산하기는 어렵지만, 학생들이 그냥 학교에 있었다면 혹은 어학연수만 갔다면 더 좋았을 것이라는 판단은 들지 않았다. 담당 교수로서 충분히 준비된 인턴십 기관을 제공하지 못한 점에 대한 반성은 필요하지만 인턴십 기관에서 자신이 할 수 있는 일이 없다는 고통스러운 현실이 적어도 자신들이 회사에서 필요한 사람으로 인정받기 위해, 혹은 사회에서 독립된 개인으로 살아가기 위해 어떤 준비가 필요하겠는가에 대해 체험적으로 깨달을 수 있는 기회가 될 수 있다고 생각했다.

어떻게 보면 매우 구차한 정당화라고 할 수 있을 것이다. 이상적으로 말해서 자신이 갖춰야 할 것을 졸업 전에 미리 준비할 수 있다면 사회에 나갔을 때 위와 같은 고통과 어려움은 없을 것이다. 그러나 많은 학생들의 상황은 이처럼 이상적이지는 않다. 이는 단순히 학생들만의 문제는 아닐 것이다. 경험적 인식이 없이 이성적 논리에 의해서만 실천의 동력이 만들어지기는 어렵기 때문이다. 그렇다면 위의 메일을 작성하기 위한 학생들 사이의 논의와 토론이 단순히 학교의 준비 부족만을 비판하는 것이 아니라 그들의 현실에 대한 인식을 높이는 것으로 이어진다면 그 과정 자체가 강의실 교육에서는 얻기 힘든 교육적 효과를 발생시킬 수 있을 것이다. 그리고 그 속에서 강의실에서는 발견하기 힘든 새로운 희망도 찾을 수 있을 것이다.

생각이 이에 미치자 학생들과 만나서 단순히 문제를 해명하는 것이 아니라 미래적 시각에서 눈앞의 문제를 논의할 수 있겠다는 자신감이 생겼다. 사실 학생들은 중국 칭다오 시에 도착한 나를 언제 그러한 메일을 보냈느냐는 듯한 반가운 얼굴로 맞았다. "고생 많았지"라는 내 걱정스러운 인사에 예상과는 달리 다들 씩씩하게 잘 지내고 있다고 대답했다. 그러나 성공회대학처럼 익명성이 보장되기 힘든 작은 학교에서 입학부터 3년 동안 자신을 가르친 교수에게 어떤 불만을 표현하는 것이 쉽지 않다는 점을 고려하면 이들의 반가운 인사 뒤에 숨겨진 복잡한 심정을 모를 수는 없었다. 실제로 면담 과정에서 모두들 생활적인 측면에서는 성숙해졌음을 확인할 수 있었다. 하지만 인턴십 과정에서 겪은 어려움은 나로서도 쉽게 소화하기 어려웠을 것이라는 생각이 들었다.

8월 말, 사연이 많았던 제1기 중국창 프로그램 수료식이 칭다오해양대학에서 치러졌다. 총장님이신 김성수 주교님도 참석하여 축사를 해주셨고, 수료식을 마친 후에는 학생들에게 맛있는 저녁식사를 사주시면서 즐거운 자리를 함께했다. 총장님께서는 당시 자세한 사정을 모르고 계셨지만 나는 한편에서 무사한(?) 수료식에 가슴을 쓸어내렸다. 그간 어떤 어려움이 있었어도 수료식에서 모두 서로를 격려하고, 수고를 치하하는 자리가 만들어질 수 있었던 것은 다행이 아닐 수 없었기 때문이다.

물론 무사히 수료식을 마친 것으로 문제가 해결된 것은 아니다. 중국창 프로그램은 지금까지도 계속되고 있지만 인턴십의 어려움은 여전히 크다. 중국창 프로그램에 참여했던 학생들 가운데는 중국에서 사회인으로 자리 잡거나 새로운 목표를 위해 준비하고 있는 졸업생도 있고, 중국 인턴십의 인연이 이어져 한국 기업에 취직한 졸업생도 있다. 그러나 인턴십이 실보다 득이 많다는 주장만으로는 해소하기 힘든 마음의 상처를 받았던 학생도 있었을 것이고, 여전히 사회 진출에 어려움을 겪고 있는 졸업생도 있었을 것이다. 그렇지만 교수와 학생이 현장으로 들어가서 자신을 변화시키고 발전시키려는 정신은 구체적인 사업의 성패를 떠나 현재의 성공회대학을 만든 가장 중요한 동력이라고 할 수 있다. 그리고 중국창 프로그램에서의 경험은 어느덧 소위 '교수'라는 직책에 익숙해져가는 나를 채찍질하고 초심을 잃지 않도록 하는 힘이 되어주고 있다. 이번 여름에는 만난 지 오래된 이들을 찾아봐야겠다. 그들은 과거 칭다오 시에서 만났을 때처럼 "고생 많지"라는 나의 걱정을 건강한 미소로 물리칠 것이다.

2014년 어느 봄날의 꿈

김 명 철(성공회대학교 글로컬IT학과 교수)

2014 년 5월 어느 토요일, 오늘은 성공회대 100주년 기념식과 동문회가 있는 날이다. 매년 이맘때쯤 열리는 동문회에서 졸업생들을 만나고 있지만, 올해는 개교 100주년에 종합대학이 된 지 20년이 되는 뜻 깊은 날이다. 내가 이 대학에 교수로 부임한 1995년부터 어언 20년이 흘렀고 졸업생도 1만 명을 넘어서 사회 각층에서 자리를 잡고 있다. 개교 100주년이라고는 해도 본격적인 종합대학으로서 자취를 남긴 지는 20년밖에 안 되니 이미 개교 100년이 넘는 다른 매머드 대학과 비교할 수는 없겠지만, 청춘의 20년을 여기서 보낸 나에게는 오늘이 더 특별한 의미로 다가섰다.

나는 평소 생활대로 오전 10시쯤 학교에 나와 이것저것 오늘 할 일을 챙기다가 학교 식당에서 점심을 먹고 평상시처럼 교수 휴게실에서 여러 전공 교수들과 요즘 세상 돌아가는 이야기로 담소를 나눴다. 오후 3시에는 오늘 동문회 겸 100주년 기념식이 열리는 100주년 기념관 실내 축구장에서 거의 20년간 팀워크를 맞춰온 교수들과 축구 경기를 했다. 사실 나의 최근 20년간 정체성을 한마디로 압축한다면 '축구하는 성공회대 IT학과 교수'라고 할 정도니 축구가 게임의 재미로서만이 아니라 내 건강을 지켜주고 생활의 활력소 역할을 해온 것도 어느 정도 사실이다. 오늘 축구 경기를 한 실내 축구장은 인조 잔디가 깔려 있고 사방의 벽 위로 높고 둥근 천장이 있어 사계절 어떤 날씨에서도 24시간 축구가 가능한 특별한 공간이었다. 그동안 비나 눈을 맞으며 매주 축구를 해온 교수 및 외부 축구 동호회원들이 우리만의 꿈의 홈구장을, 외부에서도 서로 빌려 쓰고 싶어할 정도로 각광받는 쾌적한 체육 시설을 갖게 된 것이다. 규모가 예전 운동장 크기여서 9인제 축구에 적당하기는 하지만 그동안 공이 학교 담을 넘어가 학교 이웃 아저씨에게 혼나거나 시멘트 스탠드석에 부딪혀 부상을 당하던 일은 기억 저편의 행복한 추억으로 아스라이 남게 되었다. 또 이 실내 축구장은 특별한 행사가 있을 때는 1,000명 이상의 관객이 입장 가능한 실내 강당으로 각종 콘서트나 학교 행사에도 사용할 수 있어서 오늘과 같은 100주년 기념식도 날씨 걱정 안 하고 치를 수 있었으며 각종 입학식과 졸업식 등의 교내 행사도 여기서 치르게 되었다.

축구가 끝나고 나를 찾아온 손님들과 함께 행사장으로 발길을 옮겼다. 이들 중에는 전산정보학과 95학번 1기로 들어와 10년간의 회사 생활 끝에 자기 사업을 하고 있는 졸업생도 있고, 2004년 인도창을 발판으로 새로 창설된 글로컬IT학과 1기로 들어와 지금은 글로벌 기업에서 자기 역할을 톡톡히 하고 있는 졸업생, 또한 올해 입학한 외국인 학생들도 있었다.

행사장으로 가는 길에 대학 본부 건물의 입구에 걸려 있는 2005년 수립된 장기발전계획 개요판이 눈에 들어왔다.

이제 이 그림도 올해 새로 수립된 3차 장기발전계획(2014~2024년)으로 대치되겠지만, 그동안 학교가 어떻게 발전되어왔는지를 보여주고 있다는 점에서 학교의 중요한 역사로 남을 것이다. 이 개요판을

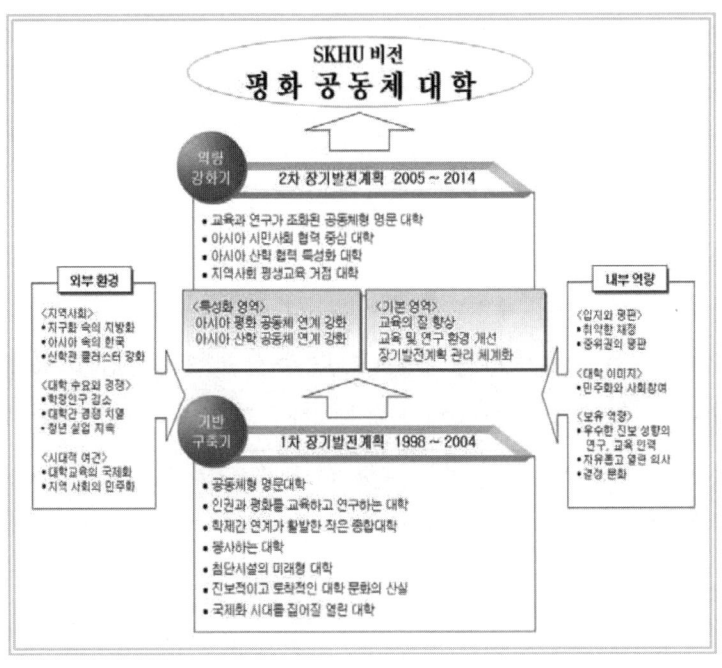

보면서 그동안 우리 대학이 지나온 20년을 회고해보았다.

우리 대학이 추구해온 비전인 '평화공동체 대학'의 이미지는 1차 계획 시기(1998~2004년)의 시대 상황과 맞물려 상대적으로 '좌파 대학'이라는 평판을 받기도 했으나 2차 계획 시기를 거쳐 인류의 기본 추구 가치인 '평화'라는 전제가 전 지구상에 제대로 자리를 잡게 되면서 현재는 국내외적으로 평화를 연구하고 교육하는 작고 알찬 대학으로 인정을 받게 되었다. 특히 그동안 우리 대학이 중점적으로 추진해 왔던 '아시아 협력 특성화 대학'으로서도 기반을 확실히 하여 매년 여름에 개최되는 아시아 국제 봉사 캠프는 세계 성공회대학 협의회(CUAC) 회원인 세계 각지의 대학과 연계하여 국제적으로 인정받는 프로그램으로 자리 잡게 되었다. 또 글로벌 교육 프로그램인 '인도창'을 필두로 '중국창', '필리핀창', '피스보트 프로그램'도 확고한 자리를 확보하고 있으며, 교환학생, 아시아 유학생 유치 등 국제 교류 프로그램도 활발히 이뤄지게 되었다. 또 대학 특성화의 다른 축인 산학 협력도 국내외 업체들과 활발히 이뤄져 모든 학생이 원하기만 하면 대학 4년 중 한 학기(7+1)나 1년(3+1)을 국내외 연수 프로그램에 참여할 수 있게 되었다. 이런 특성화된 교육 프로그램의 성공적인 결과로 여전히 한국 사회 최대 과제 중 하나인 청년 실업이 심각한 시대에 대부분의 졸업생이 졸업과 동시에 취업이나 진학 등 사회 진출이 가능하게 된 점은 정말 다행이라고 할 수 있겠다.

또 시대의 변화에 따라 사회적 교육 수요도 다양화되어 고등학교를 졸업하여 대학 교육을 받는 전문가 교육뿐만 아니라 지역 사회교육이나 평생교육으로서의 기능도 많이 보강되었는데, 우리 대학의 사회교육원인 '아시아 시민사회대학'에 다양한 어학 교육, 사회교육 과정이 개설되어 장단기 학생이 연인원 1,000명을 넘어서는 등 또 다른 중요한 역할을 담당하게 되었다. 여기서는 지역 주민이나 직업인의 재교육, 제2의 인생을 위한 준비 교육 등이 이뤄지고 있으며 지역 초·중·고등학생에게도 그동안의 대학 글로벌 교육 경험을 살린 양질의 해외 단기 연수를 포함한 어학 교육을 제공하고 있다. 특히 중국을 포함한 아시아 각국에서 한국으로 진출하고자 하는 외국인 학생 및 노동자에게도 보다 효과적인 한국어 및 한국 적응 교육을 제공함으로써 교내에 외국인 학생도 상당히 늘었고 국제 캠퍼스다운 면모를 갖추게 되었다.

대학 규모 면에서는 2014년 현재 학부 재학생 2,500명과 대학원 500명, 평생교육 및 사회교육 단기 학생 연간 1,000명 등 총 연인원 4,000명의 학생이 거쳐나가고 있고, 이 중 외국인 학생이 5%에 육박하여 규모 면에서는 타 대학에 비해 아직도 작기는 하지만 내가 처음 부임한 1995년 학생수 600명에 비하면 괄목할 만한 양적 성장을 이뤘다고 할 수 있다. 교수 수에서도 1995년 20여 명(교수 1인당 학부 학생 수 약 30명)에서 120명(교수 1인당 학생 수 20명 남짓)을 넘어섰다. 따라서 수업 규모도 30~40명 수업이 주를 이루던 것에서 20명 내외로 줄어 대부분의 전공 과목은 토론 수업이나 일대일 튜토리얼 수업이 가능해졌다. 특히 학교 인프라 면에서는 이미 몇 년 전에 개관한 최신식 기숙사 시설이 확충됨에 따라 신학대학원생이나 외국인 학생, 교수들이 온수역 주변의 원룸이나 개인 집을 얻어 불편하게 생활하던 것을 개선했다. 또 오늘 개관식을 할 100주년 기념관은 운동장을 재개발하여 지하 1층은 주차장, 1층은 사회교육원과 강의시설, 2층은 학생회관 및 편의시설, 3층은 실내 축구가 가능한 다용도 대형 강당으로 구성되어 있다. 또한 대규모 지하 주차장을 확보함에 따라 지상의 주차 공간은 모두 없애고 나무와 꽃을 심어 자연 속에서 공부와 휴식을 할 수 있는 환경친화적인 공간으로 변모시킴으로써 좀 더 쾌적한 대학 캠퍼스로 변신하게 되었다. 또 100주년 기념관의 지붕에는 태양 전지를 부착하여 교내에 쓰이는 전기 용량의 상당 부분을 제공하는 환경친화적 전기 시스템을 갖추게 된 것도 학교 캠퍼스 특성화의 한 부분이 되었다.

연구 면에서는 그동안 학교가 중점 사업으로 추진해온 한국을 포함한 아시아 지역/시민사회 연구, 글로컬 교육 체제 연구, 사회적 기업 연구 등이 결실을 맺어 작은 학교 규모에도 불구하고 국내외적으로 인정을 받고 있으며 여러 개의 국책 연구 사업이나 기업 지원 연구를 수행하는 등 이 분야의 연구자들에게 중요한 정보원으로서 자리매김을 하고 있다.

교육 면에서는 우리 대학의 특성을 잘 이해하고 동참할 동기 부여된 고등학생을 선별할 수 있는 입시 제도가 도입되어 아직도 불합리한 대학 입시에 허덕이는 한국의 고등학교 교육에 신선한 충격을 주었으며, 이들이 입학하면 교수와 친밀한 관계를 형성하여 대학의 교육상인 '한 사람의 열 걸음보다 열 사람의 한 걸음'이라는 그릇 안에 자신의 목표를 구체화해나가고 준비할 수 있도록 내용을 채워주고 있다.

100주년 기념식장에는 21세기 초 한국의 어려운 현실 속에서 바람직한 대학 모델을 제시한 우리 대학을 축하해주기 위해 국내외 귀빈과 졸업생, 재학생, 교직원들이 자리가 없을 정도로 모여 있었다. 이는 마치 대학과 20년을 함께해온 나를 축하해주는 자리 같아 내 마음도 어느새 그들과 함께 행복을 만끽하고 있었다.

"왜 필리핀인가?"

아시아를 향한 대학의 고민과 개인적 경험들

이 영 환(성공회대학교 사회복지학과 교수)

왜 필리핀으로 가세요?"

2005년에 필리핀에서 연구년을 보내기로 생각을 굳히는 과정에서 적지 않게 들었던 질문이다. 아마도 한국 학자 중 제3세계를 전공하는 극소수의 학자들 외에는 대부분 선진국에서 연구년이나 안식년을 보내는 관행을 생각할 때 지극히 당연한 질문이겠지만, 대답하는 사람 입장에서는 당혹스럽기도 하다. 지금도 필자가 주임 교수를 맡고 있는 시민사회복지대학원에서는 필리핀으로 해외 실습을 다녀오는데, 이 경우에도 '왜 필리핀인가?' 하는 질문에 답하는 것은 결코 쉽지 않다.

따지고 보면 우리 대학에는 이미 필리핀과 관련된 여러 가지 프로그램이 진행 중이다. 바기오에서 진행되는 영어교육 프로그램도 있고, 마닐라에 있는 아시아 NGO센터에서 진행하는 NGO 연수도 있다. 과거에는 신학생들을 위한 교류 프로그램도 진행된 적이 있고, 최근에는 필리핀 북부 산간지역을 무대로 봉사 활동도 진행하고 있다. 하지만 왜 하필 필리핀이냐고 묻는다면 대답은 궁색할 수밖에 없다. 물론 필리핀이 아니라 태국이나 베트남이었더라도 상황은 크게 다르지 않았을 것이다. 이러한 당혹스러운 질문을 염두에 두고 필리핀과 관련된 개인적인 경험과 생각들을 돌이켜보고자 한다.

한국의 시민사회가 필리핀과 교류를 한 역사는 결코 짧지 않다. 1960년대 한국의 노동 운동과 도시 빈민 운동의 초창기 시절, 이미 한 발 앞서 있었던 필리핀 사회 운동과의 교류는 한국의 운동가들에게 많은 영감을 주었고, 필리핀은 세계를 향한 창의 구실을 하기도 했다. 당시 우리나라의 1인당 GNP는 불과 200~300달러 수준이었던 반면, 필리핀은 1,000달러 수준으로 아시아에서 가장 앞서 나간 나라였다. 한국전쟁에 필리핀이 미국, 영국 다음으로 큰 규모의 군대를 파견한 참전국이라든가 장충체육관을 지어주었다든가 하는 사실들은, 이제 기억하는 사람은 많지 않지만, 당시 아시아에서 필리핀이 갖고 있던 높은 위상을 말해주는 일화들이다. 이후 한국과 필리핀은 장기간 유사한 독재 정권을 겪었다. 하지만 급속한 경제 성장을 이룬 한국과 달리 필리핀은 운이 따르지 않았다. 필리핀의 국민 소득은 2000년 이후에도 여전히 1950~60년대의 1,000달러 수준에 머물러 있어서 '아시아의 미스터리'로 불리고 있다.

한국 시민사회에서 필리핀에 대한 관심이 새롭게 부각된 것은,

필리핀의 아이들

1986년 마르코스 정권의 붕괴를 가져온 민주화 운동의 신선한 충격 때문이었다. 이듬해 한국 역시 민중의 힘에 바탕을 둔 민주화 운동에 성공함으로써 아시아 민주화의 쌍두마차로 부각되기도 했다. 하지만 이후 양국 시민사회는 이를 계승·발전시키기보다는 현격한 경제 수준 차이에서 기인한 외국인 노동자 및 국제결혼 이민자의 대규모 유입, 그리고 영어 교육을 위한 대규모 원정과 같은 파행적 성격의 양적 팽창이 지배적인 양상을 띠었다. 필자가 연구년으로 필리핀에 갔던 2005년에 이미 그곳에는 매일 2,000명의 한국인이 들어가는 상황이었다. 16세기 중반부터 350년에 걸친 스페인 지배에 이어 40여 년간의 미국 지배, 그리고 4년간의 일본 지배를 겪은 필리핀 사람들은 이를 두고 이제 한국인들의 필리핀 침공(Korean Invasion)이 시작되었다고 농담을 하곤 했다.

비단 필리핀만이 아니라 한국의 경제적 능력이 커지면서 한국과 아시아 각국의 관계는 일그러진 모습으로 진행되는 경우가 많다. 한국 사람들의 아시아에 대한 관심이 아직도 막연한 호기심이나 만만한 관광지 혹은 무궁무진한 자연 자원과 값싼 노동력 등 경제적 횡재의 기회 정도로 인식하는 경우가 많기 때문이다. 아시아 국가를 이러한 제국주의의 아류적인 태도가 아니라 서구 문명의 한계를 극복하기 위한 동반자적 관계로 인식하는 노력은 찾아보기 어렵다. 한국이 문명 사적으로 세계적 공헌을 하려면 먼저 아시아적 보편성을 획득하는 것이 우선적인 과제일 텐데 이러한 자각이 대단히 미흡한 것이다. 근래에 한국 NGO들을 중심으로 이러한 상황에 대한 반성이 나오고 있음은 다행스러운 일이다.

필자가 처음 필리핀을 방문한 것은 2004년도였다. 우연찮은 기회에 필리핀의 민중 교육 단체들을 방문하는 연수단에 끼어서 일주일 정도 필리핀을 돌아볼 수 있었다. 필리핀에서 가장 눈에 띄는 현상은 경제 적 곤경, 그중에서도 전 인구의 40%에 달하는 빈곤이었다. 대도시 도처에 널린 빈민촌, 위험한 찻길에서 승용차나 택시를 상대로 구걸하 거나 조악한 물건을 파는 수많은 아이들도 충격이었지만, 동시에 이들 의 주관적 행복지수가 세계에서 1~2위를 다툰다는 것도 처음 알았다. 또 민주화와 빈곤 해소, 환경 문제, 인권 등의 이슈를 위해 일하는 수많은 NGO와 PO(People's Organization)들이 존재한다는 것도 알게 되었다. 무엇보다도 날씨와 음식이 견딜 만하다는 사실에 안도하면서, 어스름한 황혼에 큰나무 아래 식당(Tree House)에서 그 유명한 산미구 엘 맥주에 반쯤 취해서, 그리고 아름다운 풍광과 친절하고 열정적인 필리핀 사람들에 반쯤 취해서 이듬해로 예정된 연구년을 그곳에서

필리핀의 7080 카페- My Brother's Mustache

지내리라고 결심하고 말았다.

2005년 여름, 연구년을 이용한 두 번째 방문 시에는 한 학기 정도 필리핀의 수도 마닐라에 머물게 되었다. 필리핀에서 UP(필리핀대학교)에 이어 두 번째로 큰 대학인 아테네오대학 아시아연구센터에 방문교수로 적을 두었는데, 이 센터는 연구소라기보다는 아직 학과로 승격되지 못한 일본학 과정과 중국학 과정 운영을 주된 사업으로 하고 있었다. 당시 UP에서는 수년 전에 한국학 과정이 시작되었지만, 다른 대학에는 그런 과정이 없었다. 연구센터 소장은 일본 쪽의 투자로 다음해에 큰 건물을 착공할 거라면서 한국 측에서 재정을 부담할 수 있다면 얼마든지 한국학 과정을 시작할 수 있다고 웃으며 말했다. 아테네오대학은 필리핀에서 가장 부유한 대학으로 소문나 있고 전국에 여러 개의 분교를 갖고 있으며, 본부 격인 마닐라 캠퍼스는 널찍하고 아름다웠지만, 교수들은 대부분 공동연구실을 나눠 쓰는 궁색한 상황이었다. 방문 교수에게도 역시 이 공간에 조그만 책상 하나와 네트워크가 연결되지 않은 구식 컴퓨터가 제공되었다. 공동연구실에서 공유하는 프린터와 복사기에는 종이가 비치되어 있지 않았고, 도서관 역시 빈약하기 짝이 없어 필리핀 대학의 어려운 현실을 여과 없이 보여주었다. 우리나라 사립대학들도 마찬가지지만, 정부의 지원을 기대하기 어렵다는 것은 불행한 일이다.

실제로 필리핀에서 안타까운 점 중의 하나는 정부의 능력이 극히 미약하다는 것이다. 단적으로 필리핀은 GDP의 16% 정도만을 조세로 걷어서 쓰는데(우리나라는 약 27% 정도, 서구 복지 국가들은 30~40% 정도), 그중 1/3이 외채 상환에 쓰인다. 나머지 돈으로 공무원 봉급 등 기본적인 정부 살림을 꾸리고 나면 국민의 복지를 위해 정부가 쓸 수 있는 돈은 거의 없다. 보건복지부 사업 예산의 45%를 외국 원조에 의존하는 상태다. 도로, 철도 등도 외국의 원조를 받을 수 있으면 건설하고, 못 받으면 포기하는 식이다. 상황이 이렇기 때문에 필리핀의 NGO와 PO들은 할 일이 많다. 정부가 제 역할을 못하는 상황에서 주민들이 스스로 문제를 해결하는 역량을 키울 수 있도록 도와야 하기 때문이다. 그래서 필리핀 NGO들은 주민 조직 사업에 매진하는 경우가 많고, 대부분의 단체들이 가난한 사람의 생계를 지원하는 사업을 기본 목적에 포함시키고 있다. 이렇게 해서 '약한 정부'와 '활성화된 시민사회'라는 필리핀의 중요한 사회적 특성이 부각된다.

물론 필리핀의 많은 NGO들은 빈곤 문제의 바닥에 깔려 있는 보다

근본적인 문제와 씨름하고 있다. 그것은 곧 수백 년간의 식민 지배를 겪으면서 구조화된 사회적 모순이다. 단적으로 필리핀은 국부의 90% 정도를 10%의 인구 집단이 독점하고 있는 등 양극화 문제가 심각하다. 사유지 내의 철도가 몇 백 킬로미터에 달하고, 450개의 기업 집단을 한 가문이 소유하고, 서울의 강남 지역 같은 곳을 역시 한 가문이 소유하기도 한다. 더욱이 필리핀에서 이러한 대토지, 대자본 소유자들은 풍부한 재력을 이용해서 정치권마저도 직접 지배한다. 상·하원의원, 도지사, 시장, 대통령 등은 대부분 이들이 차지하거나 관할한다. 이들의 영지에서 일하는 사회 운동가들은 이미 수백 명 넘게 암살당한 상황이다. 정치적·경제적 권력을 독점한 이들이 구조적 문제를 해결하기 위해 모험할 이유는 없다. 필리핀의 사회 운동은 1986년에 마르코스 독재 권력을 무너뜨려 민주화의 길을 열었을 뿐 아니라, 2001년

부패한 에스트라다 대통령을 제2의 민중 혁명으로 축출하는 개가를 올렸지만, 뿌리까지 왜곡된 사회경제적 구조의 문제를 해결하는 데는 속수무책이었다. 이러한 구조의 개혁은 필리핀의 가장 근본적인 과제로 남아 있다.

필자가 관찰한 필리핀 사회의 또 다른 중요한 특징은 '영어'다. 아시아에서 보기 드문 영어권 국가인 필리핀은 그래서 한국 사람들에게 매력적이다. 필리핀은 한국 학생들의 최대 영어 연수장으로 변한 지 오래인데, 이런 학생들의 최대 불만은 발음의 문제다. 미국식 발음이 아닌 '나쁜' 발음이라는 것이다. 하지만 영국 영어가 미국 영어와 상당히 발음이 다르지만, 우리는 이를 '나쁜 발음'이라고 하지 않는다. 아시아 영어는 분명 미국식 발음과 다르지만, '좋고 나쁘다'는 평가는 논리적이지 않다. 따지고 보면 미국 영어만큼 독특하고 어려운 발음도 드물 것이다.

영어와 관련된 더 근본적인 문제는 식민 지배의 유산을 계승한 영어 공용화 정책—이것은 필리핀의 비극 중 하나다—이다. 아이들은 어려서부터 필리핀어(타갈로그)와 더불어 주변 방언과 영어 등 3~4개의 언어를 배우는 스트레스를 겪어야 한다. 학교에서는 영어, 집에서는 필리핀 말을 주로 한다. 그래서 십수 년에 걸친 학교 생활을 무사히 마치지 못하는 20~30%의 사람들은 영어 학습에도 실패하고, 서툰 영어 때문에 직업 선택에 심각한 장애를 겪는다. 더 심각한 것은 영어를 잘하게 되어 소위 경쟁력이 강해진 사람들, 특히 전문 인력들이 그러한 경쟁력을 바탕으로 미국 등 잘사는 나라로 빠져나갈 궁리에 여념이 없다는 점이다. 의사들은 이미 10만 명 이상 유출되어 심각한 의료 공백 상태를 노정하고 있다. 반면 경쟁력이 약한 대다수 민중은 영어 소통 능력을 매개로 값싼 국제적 노동력으로 전락하여 빈곤의 악순환을 면치 못하고 있다. 필리핀의 영어는 식민 지배 당시 억압과 착취의 도구로 출발했고, 아직도 그러한 질곡을 벗어나지 못하고 있는 것이다. 필리핀 영어가 이러한 왜곡에서 벗어나 진정한 소통과 연대의 도구로 거듭나는 것 또한 필리핀이 당면한 근본 과제다.

필리핀에서 체류하는 동안 아시아NGO센터에서 진행하는 NGO 실무자 연수 프로그램에도 참여할 수 있었다. 아시아NGO센터는 아시아 사람들과의 평등하고 호혜적인 만남에 관심을 갖고 노력해온 한국 NGO들의 공동 출자와 일부 필리핀 NGO들의 협력으로 2004년에 마닐라에 설립되었고, 그동안 수많은 한국 NGO 및 시민사회 인사들이 아시아를 접하는 창문과 교두보 역할을 했다. 필자 역시 필리핀을 접하고 또 그곳에서 생활하는 데 이 센터의 도움을 많이 받았다. 현재 이 센터는 지난 5년간의 사업을 바탕으로 한국과 아시아를 잇는 보다 발전된 기구, 즉 '아시아 브리지(Asian Bridge)'로 거듭나기 위해 노력 중이다. 필자는 연수 프로그램 참여를 통해 많은 필리핀 NGO와 PO들을 방문할 수 있었고, 빈민 지역 홈스테이(Home Stay)도 경험할 수 있었다. 또 한국에서 온 NGO 실무자들은 물론 아시아 센터에 관여하는 필리핀 NGO 지도자들과 친구가 되고, 이들과 더불어 사가다와 민다나오 등을 여행하면서 필리핀의 비경도 깊이 있게 볼 수 있었다.

귀국한 후 이러한 경험과 짬짬이 모은 자료를 바탕으로 필리핀 사회 복지를 소개하는 소책자 『필리핀 사회 복지와 NGO』(나눔의집, 2007)

를 발간할 수 있었던 것은 행운이었다. 사실 객관적인 자료 찾기가 어려운 필리핀 현실과 짧은 연구 기간 등으로 준비는 좀 미진했지만, 필리핀 사회 복지에 대해 우리나라에 소개된 자료가 거의 전무하다는 사실에 충격을 받고 새로운 계기를 만들고자 용기를 낸 것이었다. 이를 바탕으로 시민사회복지대학원에서는 2007년부터 필리핀 지역에서 해외 실습 프로그램을 진행하게 되었다. 이 역시 아시아NGO센터의 도움으로 진행되고 있고, NGO 실무자 연수 프로그램의 축적된 경험을 활용하고 있다.

앞으로 해외 연수 프로그램을 인턴십 같은 형태로 발전시키는 것이 과제인데, 최대의 난관은 역시 언어다. 이 경우 언어 문제는 영어뿐만 아니라 필리핀어가 더 문제다. 사회 복지 현장은 대부분 가난한 민중을 만나는 일이기 때문에 현장에서는 타갈로그 어가 통용된다. 때문에 영어를 공용어로 사용하는 필리핀의 대학에서도, 사회복지학과 같은 경우는 타갈로그 어를 많이 사용한다. 따라서 필리핀 대학과 학생 교류를 추진하거나, 현장 인턴십을 시도할 경우 영어와 더불어 타갈로그 어를 공부하지 않을 수 없는 어려움이 있다. 이와 관련해서 일본 학생들의 경우는 놀라움과 부러움의 대상이다. 일본 학생들도 필리핀에서 교환 학습을 하거나 연구 활동을 하는 경우가 많은데, 이들은 대부분 현지어까지 공부해서 필리핀에 들어오는 열심을 보인다. 대학원 학생들은 수년씩 머물면서 지역 연구에 몰두한다. 더 부러운 것은 일본 사회와 정부가 이를 적극적으로 지원하기 때문에 이들 대부분이 장학금으로 생활하고 있다는 점이다. 우리 사회가 아시아를 향하고자 할 때 깊이 생각할 측면이라고 생각한다. 한국인이 관광지를 점령하고 있을 때, 일본은 아시아를 속속들이 연구하고 있는 것이다.

　우리 대학은 최근 '아시아를 향한 대학', '아시아와 함께하는 대학'을 모토로 하고 있다. 이러한 모토는 90년대 이후 우리 대학의 상징으로 내세웠던 '인권과 평화의 대학'을 배경으로 한다. 양적인 경쟁보다는 질적인 새로움, 그리고 방향의 올바름을 추구하겠다는 생각인 것이다. 덕분에 앞서 언급한 대로 이러저러한 아시아 관련 프로그램들이 생겨났고, 특히 2007년부터 시작된 NGO 대학원의 아시아시민사회지도자 과정(MAINS: MA in Inter-Asia NGO Studies)에 유학온 아시아 각국 학생들로 인해 캠퍼스 풍경도 상당히 국제화되었다. 아시아와 함께하고 아시아를 돕기 위해서 '서로 배움'의 과정을 겪는 일은 너무나도 중요한 일이기에 이러한 변화와 노력은 매우 고무적이다.

　따라서 서두에 제기했던 "왜 필리핀인가?" 하는 질문은 이제 "왜 아시아인가?" 하는 질문으로 확장되어야 할 것이다. 물론 "왜 아시아인가?" 하는 질문은 여전히 어려운 질문이다. 이와 관련해서 한 가지 일화가 있다. 열성적이고 헌신적인 필리핀의 여성 빈민 활동가 한 분이 한국을 방문한 소감을 들을 기회가 있었다. 한마디로 한국인의 삶의 방식에 문제가 있다는 것으로, 한국 사람들은 일에 바빠서 가족을 제대로 돌보지 않는다는 것이다. 자신의 경우 단칸방에 많은 식구가 생활할 정도로 물질적으로는 어렵지만 가족을 돌보는 일 등에서 정서적인 자부심을 갖는다고 했다. 그리고 보면 필리핀 사람들은 동네마다 축제도 많고, 11월부터는 이미 크리스마스 분위기에 빠져버린다. 크리스마스와 연말연시에는 밤새도록 폭죽놀이를 즐기기도 한다. 또한 앞서 언급했듯이 주관적 행복지수는 세계 1~2위를 다툰다. GNP 방식으로는 희망이 잘 보이지 않지만, 대안적인 시각으로 보면 뭔가 보일 것도 같다. 역시 아시아를 판단하기 이전에 아시아를 이해하는 노력이 더 필요하다는 생각을 지울 수 없다.

혹자는 도대체 필리핀 같은 곳에서 무엇을 배울 수 있느냐고 묻는다. 그러나 거꾸로 생각해보자. 해결해야 할 수많은 과제를 가진 필리핀 사람들은 도대체 한국 같은 곳에서 무엇을 배울 것인지……. 아시아는 타산지석을 넘어 우리를 반성하게 하는 거울이 아닐까? 신영복 선생님의 글귀 "무감어수 감어인(無監於水 監於人: 물에 비춰보지 말고 사람에게 비춰보라)"이 생각난다.

러시아라는 낯선 창, 세상 속으로 나아가는 또 다른 길

김 창 진(성공회대학교 사회과학부 교수)

러시아, 가깝고도 먼 나라

러시아는 많은 이들에게 아직도 낯설다. 물리적으로는 한반도의 북단과 러시아의 극동 지역이 국경을 맞대고 있고 인천 공항에서 비행기를 타면 서해 위로 우회하더라도 채 두 시간이 못 되어 블라디보스토크에 도착하지만, 심리적인 거리는 멀기만 하다. 국가적인 관심 속에 이소연 씨가 러시아 우주선을 타고 한국 최초의 우주인이 되었다고 해도, 배우 박신양이 러시아 연극학교 유학생 출신이라고 해도, 대다수 한국 젊은이에게 러시아는 그야말로 '딴 나라'다.

언젠가 연예인 수십 명이 출연하는 '스타 골든벨'이라는 TV 프로그램을 보는데, '세계에서 가장 큰 나라는 어디인가?'라는 문제에 대해 제대로 답을 한 비율은 약 절반에 불과했다. 러시아가 아니라 캐나다, 미국, 중국, 인도 등 틀린 답을 말한 출연자가 절반에 달했던 것이다. 아마 그것이 한국인의 평균적인 지리 상식이 아닐까 생각된다. 항공편으로 다섯 시간이면 날아가 닿을 수 있는 시베리아가, 열 시간이 넘게 걸리는 미국이나 유럽보다 오히려 까마득하게 느껴지는 것이다.

이처럼 한국인들의 세계 지리 상식이 가소로운 수준이고―하지만 너무 상심할 것은 못 된다. 그나마 미국인들보다는 나은 수준이니까―우리 마음속에 러시아가 실제보다 훨씬 아득하게 느껴지는 것을 국민 탓이라고 하기는 어렵다. 그것은 불행한 한국 현대사가 낳은 작은 에피소드 가운데 하나일 뿐이기 때문이다.

1945년 이래 남북이 분단되고 갈등이 심해지면서 북한을 통해 오갈 수 있었던 중국과 러시아로 가는 길이 끊기고, 1950년 한국전쟁이 나면서 더 이상 서울과 북방 대륙을 연결하던 시베리아 횡단 철도를 탈 수 없게 되자 한국(남한)인들의 세계 지리 감각은 반쪽이 되어버렸다. 거기다 미국과 소련을 중심으로 한 냉전 체제가 1980년대 말까지 작동하면서 대다수 한국인의 이념적·정치적·문화적 식견 또한 외눈박이가 되어버렸다. 오로지 미국과 일본을 통해서, 그리고 어쩌다 서유럽을 통해 세계를 인식하게 되면서, 마치 러시아와 중앙아시아, 동유럽 등 유라시아 대륙의 절반을 차지하는 또 다른 세계는 존재하지도 않는 양 감각과 의식의 심연 속으로 가라앉아버렸던 것이다.

아니, 사실은 오늘날 한국의 10대와 20대에게는 그런 사실조차도 옛날이야기일 뿐이다. 그들에게는 냉전이란 말 자체가 낯설고, 기성세대들이 여전히 관습적으로 사용하는 '소련'이라는 말보다는 '러시아'라는 나라 이름이 더 자연스럽기는 하다. 하지만 그들도 부모 세대와 마찬가지로 '머나먼 동토의 땅'에 대한 편견으로부터 자유롭지 못한 실정이다. '무지하게 추운 나라'라는, '러시아' 하면 가장 먼저 떠오르는 이미지는 두 세대가 공유하고 있는 것이다.

러시아, 세계로 가는 문화의 창

대학이 말 그대로 큰 배움터라면, 또는 큰 지식을 추구하는 곳이라면, 그러한 배움과 지식의 연마는 강의실과 캠퍼스에만 한정될 수 없다. 더구나 성공회대학교처럼 '아담한 사이즈'라면 더욱 그렇다. 체계화된 지식이 활자로 박혀 있는 교재와 감각적이지만 실제적이지는 못한 시청각 자료를 넘어 생생한 체험을 통해 세계를 접하고, 나를 돌아보고, 내가 살아가는 이 나라에 관해 새삼스럽게 생각해볼 수 있는 계기를 적극적으로 만드는 것은 젊은 대학생들의 자유요, 청춘의 특권이기도 하다. 바로 그 지점에 '러시아창'이라는 특별 프로그램의 교육적 의의가 있었다.

2002~2003년부터 2007~2008년까지 모두 다섯 차례에 걸쳐 약 30명의 성공회대생들이 1년씩(최초 파견된 4명만 한 학기 과정이었다) 특별한 러시아 문화 체험의 기회를 가졌다. 처음에는 모스크바국립대학과, 나중에는 모스크바의 노동사회대학과 제휴하여 현지에서 생생한 러시아어를 배우고, 러시아 경제 현황을 익히고, 세계적으로 이름난 러시아의 풍성한 문화 예술 공연들을 저렴한 가격에 맘껏 즐긴 것이다. 여기에 더해 몇몇 학생은 기업에서 인턴십을 하고, 더 많은 학생이 모스크바에 소재한 '원광학교'에서 한국 문화에 흥미를 가진

러시아인들과 '역사적 조국'을 잊지 못하는 우리 교민(고려인)에게 한국어를 가르치는 보조교사 — 때로 능력이 뛰어난 몇몇 학생은 정교사 — 역할을 하면서, 생애 처음으로 배우는 학생이자 동시에 가르치는 선생의 이중고(!)라는 귀한 경험을 했다.

'러시아창'이 참가 학생들에게 가져다준 소중한 선물은 아마도 그간 살아온 자신의 좁은 울타리를 벗어나 비로소 세계를 호흡하는 기회를 가졌다는 점일 것이다. 파리, 로마, 런던, 베를린, 마드리드, 프라하 등 대부분의 유럽 도시와 항공편으로 세 시간 거리 안에 위치한 모스크바 및 페테르부르크는 세계 각국의 젊은이들이 어울려 지내는 국제도시다. 이들 도시에서는 세계의 젊은이들과 자연스럽게 만날 수 있을 뿐만 아니라, 방학 때는 자신이 직접 배낭을 둘러메고 '가까운(!)' 유럽 나들이를 할 수도 있다.

물론 동일한 프로그램이라도 각자의 체험은 서로 다른 깊이와 울림을 갖기 마련이지만, 적어도 자기 자신과 세계를 이제까지와는 다르게 볼 수 있는 시야를 확보하게 된다는 것은 공통분모라 할 수 있다. 누구에게는 그런 특이한 경험이 이후 인생 전체를 지배하는 막대한 효과를 낳기도 하고, 누구에게는 기껏해야 젊은 한때에 좀 멀리 다녀온 여행에 불과한 정도로 끝날 것이다. 그렇지만 그 효과가 당장 어떻게 나타나든 그것은 별로 상관이 없다. 러시아 현지에 남아서 취직을 하든, 한국에 돌아와 옛날처럼 러시아라는 나라와는 아무 관련이 없이 살아가든 무방한 것이다.

러시아 체험이 참가자들에게 심어준 강렬한 인상 중 하나는 필경 '세계는 참으로 넓다'는 너무나 단순한 깨달음일 것이다. 모스크바에서 블라디보스토크까지, 아니면 거꾸로 블라디보스토크에서 모스크바까지 4인실 보통칸 표를 끊어 시베리아 횡단 열차를 타고 보름이건 한 달이건 내쳐 질주해보라. 러시아 작가 안톤 체호프가 오직 창공에 나는 새만이 그 끝을 알 수 있다고 표현한 광활한 시베리아 벌판과 타이가 숲을 미친 듯이 달려가 보라. 그리고 지상에서 가장 깊고 큰 담수호인 바이칼 호수의 차디찬 물에 그대의 힘찬 손발을 적셔보라. 세상이 다르게 보일 것이다. 눈앞의 작은 이익과 손해에 일희일비하지 않으면서, 때로는 낯선 사람과 어깨동무하며 세상을 살아갈 수 있는 지혜와 용기를 얻을 수도 있을 것이다.

'러시아창'을 지원한 상당수 학생들의 '속셈'은 러시아의 수준 높고 풍성한 예술 공연을 맘껏 접하겠다는 것이었다. 결국 그들의 목적은 달성되었다. 썩 내키지는 않지만 우리가 사는 서울이 그렇게 '문화적'이지 못하다는 것을 인정한다면, 러시아에서 그런 색다른 문화 체험을 할 수 있다는 것은 사실 행운이라고 할 수 있다. 어떤 도시나 나라의 문화 예술 수준이나 그것이 풍요롭게 향유될 수 있는 풍토는 그서 돈만 가지고 되는 것은 아니다. 경제적 뒷받침이 없으면 문화 예술은 쇠퇴할 가능성이 크지만 그것이 전부는 아니다. 시민과 정책 당국자들의 일정한 인문 교양 수준, 예술적 가치와 감각을 길러주는 학교 교육, 그리고 삶에 대한 성찰적 계기가 사회적으로 마련되는 환경이어야 가능한 것이다. 그런 점에서 러시아는 한국보다는 매우 우호적인—'우월하다'고 말하는 것이 어폐가 있다면—조건을 갖고 있다. '성공'의 척도가 '물질적인 부'의 크기만으로 평가되는 천박한 풍토에서는 문화부 장관이 아무리 '문화 중심 도시'라는 그럴듯한 구호를 백 번 역설해도 헛소리에 불과하다.

학생들이 '러시아창'을 통해 모스크바에서 접하게 되는 것 중 하나는 뜻밖에도 낯선 러시아 할머니들의 잔소리다. 무슨 소리인가? 러시아의 사철 기후는 외국인이 흔히 오해하듯 일 년 내내 눈만 내리는 식으로 똑같지는 않다. 5월부터 9월까지는 그야말로 황금 같은 계절이다. 날씨는 화창하고 기온은 적당히 높고 저녁에는 언제 해가 지는 줄 모르게 한밤중까지 환하다. 청춘의 끓는 피가 학생들을 기숙사 방 안과 강의실에만 머물러 있게 내버려두지 않는다. 어디로든지 나가서 누구와든지 어울리고 싶은 충동을 어찌하지 못하게 만드는 것이다.

하지만 10월에 눈이 내리면서 추워지기 시작하면 러시아 사람들은 단단히 무장을 한다. 추운 나라에 사는 사람들은 어지간한 추위에는 익숙해져 있을 것이라는 생각은 외지인의 착각에 불과하다. 오히려 그들은 외국인보다 더 두꺼운 외투와 장갑, 목도리, 신발을 착용함은 물론 반드시(!) 따뜻한 모자를 쓰고 다닌다. 굳이 두툼한 털모자가 아니어도 상관없지만, 만약 한국에서처럼 벌벌 떨며 맨머리로 외출을 했다가는 어디에선가 금세 나타난 러시아 할머니에게 길거리에서 느닷없이 호통을 듣게 될 것이다. 그 할머니는 나와는 아무런 상관도 없는 노파인데도, 다짜고짜 "너, 러시아에서 그런 식으로 나다니다가는 당장 머리에 동상이 걸려 죽고 말 거야!"라는 황당한 고함소리를 듣고 나면 정신이 번쩍 들게 된다. 그녀는 참으로 인자한 우리네 할머니의 러시아판일 뿐이다. 그냥 보고 지나가도 상관이 없을 남의 자식이지만 그렇게 지나치지 못하는 것이, 겉보기에는 무척이나 무뚝뚝해 보이는 러시아인의 따뜻한 시골 심성이다. 낯선 곳에서 사람들은 자신을 품어주는 정을 그리워한다.

결국 '러시아창'은 모스크바라는 낯선 도시에서, 그리고 시베리아라는 광대한 벌판에서, 그간 우리와는 다른 방식으로 살아온 사람들과 그들의 세상 및 문화를 발견하고 이해하며 더불어 즐기고 살아가도록 생각하게 하는 기회의 창이었다. 아쉽게도 근래에 신청자가 적어 당분간 이 특별 프로그램이 중단되었지만, 앞으로 또 다른 방식으로 학생들이 낯선 세계로 모험하면서 자기를 찾아가는 여행을 계속하기를 바라는 마음 간절하다.

새로운 만남을 위하여

이 혜 원(성공회대학교 사회복지학과 교수)

지나간 일들은 우리의 마음속 깊은 곳에서 한껏 부풀려져 겹겹이 포장되고 미화되기 쉽다. 푸슈킨은 〈삶〉이라는 시를 통해 "지나가 버린 일들은 또 그리워지기 마련이다"라고 노래하지 않았던가? 더 오래된 기억 속의 쩐한 만남은 더욱 그러하다. 나는 개교 94주년 기념 행사에서 10년 근속상을 받기 위해 준비된 단상 옆에 다른 선생님들과 함께 앉아 있었다. 기념 예배가 식순에 따라 진행되는 동안, 1996년 9월 우리 대학교에서 처음 강의를 시작하면서 학생들 앞에서 두근거리는 마음으로 나 자신을 어색하게 소개했던 모습에서부터 2008년 4월 이 자리에 느긋하게 앉아 있기까지 학생들과 함께 나눴던 수많은 이야기와 생각, 그리고 여러 가지 빛깔의 감정과 몸짓이 마치 한 편의 영화 속 영상처럼 편집되어 주마등같이 지나갔다. 그 영상을 통해 항동골 느티아래에서 학생들과 함께했던 '나'를 돌아볼 수 있게 되었다. 내가 우리 대학교에 지금까지 존재해왔던 이유는 과연 무엇인가?……

우리의 추억들 가운데 가장 먼저 떠오르는 일은 1997년 2월, 10박 11일 동안 일본에서 함께 동고동락했던 해외 연수다. 그 이유는 일본 연수를 위한 사전 준비 과정이 어려웠던 만큼 교수와 학생 간 신뢰 관계가 깊어지고, 학생들의 참여와 성취감이 컸으며, 크고 작은 사건들도 많았기 때문이다. 특히 귀국길에 한 학생이 홍콩행 비행기에 막 타려는 것을 출구 앞에서 극적으로 찾아내 서울행 비행기로 갈아타게 했던 사건은 10여 년이 지난 오늘 생각해도 손에 땀을 쥐게 한다. 그때 18명의 학생과 2명의 교수는 마치 영화 ≪나홀로 집에 2≫를 방불케 할 만큼 초긴장 상태에서 학생을 찾느라 동분서주했다. 그러다 드디어 찾아낸 학생을 끌어안고 헤어진 지 불과 한 시간도 안 되었음에도 마치 오랜 만에 상봉한 남과 북의 동포처럼 나리타 공항을 들었다 놓을 만큼 내질렀던 반가움의 함성이 지금도 나의 머릿속에 메아리치며 슬며시 미소를 짓게 한다. 당시에는 우리나라와 일본의 공문이 지금처럼 이메일로 쉽게 오고 갈 수 있는 상황이 아니었고 담당 행정 인력이 별도로 배치되어 있는 상황도 아니었다. 따라서 담당 교수가 방문 예정이었던 18개 일본 사회복지기관별로 담당 직원에게 일일이 팩스로 공문을 보내고, 해당 공문의 수신 여부를 확인하여 다시 팩스로 회신이 오고 가기를 수차례…… 사전 준비와 사전 교육 그리고 사후 평가는 장기간에 걸친 소모전이었다. 그럼에도 일본어와 일본 문화는 물론 일본 사회복지제도에 관한 사전 교육에 임하는 학생들의 초롱초롱한 눈망울과, 수업 전 한 명도 빠짐없이 늘 책상에 앉아 기다리던 그들의 성실한 태도는 사전 교육을 준비하는 교수들의 노고를 봄눈 녹듯 따뜻하게 씻어내리기에 충분했다. 짐작컨대 당시만 해도 학부 학생들의 해외여행이 지금보다는 훨씬 덜 일반적이었기 때문에, 이제 곧 해외 연수를 떠날 수 있다는 희망만으로도 이들은 이미 출국 전에 더 멋지게 변화하고 있었다.

학생들은 일본에 도착하여 성 누가국제병원, 난치병 어린이 보호시설 아이노이에, 아동 복지시설 가즈시카, 장애인 복지시설 다끼노가와, 장애인 자립지원기관 세다가야한즈, 재일한국인 사회복지관 후레아이칸, 외국인노동자 지원단체 시티 유니온, 요코하마 시 도츠카 구 사회복지사무소, 특별 노인 요양시설 및 노인 주간보호센터 성모원을 각각 반나절 동안 견학했다. 이때 학생들은 기관별 담당 실무자의 자세한 설명과 특강을 듣고 구체적인 행정 문제와 관련된 예리한 질문을 던져 칭찬을 받기도 했고, 앉아 있는 순서대로 자신을 일본어로 자연스럽고 간결하며 멋지게 소개하기도 했으며, 특별히 성모원에서는 입소 노인과 실무자들 앞에서 기타를 치며 신명나는 우리 가락을 불러 일본인 청중을 매료시키기도 했다. 아마도 한류는 이때부터 우리 향동인들에 의해 시작된 듯하다. 학생들은 견학과 함께 각자의 희망에 따라 기관을 선택하여 아동 복지시설, 장애인 복지시설, 노인 복지시설로 나뉘어 집중적인 실습을 했다. 세 집단으로 나뉜 학생들의 실습

지도를 분담하기 위해 정종우 교수가 오사카에서의 연구를 뒤로 한채 신칸센을 타고 동경에서 합류했다. 학생들은 손수 정성스럽게 준비한 카레라이스 만찬을 대접하며 오랜만에 교수를 타국에서 만난 감동을 밤새 나누었다. 실습의 긴장이 가시자 우리는 일본의 문화를 보고 느끼기 위해 자유롭게 삼삼오오 짝을 지어 지도를 든 채 지하철을 타서 긴자, 메이지진구, 하라주쿠, 동경대학, 신주쿠, 롯본기, 시부야, 우에노 국립박물관, 아사쿠사, 동경 디즈니랜드, 하코네, 후지 산, 요코하마 등을 탐험했고, 각자 취향대로 식당에 들어가 음식을 시켜 먹어보기도 했으며, 일본 성공회 학생들과의 만남을 위해 준비된 파티도 맘껏 즐겼다. 이때 나는 오히려 학생들의 안내와 지도를 받아 따라다녔다. 학생들은 20개가 넘는 동경의 복잡한 지하철 선을 한눈에 파악하고 있었고, 반대 방향으로 가려는 나에게 올바른 방향을 제시해주기도 했다. 역시 우리는 서로에게 도움을 주고받는 관계임을 확인하는 시간이기도 했다.

학생들은 짧지 않은 일본 연수 일정 동안 모처럼 타국에서 함께 했던 친구들과의 끈끈한 만남, 교수들과의 친밀한 만남, 일본인들과의 어설픈 만남 등 다양한 만남을 충분히 경험했으리라. 이것은 평소 국내에서는 경험하지 못했던 만남이었을 것이며, 학생들이 이를 통해 얻은 성취감으로 보다 성숙된 자아와의 새로운 만남을 짜릿하게 체험했을 것으로 믿는다. 동행했던 나는 그들의 졸업을 지켜보았고, 졸업후에도 새롭게 변화되어 더 멋지게 발전하는 그들과 만날 수 있었으며, 더불어 조금씩 변화되는 나 자신과도 만날 수 있었다. 나는 앞으로도 우리 학생들과의 새로운 만남을 위해 15년 동안 느티아래를 지키며 '없는 듯 있는 듯' 최선을 다하고 싶다. "우리 만남은 우연이 아니야. 그것은 우리의 바램이었어……. 사랑해, 사랑해 너를, 너를 사랑해……."

캠퍼스의 새 바람

아시아에서 온 학생들

진 영 종 (성공회대학교 영어학과 교수)

광활한 성공회대학교 캠퍼스에 새로운 바람이 불고 있다. 이전의 캠퍼스 모습과는 확연히 다르다. 새로운 캠퍼스가 태어나고 있다. 다른 대학교 캠퍼스처럼 새로운 건물이 스카이라인을 바꾼 것도 아니요, 조경이 새로워진 것도 더더욱 아니다. 성공회대학교 식구들을 맞이하는 건물과 나무와 보도블록으로 된 길, 뒷산의 산책로는 여전히 변함없다. 그러면 과연 성공회대학교 캠퍼스에 불고 있는 새로운 바람의 정체는 무엇일까?

외국에서 서양인과 이야기를 나눠보면 한국인은 아주 알아차리기 쉬운 민족이라고 한다. 외모로만 본다면 한국인을 중국 사람, 일본 사람, 특히 몽골 사람과 구별하는 것이 서양인에게 결코 쉬운 일은 아닐 것이다. 그런데 서양인들은 한국인을 알아내는 것은 매우 쉽다고 한다. 아마 우리에게 획일적인 경향이 있기 때문일 것이다. 한국 사람은 이런 스타일의 안경이 유행하면 십중팔구는 같은 스타일의 안경을 쓴다. 저런 류의 신발이 유행하면 거의 모든 한국인이 같은 종류의 신발을 신고 다닌다. 또 요런 종류의 바지가 유행하면 같은 바지들이 길거리를 완전히 장악해버린다. 심지어 헤어스타일조차 유행이 지배해버린다. 스타일리시하게 꾸민 헤어에 덮인 부분도 무언가에 지배당해 똑같아지고 있지 않을까 싶을 정도다.

같은 안경을 끼고, 같은 헤어스타일에, 같은 옷을 입고 변하지 않는 캠퍼스에서 생활하고 있는 우리는 우리가 얼마나 비슷하며 알게 모르게 서로 다른 것을 용납하지 않는다는 사실을 깨달을 수 없을 것이다. 이러한 경향을 좋게 말해서 한 집단/공동체의 특성이라고 할 수도 있지만, 이것은 우리끼리의 이야기일 뿐이다. 바깥에서 보면 집단의 획일성 내지는 배타성이 보일 수밖에 없다. 한 집단의 특성은 외형에서 주어지는 것은 아니다. 타자와 어울리지 않는 자아는 결코 진정한 정체성을 지닌 실체라고 볼 수 없다.

획일성을 강요해온 한국 사회에서 마찬가지로 자의 반 타의 반으로 이렇게 똑같게 만들어진 분위기가 지배해온 성공회대학교 캠퍼스에 새로운 바람이 불고 있다. 바람은 외부에서 불어온다. 외부에서 불어오는 새바람이 내부의 분위기를 바꿔놓고 있는 것이다. 과연 성공회대학교 캠퍼스에 무슨 바람이 불고 있단 말인가? 그동안 똑같다는 것을 느끼지 못할 정도로 변화하지 않던 캠퍼스가 다양성을 포용하지 않을 수 없게 되어버렸다. 그래서 성공회대학교 캠퍼스는 서로 다른 다양성이라는 바람을 맞아 봄바람이 난 사람처럼 새로운 분위기를 만들어내고 있다.

성공회대학교는 2007년 한국에서 최초로, 아니, 아시아 그리고 아마 세계에서 최초로 아시아 각국의 시민사회 단체에서 활약하고 있는 활동가들을 초청하여 1년 집중 과정인 아시아NGO학 석사과정(MAINS)을 개설했다. 경제적으로 여유가 없는 활동가에게 장학금으로 등록금 전액을 지급하고 생활비도 지급하는 프로그램이다. 아시아 각국에서 온 서로 같은 것보다는 다른 것이 훨씬 많은 학생들이 바로 성공회대학교 캠퍼스에 불고 있는 새 바람인 것이다. 이제 성공회대학교는 서로 다른 것을 이해함으로써 더 큰 하나를 만들어나가는 중이다. 아시아 각국에서 온 학생들을 통해 성공회대학교 캠퍼스는 우리 대학, 우리 사회가 차이가 나는 것에 대해 얼마나 무감각했으며 이를 받아들이지 않았는지를 자각했다. 몇 가지 예를 들어보자.

한국 사람의 이름은 기본적으로 좋은 뜻을 지니도록 짓는다. 또 대부분의 한국 이름은 성을 포함해서 세 글자로 이뤄져 있다. 서로 부르는 이름은 두 글자인 것이 보통이다. 솔직하게 말해 우리는 이름이 가진 뜻을 제외하고는 다른 것을 생각해본 적이 없다. 하지만 스리랑카에서 온 학생의 이름은 할아버지의 성, 할머니의 성, 아버지와 어머니의 성은 물론 자기가 태어난 마을의 이름까지 담고 있었다. 길지만 아름다운 이름이었다. 그러니 당연히 이름이 매우 길었고 본인을 제외하고는 외워서 부르기 어려웠다. 하지만 그 긴 이름에서 한 대목을 따서 서로 부르는 이름은 따로 있었다.

이렇게 긴 이름을 한국 사회가 쉽게 용납할 리가 없다. 성공회대학교의 컴퓨터 시스템부터 이 긴 이름을 받아들이지 않았다. 이름을 바이트 수로만 계산하다 보니 이름이 잘리고 말았다. 하지만 성공회대학교는 시스템을 바꿔 아름답고 유서 깊은 긴 이름을 받아들였다. 성공회대학교로서는 작지만 큰 변화를 이뤄낸 것이다. 반면 출입국관리사무소는 달랐다. 대(大)한민국의 출입국관리사무소의 이름 처리 시스템이 쉽게 바뀔 수가 있겠는가. 결국 그 학생의 정식 이름은 외국인등록증에서 잘리고 말았다. 한국 정부가 발행하는 정식 등록증이 우리 학생의 이름도 담아내지 못하는 것이다. 아직 더 큰 새 바람이 이번에는 성공회대학교 캠퍼스로부터 불어가야 할 것 같다.

식생활은 일상생활에서 중요한 역할을 차지하는 문화다. 식생활과 음식 문화가 하루아침에 생겨나지는 않는다. 그렇기 때문에 각국의 고유 음식을 음미하면 모두 그윽하고 깊은 맛을 느낄 수 있는 것이다. 마찬가지로 식생활에서 특정 음식을 먹지 않는 것도 중요하다. 성공회대학교 캠퍼스에 새로움을 몰고 온 학생 가운데 돼지고기를 먹지 않는 학생들이 있었다. 생각해보라. 한국에서 어디를 가더라도 음식을 먹을 때 돼지고기를 피해갈 수 있을까? 아마 절에 가지 않고는 돼지고기를 피하기가 힘들 것이다. 고삿상에 오르는 돼지 머리에서부터 족발까지 돼지고기 천지다.

대학교의 구내식당도 마찬가지다. 하지만 이 학생들이 조리가 된 음식을 보고 돼지고기가 들어갔는지 아닌지를 알기가 어렵다는 문제가 있었다. 한국인이 보면 작고, 당사자 학생들 입장에서는 매우 큰 이러한 차이는 결국 문제를 일으킬 수밖에 없다. 한국의 어떤 열정적인 활동가가 매일 성공회대학교 구내식당에 가서 배식대의 음식 가운데 돼지고기가 들어가 있으면 제발 'PORK(돼지고기)'라고 표시해달라는 기나긴 투쟁에 돌입했다.

처음에는 본인이 직접 'PORK'라는 판을 만들어가서 음식을 확인하고 달아놓았다. 성공회대학교의 한국인 학생들도 의아해하기 시작했다.

"왜 돼지고기라고 굳이 표시를 할까. 참 까다로운 사람이군. 저런 사람과 함께 놀면 피곤하겠군!"

이렇게 생각했을 것이다. 하지만 1주가 지나고 2주가 지나고 학생들도 문제의 본질을 꿰뚫어보고는 모두 이 거대한 캠페인에 동참했다. 결국 성공회대학교 식당에는 돼지고기가 나오는 날이면 'PORK'라는 판이 걸리게 되었다. 이 과정에서 성공회대학교의 한국 학생들도 나에게는 사소하지만 상대방에게는 중요한 차이가 무엇인지 깨달았을 것이다. 이것 역시 성공회대학교에 불어온 새 바람임에 분명하다. 이 캠페인을 경험한 성공회대학교 졸업생들은 채식을 하는 어린이들에게 "어려서부터 편식을 하다니 버릇을 고쳐야겠군" 하면서 고기를 강요하는 못된 어른이 되지는 않을 것이다.

돼지고기에 얽힌 또 다른 소중한 일화도 있다. 2008년도 메인스 신입생들에게 김성수 총장이 바비큐 파티를 열어주었다. 바비큐 하면 역시 돼지고기 아닌가? 김성수 총장은 한국 학생이나 아시아에서 온 학생이나 모두 똑같은 성공회대학교 학생으로 반겨주었다. 돼지고기를 먹지 않는 학생을 위해 닭고기도 준비한 것이다. 김성수 총장의 마음씀씀이가 너무 커 음식이 남았다. 특히 돼지고기가 많이 남았다. 그래서 메인스 학생들이 돼지고기를 작은 그릇에 담아 학생들이 집으로 가지고 갔다. 그런데 돼지고기를 먹지 않는 학생이 두 그릇이나 챙기고 있었다. 돼지고기도 먹지 않는 사람이 왜 챙기냐고 내가 물었다. 그 학생의 대답이 나를 부끄럽게 했다.

"저는 돼지고기를 안 먹지만, 제 집사람은 너무 좋아해요. 그래서 두 개를 챙겼어요. 꼭 한 개씩만 가져가야 하나요?"

한 가정이라면 당연히 모든 것이 똑같을 것이라는 내 선입관은 너무나 무지하고 인간에 대한 배려가 없는 것이었다. 이것이 부끄러움과 함께 무너져버렸다. 진작 무너져야 했는데, 이렇게 부끄러움이라는 대가를 치르고 무너지고 말았다. 새로운 바람에 나의 잘못된 생각도 날아가버렸다. 한 가정에서도 이렇게 서로의 종교를 존중하고 배려하는데, 성공회대학교, 나아가 한국 사회는 더 큰 새로운 바람에 날려야할 것이 한참 많이 남아 있다.

한국 학생, 한국 사회와 아시아 각국에서 온 메인스 학생 사이에 갈등만 있었던 것은 아니다. 메인스 학생 개개인의 입장에서는 한국뿐만 아니라 서로서로도 낯설고 다르기 때문이다. 서로가 자라온 환경이 달라서 생긴 문제에 한국전력 직원까지 어쩔 수 없이 개입하는 사태가 벌어지고 말았다. 출입국관리사무소가 아니라 이번에는 한국전력 직원이 등장한 것이다.

12월 어느 날, 한국전력 직원이 급하게 학교를 찾아왔다. 큰일났다는 것이다. 학교에서 임대한 학교 앞 아파트에 큰일이 벌어졌다는 것이다. 학교로서는 무슨 일인지 전혀 추측조차 할 수 없었다. 한국전력 직원의 설명에 따르면 그 아파트의 전력 수요가 너무 급증해 전압이 위험 수위에 다다랐다는 것이다. 전력 소비를 줄이지 않으면 큰일난다는 것이다. 그는 덧붙이기를, 자기도 이런 아파트에서 이런 일이 벌어진 것은 처음 본다고 했다. 한국전력 직원도 처음이라는데, 학교로서는 더더욱 무슨 일인지 알 길이 없었다.

어쩔 수 없이 메인스 과정을 맡고 있다는 이유로 진상을 조사하게 되었을 때 아주 걱정이 되었다. 셰익스피어를 전공한 내가 어떻게 전력 수요에서 생긴 문제를 알아낼 수 있겠는가? 시작부터 정답은 정해져 있었다. 내가 밝힐 수 없는 불가사의한 일일 것이라고 나는 확신했다.

하지만 진상은 너무 쉽게 규명되었다.

메인스 1기 학생의 국적은 몽골, 태국, 버마, 스리랑카, 방글라데시, 인도, 인도네시아, 말레이시아, 필리핀, 한국이었으며 문제는 몽골, 태국, 스리랑카, 필리핀, 방글라데시에서 온 여학생들이 사는 아파트에서 발생했다. 그래서 진상 규명의 1단계로 여학생 아파트를 방문했다. 소위 방문 조사로 진상 규명 작업을 시작한 것이다.

들어선 순간 아파트가 너무 썰렁하다는 것을 알았다. 분위기가 아니라 온도가 너무 낮았다. 벌써 전력 공급에 문제가 생긴 것이 아닌가 생각했다. 하지만 가스 난방인데 그렇지는 않을 것이라고 생각했다. 나름대로 과학적으로 난방 시스템을 분석했던 것이다. 어떤 방문을 열어 보니 썰렁한 정도가 아니라 추웠다. 창문이 활짝 열려 있었다. 갑자기 그 방에 사는 여학생이 걱정이 되어 불러서 "추워서 문제는 없느냐", "창문은 왜 열어놓았느냐" 등등을 물어보았다. 그 방의 주인은 몽골에서 온 학생으로 너무나 태연하게 대답했다.

"문제라뇨, 교수님. 이제 날씨가 시원해져 정말 살 만해요. 그래서 시원한 공기를 쐬려고 창문을 열어놓고 있는 거예요. 몽골에서도 이런 날씨가 가장 좋아요. 꼭 집에 온 것 같아서 좋아요."

'아, 이 학생은 몽골에서 왔지!'

다른 학생들을 만나서 무슨 문제가 없냐고 물었다. 그러자 "교수님, 문제가 너무 많아요. 추워 죽겠어요. 우리는 추워 죽겠는데, 저 친구는 시원하다고 밤낮없이 창문을 활짝 열어놓으니 정말 죽겠어요. 집안에 있는 히터라는 히터는 모두 켰는데 별 효과가 없어요" 하고 이구동성으로 대답하는 것이었다. 이렇게 대답한 학생들은 필리핀, 방글라데시, 태국, 스리랑카에서 온 학생들이다. 모두 따뜻한, 몽골 학생의 입장에서 보면 매우 더운 나라에서 온 학생들인 것이다.

순간 기후의 차이는 인간이 극복할 수 있는 것이 아니라는 생각이 뇌리를 스쳐 지나갔다. 바로 그 순간 진상 규명 작업은 끝이 난 것이다. 전기에 대한 과학적 지식이 아니라 문학적인 상상력을 사용하여 전력 사용에서 생긴 문제점과 그 해결책까지 찾아버린 것이다. 몽골 학생은 창문을 열어서 날씨를 즐기는 사이, 따뜻한 나라의 학생들이 너무 많은 히터를 켜는 바람에 순간전력이 급상승해 한국전력에서 긴급 출동한 것이었다.

서로의 차이가 받아들여지는 순간 차이는 다양성으로 변한다. 차이가 다양성으로 변하는 순간 우리는 서로 같다는 사실을 확인하게 된다. 메인스 1기 학생들이 힘든 1년 과정을 마치고, 논문까지 끝내고 졸업을 했다. 당연히 메인스 졸업 파티가 열렸다. 한국식으로 돌아가면서 한마디씩 하는 순서를 가졌다. 남녀를 막론하고 눈물을 글썽이면서 이야기하는 것을 보니 메인스 과정의 모든 아시아 사람들은 감수성이 매우 비슷한 것이 분명했다. 또 더 비슷한 것은 모든 학생이 이 말을 한 사람도 빠짐없이 하는 것이었다.

"꼭 우리나라에 놀러 와요. 일 때문에 와도 좋고, 놀러 와도 좋고, 꼭 와야 돼요. 만약에 와서 나에게 연락을 하지 않고 간 것이 발각되면 각오해야 할걸요."

성공회대학교 캠퍼스에 불고 있는 새 바람은 이제 아시아로 퍼져 나갈 것이다. 또 성공회대학교 캠퍼스는 아시아의 캠퍼스가 되고 있다. 학교의 커다란 느티나무 밑에도, 도서관에서도, 식당에서도, 강의실에서도 이제 아시아 각국에서 온 메인스 학생들이 함께하고 있다. 차이를 다양성으로 바꾸고 다양성을 더 큰 하나로 만드는 곳이 바로 성공회대학교 캠퍼스인 것이다.

목사, 수의사, 변호사, 운동가가
한 학과에서 함께 공부하는 곳

조 희 연(성공회대학교 사회과학부 겸 NGO대학원 교수)

90년대 이후 NGO라는 말이 많이 쓰이고 있다. NGO는 시민사회단체로 번역되기도 하고, 비정부기구라고 번역되기도 한다. 어떤 아시아 국가에서는 NGO라고 할 때 UNDP의 현지 기구와 같이 국제적 기구에서 경제적 지원을 받아서 특수한 현지 사업을 하는 단체로 인식되기도 한다. 한국에서는 아마도 80년대 민주화와 그 정점으로서의 87년 6월 민주 항쟁의 영향으로 인해, 자율적인 정치적·사회적 활동 공간이 확장되면서 이것을 배경으로 시민들의 여러 이슈를 '공익적 입장'에서 제기하고 해결하고자 하는 단체들이 국민적 주목을 받으면서 많이 생겨났고 이를 NGO라고 한다. 1990년대와 2000년대 초반은 NGO의 전성시대라고 할 수 있을 정도로 수많은 NGO들이 생겨났고, 이들은 구 독재 체제의 유산을 척결하고 한국 사회의 민주화와 사회 개혁을 진전시키는 데 큰 역할을 했으며 그 과정에서 정치적·사회적 영향력도 확대되었다. 이렇게 되면서 시민사회 단체에 상근하는 활동가나 참여하는 많은 시민단체 관련 인사들이 생겨나게 되었다.

성공회대의 NGO대학원은 바로 이러한 상황을 배경으로 하여 활동가나 시민사회 단체 관련자들에게 전문적인 재교육의 기회를 제공하기 위한 목적으로 1999년 설립되었다.

성공회대 하면 떠올리는 NGO대학원

NGO대학원은 여타의 대학원에 비하면 상당히 독특한 대학원이라고 할 수 있고, 성공회대 하면 NGO를 떠올리는 사람이 있을 정도로 성공회대를 상징하는 기관이 되었다. '비정부기구학' 석사과정이라는 이름으로, 다양한 시민사회 단체에 속하는 활동가들에게 2차 교육을 제공하는 기관으로 설립되어 큰 주목을 받았다. 1999년 성공회대에 NGO대학원이 만들어질 때 그것이 한국 사회에 던진 메시지와 '충격'은 작지만 강렬했다고 생각된다. 그래서 성공회대에 이어 경희대, 전주 한일장신대, 부산대, 전남대, 경북대, 전남대 등에서도 유사한 시도가 잇따랐다. 행정대학원이나 사회학과 일반대학원 내에 엔지오 전공이 설립되는 방식으로 다양한 재교육 경로가 마련되기도 했다.

나는 개인적으로 당시 시민사회 단체 활동에 참여하고 있었기 때문에 이런 교육 기관의 필요성을 일찍 체감할 수 있었고 이 NGO대학원 설립에 초기부터 참여할 수 있었다. 이는 개인적으로도 일생일대의 행운이었던 것 같다. 특정한 시기에 살고 그 특정한 시대의 요구에 부응하는 어떤 교육적 창립 작업에 참여할 수 있다는 것은 교육자에게는 큰 행운이 아닐 수 없기 때문이다.

성공회대가 작은 대학이기 때문에 처음에 설립할 때는 반신반의하는 점이 있었다. 그러나 생각보다 큰 호응이 있었다. 성공회대 교수 중에서 시민사회 단체들에서 활동하는 교수들이 많다는 점이 NGO대학원 설립과 맞물리면서 상당한 시너지 효과를 발휘했던 것 같다. NGO대학원 10년이 되면서, 등록하는 학생의 범위도 대단히 다채롭게 확대되었다. 시민단체 활동가는 말할 것도 없고, 노동 운동가, 인권 운동가, 환경 운동가, 여성 운동가, 국제 구호단체 활동가, 재단 관계자, 종교인, 교사, 의사, 변호사 등 다양한 직업을 가진 사람들이 NGO대학원에 참여하고 있다. 가끔 목사, 수의사, 변호사, 운동가와 같이

전혀 공통성이 없을 것 같은 사람들이 모여서 함께 공부하는 곳이 바로 NGO대학원이구나 하는 생각도 한다. 성공회대가 성공회교단이라고 하는 종파적 배경을 갖고 있음에도 불구하고, 원불교 교무, 가톨릭 신부, 개신교 목사, 수녀에 이르기까지 거의 전 종교인이 참여하고 있다. 의사들도 일반 의사에서, 치과의사, 수의사에 이르기까지 다양한 사람들이 참여하고 있다.

1999년 NGO대학원이 만들어질 당시에는 NGO의 영향력이 급증하고 그에 대한 국민적 신망도 컸다. 최근에는 사회적 분위기가 바뀌고 있는 것이 사실이다. NGO에 대해 비판적인 사람들도 생겨나고 있다. 시민사회 단체의 활동을 반대하는 단체가 생겨나는 형국이기도 하다. 그런데 흥미로운 것은 NGO대학원에 등록하는 학생의 범위가 점점 더 확대되는 경향이 있다는 것이다. 즉 단체 활동가에서부터 단체에 자원봉사하는 사람, 기업에 근무하면서 퇴직 후 뭔가 의미 있는 일을 모색하는 사람, 학부에서 학생 활동을 하다가 대학 이후의 새로운 활동을 모색하고자 하는 사람, 의미 있는 사회 활동을 모색하는 주부에 이르기까지 범위가 확대되고 있다. 어떤 의미에서 비판적 평생교육의 성격도 갖는 것이 아닌가 생각될 정도다. 이런 것을 보면서, 시민사회 단체의 영향력이나 그것을 바라보는 국민의 시선에는 부침이 있을 수 있지만, 이타적 관심을 갖고 의미 있는 사회적 삶을 고민하는 진지한 사람들의 절대 수는 늘어가고 있다는 확신을 갖게 된다. 이제 NGO대학원 설립 10년을 맞게 되면서, '겨자씨가 자라 새가 깃드는 나무'가 되는 성경의 비유를 떠올리게 된다.

국내와 아시아 최초의 실험: 아시아 시민사회지도자 석사과정

NGO대학원이 '많은 새가 깃드는' 나무로 성장해가는 징표는 최근 두 가지 새로운 교육 과정이 개설된 데서 찾을 수 있을 것 같다. 즉 '실천여성학 과정'과 '아시아 시민사회지도자 석사과정(MAINS: Master of Arts in Inter-Asia NGO Studies)'이 설립된 것이다. 실천여성학 과정은 유한킴벌리, 여성 재단 등의 지원을 받아서 여성 운동가를 위해 만들어진 특별한 교육 과정이라고 할 수 있다. 아시아 시민사회지도자 석사과정은 아시아의 시민사회단체 활동가들을 위한 특별 과정이라고 할 수 있다.

아시아 시민사회지도자 석사과정은 국내에서 최초이기도 하고 아시아 최초의 실험이기 때문에 좀 설명이 필요할 것 같다. 요즘 교정에서 아시아의 여러 나라에서 온 시민사회 활동가들이 교정을 거니는 것을 보면 뿌듯한 생각이 절로 든다. 2007년부터 시작한 이 과정은 영어로 진행하며 1년 4학기 제도로 운영된다. 문민정부 시절 세계화의 흐름에 부응하는 인재를 양성한다는 명목으로 한국의 유수한 대학에 정부 지원하에 '국제대학원'이 대거 설립되었는데, 이 아시아 시민사회지도자 석사과정은 'NGO국제대학원'의 성격을 갖고 있다고 생각하면 될 것이다. 이 과정에서는 민주주의, 인권, 평화, 페미니즘, 생태주의 등 다양한 시민사회 관련 과목들을 듣고 논문을 쓴다. 2007년에는 12명 전원이 졸업했고 2008년에는 외국인 15명, 한국인 1명, 총 16명으로 운영되고 있다.

특별히 이 과정과 관련하여 뿌듯한 생각이 드는 것은, 한국의 여러 단체와 기업의 지원을 받아서 아시아 시민사회단체 활동가들에게 학비를 포함하여 매월 생활비까지 전액 장학금을 지급할 수 있다는 것이다. 이 장학금은 현대-기아 그룹 등의 기업과 5·18재단, 아름다운재단 등 시민사회 관련 재단에서 모금하여 충당된다. 어떤 의미에서 아시아 시민사회의 발전을 위해서 대학-기업-시민사회가 협력하는 아주 좋은 모델인 셈이다. 사실 1인당 3,000만 원 이상이 장학금으로 지원되는 이 사업은 성공회대로서는 상

한겨레

한국서 '민주화' 공부하는 10인의 각국 활동가들

"아시아 연대 새싹 우리가 틔워요"

"우리가 당신들과 함께해 그 불꽃이 계속 타오르게 하리."

국제앰네스티 필리핀 지부에서 활동했던 제시카 소토(33)씨는 지난 18일 서울 한남동 미얀마대사관 앞에서 열린 미얀마 민주화투쟁 지지 집회에서 자신이 쓴 시를 낭독했다. 서로 다른 국적을 가진 소토씨의 '동학' 11명이 수업을 미루고 이 자리에 함께했다. 버마민족민주동맹(NLD) 한국지부 총무인 내분나잉(38)씨도 소토씨의 '동학'이다.

이들은 성공회대와 국제 비정부기구인 '새로운 대안사회 건설을 위한 아시아 교류'가 함께 주관해 2월부터 운영하고 있는 '아시아 시민사회지도자 과정' 학생들이다. 1년에 4학기를 소화해 석사 학위를 따는 이 과정은 12명의 학생 가운데 10명이 외국인이다. 모두 각자의 나라에서 시민운동을 하던 현장 활동가들이다. 이들은 5·18재단 등의 후원을 통해 학비 전액과 생활비를 지원받는다.

이들 공부의 가장 중요한 주제는 '아시아 시민사회 연대의 발전'. 이제 3학기째에 접어든 이들의 공부는 미얀마 민주화 투쟁을 계기로 더욱 열기를 더해가고 있다.

소토씨는 "필리핀과 한국 모두 독재정권과 싸운 경험이 있기 때문에 지금의 버마(미얀마) 민주화 과정에 경험을 공유할 수 있다"며 "연대가 없다면 그곳에서 무슨 일이 일어나고 있는지조차 몰라 필요한 행동을 하지 못할 수도 있다"고 '연대'를 강조했다. 인도의 델리대 대학생으로 자동차산업의 노동 문제에 관심이 있는 보노(25)씨는 "인

'아시아 시민사회지도자 과정'에 참여하고 있는 지도교수와 학생들. 윗줄 왼쪽부터 시계방향으로 마문(방글라데시)·내분나잉(버마)·제시카(필리핀)·보노(인도)·판피어카타이·미루시(방글라데시)씨, 아프미드 지도교수(방글라데시), 진영종 성공회대 교수.

도의 현대자동차 법인은 매우 큰 규모로 사업을 하고 있는데, 한국과 달리 회사에서 노동조합의 결성 자체를 막고 있다"며 "한국에서도 이런 사실을 알고 또 행동해야 잘못된 현실을 바꿀 수 있다"고 말했다.

지도교수를 맡고 있는 모히우딘 아프마드 성공회대 초빙교수는 "올해에는 한국의 민주화 과정이 사례연구 주제였는데, 내년에는 버마의 민주화 과정도 사례연구 주제로 검토 중"이라며 "이 과정이 더욱 체계화되도록 노력하고 있다"고 말했다. 이들을 통해 아시아의 민주주의와 인권 신장에 이바지하는 지도자의 산실로 자리잡는 게 이 과정을 운영하는 이들의 꿈이다.

글·사진 최원형 기자 circle@hani.co.kr

당히 힘에 부치기도 했다. 초기에는 과연 성공할 수 있을 것인가 하는 우려도 많았다. 다행히 거교적인 관심과 지원하에서 추진되었고 많은 분들이 헌신함으로써 이제 고비는 넘기고 순항하고 있는 것으로 보인다. 성공회대학교는 오랫동안 '아시아 평화공동체 대학'이라는 장기 발전 목표를 설정해놓고 노력하고 있는데, 이 과정은 '성공회대의 글로벌화' 혹은 '성공회대의 아시아화'라는 장기 발전 목표에 부응하는 선도 사업인 셈이다.

이 아시아 시민사회지도자 석사과정은 성공회대 NGO대학원과 아시아 지식인 네트워크인 '대안사회 교류를 위한 아시아네트워크(ARENA)'

와 함께 공동 운영되고 있으며 학내에서 '민주주의와 사회 운동 연구소' 등이 협력하고 있다. 아레나는 20여 년이 넘는 역사를 가지고 있는 아시아의 대표적인 비판적 지식인 네트워크로서 홍콩에 있는 단체인데, 몇 년 전부터 홍콩을 떠나 아시아 다른 나라로 이동하고자 했다가 성공회대가 특별 초빙하여 현재 성공회대에 입주해 있다. 아시아의 대표적인 NGO라고 할 수 있는 Focus on the Global South가 태국의 출라롱콘 대학교에 있는 것과 유사한 모델이다. 아레나가 기존의 노하우를 기초로 하여 초기 교과 과정 구성작업에서 많은 도움을 주었고, 1999년부터 시작된 성공회대 NGO대학원의 실전 경험이 기초가 되어 아시아 과정이 출범할 수 있었다. 2007년부터 시작된 이 아시아 시민사회지도자 석사과정은 이제 다른 의미에서의 작지만 강렬한 메시지와 충격을 한국 사회와 한국 시민사회에 던지고 있다.

어떤 의미에서 아시아 시민사회지도자 석사과정은 15명 내외의 학생들로 운영되는 작은 교육 프로그램일 수 있다. 그러나 이는 현 단계 세계화의 거대한 흐름을 염두에 둘 때, 그리고 그러한 세계화의 흐름 속에서 도도히 성장하고 있는 아시아의 시민사회를 염두에 둘 때, 큰 의미를 갖고 있다고 생각된다.

물론 한국 시민사회에 대해서도 큰 의미를 갖고 있다고 생각된다. 먼저 한국의 민주주의와 인권의 발전은 많은 진통을 겪고 있지만, 비교적 관점에서 본다면, 이제 아시아를 선도하는 위치에 있다. 한국의 민주주의와 인권 발전이 많은 서구 나라들의 지원에 힘입었던 것을 상기하면서, 이제 한국은 스스로의 민주주의와 인권 발전에 매진하는 것을 넘어 아시아의 민주주의와 인권 발전에 기여할 의무가 있다고 하겠다. 다행히 한국 시민사회가 아시아 민주주의와 인권 발전의 든든한 후원자 역할을 수행해야 한다는 공감대가 넓어지고 있다. 이때 가장 핵심적인 사업은 아시아 시민사회 발전을 선도하고 헌신할 지도자와 활동가의 교육 및 재교육 기회를 제공하는 것이라고 생각되며, 이 프로그램은 그러한 노력의 상징적인 사업이라고 할 수 있다. 사실 돌이켜보면, 1970~1980년대 한국의 민주화에는 서구 시민사회와 종교 등의 많은 후원과 협력이 있었다. 여기에는 이제 우리가 민주주의와 인권 발전을 위해서 고투하고 있는 아시아의 많은 나라들에 우리가 받은 것을 돌려주는 의미도 있다고 생각된다. 그 다음으로는 기업이 못하는 일을 대학이 하는 것이라고 할 수 있다. 한국의 기업들은 이미 '글로벌 기업'으로서 아시아의 많은 나라들을 경제적 진출과 이윤 창출의 현장으로 삼아 종횡무진하고 있다. 그러다 보니 자연히 아시아의 많은 나라에서 인권 탄압이나 노동 탄압으로 문제가 되는 사례도 많아지고 있다. 한편에서 한국의 기업들이 부정적인 이미지를 남기는 경우가 있다면, 이 사업은 아시아 시민사회에 대해서 작지만 긍정적인 이미지를 남기는 것이라고 할 수 있으며, 대한민국 전체를 보아서도 의미가 큰 사업이라고 하겠다. 다음으로, 모든 일이 그러하듯, 돕는 것은 사실은 스스로를 위하는 길인데, 이러한 점은 아시아 시민사회지도자 석사과정에도 적용할 수 있다.

현재 한국 민주주의의 발전은 '병목 지점'에 도달하고 있으며 민주 세력은 존경의 대상이 되지 못하고 있다. 여러 가지 요인이 있으나, 한 시대를 선도했던 민주 세력이 새로운 사회 발전의 비전을 제시하고 선도하지 못하고 있는 데서 비롯된다. 이런 점에서 한국을 넘는 아시아 민주주의와 인권을 위한 노력은 새로운 '비전'을 제시하는 것일 수 있다. 이는 1980~1990년대 이후 진행되는 한국 민주주의의 적극적인 측면을 긍정적으로 해석하는 계기가 될 수도 있다.

한국 사회는 지난 30~40년 동안 여러 가지 면에서 비약적으로 발전해왔다. 경제적 산업화라는 점은 말할 것도 없고, 민주주의 발전, 시민사회의 발전, NGO 활동 등에서도 그러하다. 한 사회가 만일 경제적 측면에서만 발전한다면 그것은 '불구화된 발전'이라고 할 수 있다. 동시에 정치적 발전과 시민사회 발전이 함께 갈 때라야만 온전한 발전이라고 할 수 있다.

한국에서 그러했듯, 아시아의 여러 나라들이 경제적 산업화를 이루는 과정 속에서 민주주의와 시민사회 발전이 동시에 이뤄지도록 하는 것은 대단히 중요한 의미를 갖고 있다 하겠다. 아시아 시민사회지도자 석사과정은 아시아의 많은 나라에서 그 나라의 시민사회가 강화되고 그로써 그 나라의 민주주의의 토양이 강화되는 데 중요한 리더십의 자원을 만들어내는 것이라고 생각된다. 우리는 시민사회 발전에서 가장 중요한 것은 위협과 고통을 무릅쓰고 민주주의와 인권 발전에 희생하는 풀뿌리 지도자를 육성하는 것이라고 생각한다. 이런 점에서 이 '아시아 시민사회지도자 석사과정'은, 한국 시민사회가 아시아의 풀뿌리 지도자들이 자신을 단련할 교육 기회를 제공한다는 작지만 큰 의미를 갖고 있다.

사실 세계화의 거대한 흐름은 국경을 넘는 '아시아 시민사회'를 단순히 꿈이 아니라 절박한 과제로 제기하고 있다. 범아시아적 관점을 갖고 국경을 넘어 협력과 연대를 모색하는 그러한 시민사회 활동가들이 많이 나와야 한다고 생각된다. 그런 점에서 성공회대의 아시아 시민사회지도자 석사과정은 국경을 넘는 교육을 통해 아시아 시민사회를 형성해가는 중요한 노력이라고 표현할 수 있다.

10년 전 한국 시민사회의 작은 버팀목이 되고자 출발한 NGO대학원이 20주년이 되고 30주년이 되면 아시아의 큰 버팀목이 되지 않을까 소망에 찬 예측을 해본다.

교환 유학생 이야기

양 기 호(성공회대학교 일어일본학과 교수)

이른 봄이면 항상 마음이 설레곤 한다. 3월이 되면 학교의 주인공인 새내기 신입생들이 들어오기 때문이다. 맑고 환한, 그리고 생기발랄한 이들의 얼굴이 캠퍼스를 온통 가득 채우게 된다. 그러고 보니 새내기들을 봄마다 맞이한 지 벌써 12년째다. 봄마다 달라지는, 그리고 길면 길고 짧다면 짧은 1년마다 '06학번입니다'에서 '07학번입니다'로 넘어가는 자그마한 변화는 즐거움이자 감동이기도 하다. 우리 학과의 원조(元祖)라고 자부하는 96학번, 음료수 이름을 따서 산소학번으로 불리는 02학번, 화학식을 따와 오존학번이라 불리는 03학번, 영어를 섞어서 공포(?)학번으로 불리는 04학번 등, 각 학번마다 특징이 있고 나름대로 세대별 차이가 엿보이는 것도 재미있다.

그런데 여기에 대개 학기 초가 약간 지나서 슬슬 나타나는 한국말이 서투른 외국인 학생들이 있다. 일본의 각 대학에서 우리 학교로 오는 교환 유학생들이다. 일본은 4월, 10월 학기제라 거기에 익숙해서 그런지 며칠 늦게 한국에 도착하는 경우가 많다. 수도인 도쿄, 대도시 오사카, 살기 좋은 도야마(富山), 한국과 비슷하게 현대사의 아픔을 공유한 오키나와 등 일본 각지에서 매년 3~5명 정도가 우리 학교로 파견되어 온다. 처음에 자기 소개를 할라치면 한국어로 겨우 "저는 ○○라고 하므니다. 잘 부탁하므니다" 정도지만, 6개월이나 1년 뒤 돌아갈 때면 한국어로 시험지를 거의 한 페이지 가까이 작성할 뿐만 아니라, 항간에 나도는 유행어도 적절히 구사하곤 한다.

우리 대학은 비교적 작은 대학이라서 일본 학생에게 별로 인기가 없을 것으로 생각했는데 그것도 아니었다. 일본의 지방 대학에서 서울에 위치한 대학을 선호하는 것은 이해가 가지만, 도쿄에서 오는 일본인 학생 중에서 시내 중심에 있는 유명 사립대학(?)을 제쳐놓고 일부러 우리 학교를 지망해서 오는 경우도 있었다. 그 이유를 물으니 답이 간단했다. 큰 대학에서는 외국인 학생, 특히 일본인 학생이 너무 많아서 끼리끼리 다니다 보면 한국어는 말할 것도 없고, 한국인과 밀접한 만남을 통해 얻을 수 있는 여러 가지 정보와 문화 체험을 놓치기 십상이라는 것이다.

아무튼 외국인 유학생이라고 해야 학교 전체를 통틀어 연간 고작 30명 이하인데다, 학교가 그리 크지 않아서 당연히 한국인 학생과의 접촉이 압도적인 까닭에 오히려 일본 내에서 가고 싶은 자매 대학으로 인기가 높아진 것이다. 하기야 우리 대학은, 기숙사가 마련되지 않았기 때문이기도 하지만, 현지 적응에 도움이 될 것으로 보고 교환 유학생에게 3개월 이상 홈스테이 경험을 권장한 적도 있었다. 그러다 보니 입소문이 나서 요즘은 1년간의 교환 유학생이 아니더라도 여름방학 동안 활용할 수 있는 한국어 연수 제도를 이용해서 수십 명이 몰려온다. 이 때문에 여름방학 기간에는 교정에서 서투른 한국어와 유창한 일본어가 유난히 섞여서 들린다. 3월과 9월에는 일본 현지는 방학이고 한국 대학은 학기 중이라, 양 대학 간 학점 교환 제도를 이용하여 1주일간 십여 명 단위로 한국어 수업을 청강하러 오기도 한다.

5개가 넘는 일본 대학과 우리 대학 간 교환 유학생 제도가 시행된 지 거의 10년이 되다 보니, 이제는 도쿄나 오사카, 그리고 오키나와 현지에서 유학생들이 모여서 파티를 열기도 한다. 우리 학교에서 파견되어 일본 생활을 경험한 교환 유학생 출신 졸업생도 거의 50명에 달한다. 가장 즐거웠던 한때는 2006년 10월 도쿄를 방문했을 때였다. 학생처장과 같이 방문한 릿쿄(立教)대학에서 오하시(大橋英五) 총장님이 베푼 만찬 후 도쿄에 와 있던 우리 대학 재학생들을 만날 예정이었는데, 국제 센터에 연락하여 귀국한 일본인 교환 유학생도 같이 참석하도록 부탁했다. 저녁 7시경 벌써 어둑어둑해져 네온사인이 휘황찬란한 도쿄의 부도심 이케부쿠로(池袋)에 있는 이자카야(한국의 주점)에서 방 한 개를 통째로 빌려서 모처럼 회포를 풀었다. 릿쿄에 재학 중인 우리 대학 학생들과 어학 연수생, 대학원 재학생에다 귀국한 일본인 학생이 대여섯 명 합류하여 그야말로 20여 명이 가족처럼 즐거운 한때를 보낸 것이다. 한국어와 일본어가 섞인 채, 마음을 툭 열고 술잔을 기울이면서 서울 생활과 도쿄 생활 이야기를 서로 주고받은 자리였다.

귀국한 일본 유학생들이 도쿄에 돌아와 일본 땅에 첫발을 디딘 성공회대 학생들의 생활이 안정될 수 있도록 도와주는 것은 큰 힘이 된다. 돌아온 일본 학생 가운데 졸업을 앞두고 도쿄의 유명 백화점에 취업이 결정되었다며 최근에는 한국 손님들이 늘어서 한국어 실력을 뽐낼 기회가 있을 것 같다고 즐거워하던 표정은 그야말로 반갑기 그지없었다. 교육자에게 이보다 더 기쁘고 행복한 일이 어디 있겠는가. 이들이 릿쿄대학, 모모야마(挑山)학원대학, 풀학원대학, 도야마국제대학, 오키나와대학의 동문임과 동시에, 우리 대학의 소중한 외국인 동문이기도 함은 당연한 일이다. 이제 수년 내에 우리 대학 일본 동문회가 공식적으로 발족할 것이다.

일본인 교환 유학생들이 성공회대학교에 애정을 느끼는 이유는 너무나 많다. 자기 일처럼 도와주는 우리 학생들에게서 느낄 수 있는 한국인의 정(情)에 끈끈한 연대감을 갖는 것은 두말할 것도 없다. 재학생들은 여름방학에 이들과 같이 지방으로 여행가거나, 명절날 이들을 자기 집에 초대하기도 한다. 즐거운 때 술자리를 같이하고, 몸 아플 때 위로해주고, 모르는 한국어를 바로 그 자리에서 설명해준다. 일본 교환 유학생들도 걸어다니는 일본어 사전이 되기도 하고, 우리 학과의 자랑인 10년 전통의 일본어 연극 모임 다비비토(旅人)가 상연하는 연극을 보면서 갈채를 보내기도 한다. 이들이 서로간에 한국과 일본의 모습을 소개해주는 창(窓)이자, 외국어 튜터 역할까지 해내고 있는 것은 참으로 기쁜 일이다.

나이 들어 기억력이 떨어져서 그런지, 이제 우리 대학을 다녀간 일본인 유학생이 무려(?) 30명이 넘다 보니 내가 지도했던 유학생이 아니면 잘 기억하지 못하는 경우도 있다. 그래도 이들 가운데 몇몇 아직까지 유난히 기억에 남는 학생이 있다. 일본 오사카에 있는 풀학원대학은 영국인 신부 풀(Poole)이 세운 학교로 일본판 오죠상(양반집 규수)들이 많이 다니는 학교로 유명하다. 그곳에서 학부를 마치고 2001년 들어 우리 대학에서 1년간 유학했던 무라카미 아야코(村上綾子)가 가장 기억에 남는다.

한국에 도착한 뒤 인사차 온 그녀를 연구실에서 처음 보았을 때 받은 인상은 정갈한 외모가 돋보이는 재원(才媛)이라는 것이었다. 하지만 그보다도 그녀를 더 돋보이게 한 것은, 같이 이야기를 나누노라면 금방 기분이 상쾌해질 정도로 따뜻한 마음과 정겨움이었다. 학생들도 '누나'나 '언니'라고 하면서 많이 따랐다. 아마도 본래 심성이 착한데다 일본에 있을 적에 네팔 청소년을 위해 현지에 일하러 간 적이 여러 번 있을 정도로 봉사심이 더해진 인생 체험에서 나오는 것이 아닌가 생각된다. 그녀가 졸업 후 한국 회사에 취업한 것은 또 한 번 놀라운 일이었다. 늦게까지 결혼하지 않는 것에 집안에서 걱정이 많았겠지만, 그 후 출판사에서 열심히 일하면서 멋진 한국 청년과 사귀고 있다는 이야기를 들어 한국에서 오래 살게 되는 것이 아닌가 싶었다.

그러던 그녀가 2006년 가을, 갑자기 귀국해야겠다고 하면서 인사차 찾아와 삼겹살을 먹으면서 그동안의 이야기를 나누게 되었다. 그녀는 회사일 이야기, 한국과 일본의 차이, 일본으로 귀국을 선언했을 때 주위 사람들이 안타까워했다는 이야기 등등을 들려주면서, 이제 나이가 서른을 훌쩍 넘긴데다 부모님이 많이 기다리고 있다는 것, 그리고 일본의 친구들이 너무 그립다고 털어놓았다. 5년 전에 만났던 무라카미가 한국어도 한국 물정도 모르던 것이 엊그제 같은데, 이제 완전히 서울 생활에 익숙해졌다가 또다시 고향 품으로 돌아가게 된 것이다.

인생은 회자정리(會者定離)라고 한다. 만남에는 반드시 헤어짐이 있다는 것이다. 한국에 처음 유학 온 때가 생생한데, 이제 힘들지만 즐거웠던 한국 생활을 통해 새로운 문화의 가교로 성장한 그녀를 보내면서 아쉽지만 기쁜 마음이 더욱 컸다. 서울 생활을 접고 고향에서 본래의 일상으로 되돌아가겠지만, 그녀가 다닌 성공회대학교에서의 유학 생활, 서울에서 직장 생활을 하면서 배우고 느낀 점이 오랫동안 인생의 자양분이 되기를 기대했다. 따뜻한 마음과 여유로운 미소를 잃지 않았던 그녀가 한국의 친구들에게 남긴 '배려와 품위' 또한 소중하게 기억될 것이다.

한국과 일본의 만남은 우리 학교에서 늘 이뤄져왔고 또 앞으로도 계속될 것이다. 우리 학교의 교정은 다름 아닌 만남의 광장이었고, 이제는 국경을 넘는 만남의 장이 되고 있음을 실감하고 있다.

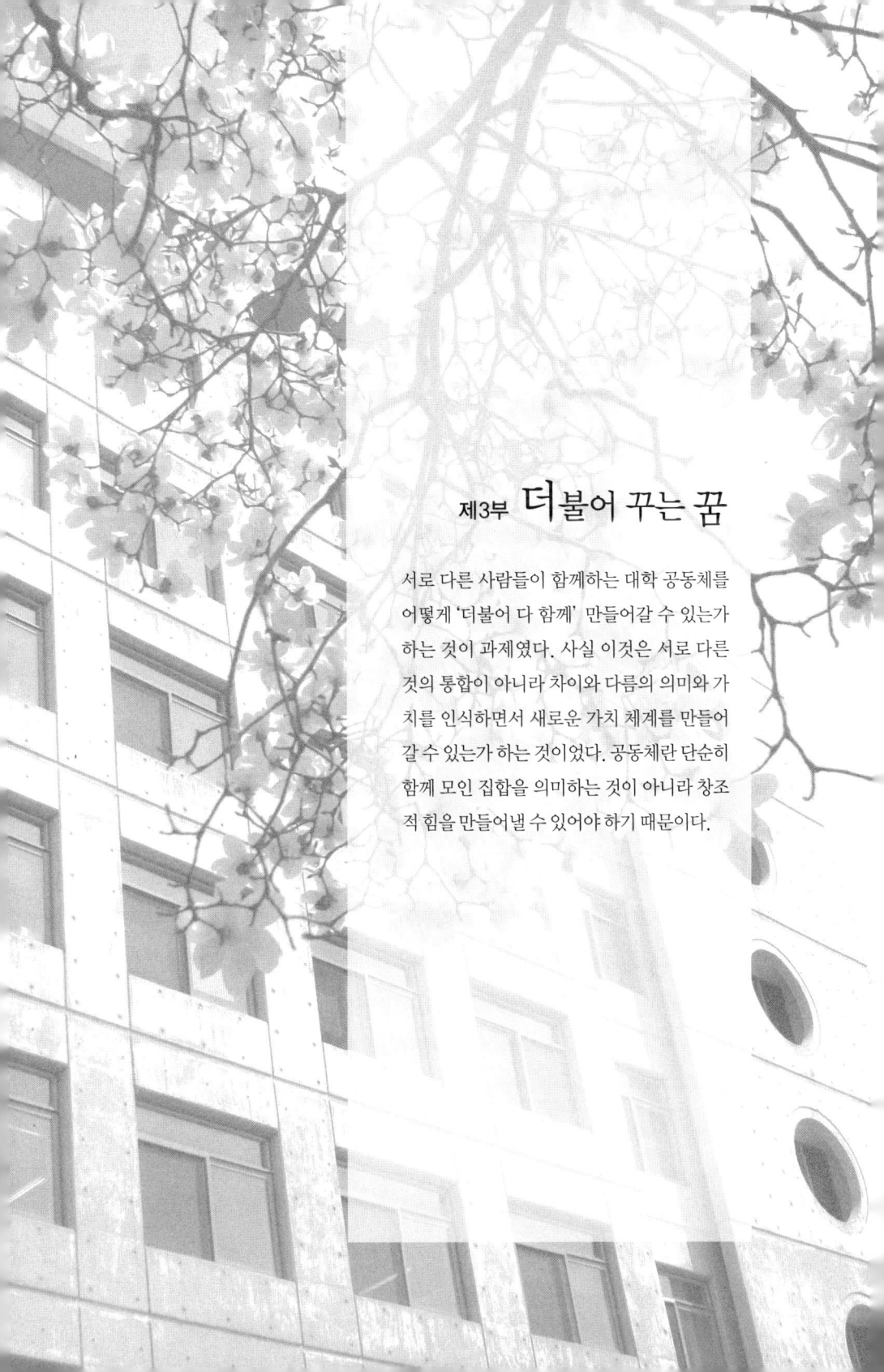

제3부 더불어 꾸는 꿈

서로 다른 사람들이 함께하는 대학 공동체를
어떻게 '더불어 다 함께' 만들어갈 수 있는가
하는 것이 과제였다. 사실 이것은 서로 다른
것의 통합이 아니라 차이와 다름의 의미와 가
치를 인식하면서 새로운 가치 체계를 만들어
갈 수 있는가 하는 것이었다. 공동체란 단순히
함께 모인 집합을 의미하는 것이 아니라 창조
적 힘을 만들어낼 수 있어야 하기 때문이다.

다시 쓰는 교육지표

고 병 헌(성공회대학교 교양학부 교수)

김 군에게

"선생님, 성공회대학교에서 열심히 공부하면 저도 나중에 행복할 수 있을까요?"

얼마 전, 고맙게도 수요자-공급자의 관계가 아닌 마음으로 진지하게 물어봐 줬던 그 질문에 "그럼! 분명히 행복할 거야!"라고 대답했지만, 그것은 김 군에게 했던 말이라기보다는 사실 나의 강한 바람이자 스스로의 다짐이었네. 우리 성공회대학교를 거쳐간 사람은 꼭 행복할 수 있을 거라는, 그리고 그랬으면 좋겠다는 믿음과 희망, 스스로의 다짐 같은 것……. 하지만 즉흥적으로 떠오른 생각을 말한 것은 결코 아니네. 김 군이 아니더라도 내가 성공회대학교에 들어오는 순간부터 내 자신을 위해서 답을 했어야 할 질문이었기 때문이네.

　김 군도 잘 알다시피 성공회대학교는 열림, 나눔, 섬김이라는 기독교 정신에 기초하고 있으며, 이러한 건학 이념을 실현하기 위한 '교육지표(敎育指標)'로서 '한 사람의 지도자보다 더불어 사는 열 사람'을 선언했네. 그런데 성공회대학교가 사회를 향해 선언한 '교육이 나아갈 길'을 둘러싸고 사회적으로 가끔 시비가 일곤 하네. 사실 사회의 각 분야에서 '천재'를 많이 만드는 것밖에는 우리 경제를 살릴 수 있는 길이 없다는 생각을 가진 사람의 입장에서 보면, 이러한 내용을 대학의 교육지표로 삼기에는 참으로 시대감각이 뒤떨어지고 비현실적이며, 심지어 너무나 소박해서 결과적으로 우리 학생들의 행복추구권에 대해서 무책임한 것처럼 보이기도 할 것 같기는 하네. 그런데 바로 똑같은 이유에서, 나는 김 군이 묻기 이미 오래 전부터 우리 성공회대학교의 교육 이념과 혼(魂)이 과연 우리 학생들이 행복할 수 있는 데 힘이 될 수 있을까 하는 질문을 성공회대학교 교수로서의 나의 정체성을 찾기 위해서라도 꾸준하게 스스로에게 물어왔다네. 모름지기 가르치는 사람이 자기가 가르치는 것의 의미와 힘에 대해서 내적으로 갈등하고 있는 한, 그러한 교육은 이미 시작 전에 실패한 것이 될 테니까.

1.

행복이 뭘까? 불행한 일인지 당연한 일인지는 몰라도 내 주변을 보면 깊은 행복감에 젖어 사는 사람을 만나기가 쉽지 않네. 자녀의 행복을 위한다는 미명하에 자녀를 '잡는' 부모들, 유치원 때는 초등학교에서의 행복한 삶을 위해, 초등학교에 와서는 중학교에서의 행복한 삶을 위해, 중학교는 고등학교를 위해, 고등학교 때는 독한 마음먹고 대학진학을 위해 3년을 헌납하고, 그렇게 들어간 대학에서는 취직을 위해, 취직하고서는 승진을 위해…… 이런 식으로 다음 순간의 행복을 위해서 기꺼이 지금의 불행을 참고 견디는 수밖에 달리 방도가 없는 우리 청소년들, 그리고 청년들……. 진정 행복이 무엇인지 맛본 사람들보다는 오히려 한 번도 손에 쥐어보지 못한 행복을 '위해서' 불행의 구렁텅이에서 허우적거리는 무리 속에 있다 보니 과연 행복이 진정 무엇인지 알고 말하는 사람이 있을까 싶네. 그런데 어느 수도자가 행복의 크기를 측정하는 다음과 같은 수식을 만들었다네.

행복 = 소비 ÷ 욕망

여기서 행복지수를 높이는 방법은 두 가지가 있는데, 하나는 자기 욕망의 크기가 어떻든 그것을 채우고도 남을 만큼의 소비력을 갖는 것이며, 다른 하나는 보통 사람들의 경우인데 소비력을 키우는 데 한계가 있다고 보고 대신 욕망을 최소화하는 것이네. 세계 최빈국인 방글라데시 사람들의 행복지수가 세계에서 가장 높게 나타날 수 있었던 이유를 설명할 수 있는 것은 분명 후자의 방식일 것이네. 그들은 매우 소박하면서도 '자연스러운(즉 인공적인 것이 아닌)' 욕망과 욕구를 갖고 사네. 그런데 우리는 어떤가? 자기의 욕망이나 욕구가 자연스러운 것인지, 또 건강한 것인지를 따져보지도 않은 채 눈덩이처럼 커져만 가는 욕망과 욕구를 충족시키기 위해 '소비력'을 키우려고 안달하며 산다네. 소위 잘나간다는 대학들이 장사가 잘 되는 이유는, 성실한 노력이 아니라 직종(職種)이 소득의 크기를 결정하는 한국과 같은 사회에서는 소비력을 한없이 키워줄 수 있는 곳이 좋은 직장이고, 그러한 직장을 얻는 데 중요한 것은 대학이 제공하는 교육의 질(質)이 아니라 그 대학의 '간판'이기 때문이네. 우리 대학들이 외국 대학들처럼 가르치는 경쟁을 해도 시원치 않을 판에 선발 경쟁에 안주함으로써 보편교육(초·중·고등학교 단계)을 망가뜨리고 있는 것도 바로 이런 현실에서 비롯한다네.

아무튼 "2등은 기억하지 않는다"든지, "1퍼센트 안에 드는 당신, 당신의 능력을 보여주세요", 혹은 "당신이 사는 곳이 당신의 품격을 말한다", "부자 아빠되세요" 등과 같은 저열하고 폭력적인 광고 카피가 아무런 제지도 받지 않고 공중파를 탈 수 있는 사회 풍토에서 수많은 사람들이 그러한 주술에 세뇌되어 성찰 없는 행복을 사생결단식으로 추구한 결과, 우리 중 극히 일부의 소비력은 비정상적이고 주체할 수 없을 정도로 커져 건강한 소비, 자연스런 소비의 짜릿한 맛이 어떤 것인지 기억해낼 능력을 상실한 채 살아가는 세상이 되었네. 그리고 우리 사회의 중상류층 또한 그렇게 하지 않을 수도 있건만 '황새'를 쫓는 '뱁새'의 피곤한 삶을 자초하며 '펭귄'으로, '기러기'로 살아가고 있네. 반면 사회적·경제적 약자들은 '최소한의 소비력'을 가지려고 자신들의 삶을 희생하고 있건만, 어찌된 일인지 일할수록 더 가난해진다네. 이 모든 현상에서 한 가지 공통적인 것은 우리 모두가 불행하다는 사실이네.

2.

여기서 한 걸음 더 나아가 행복지수를 자신의 '그릇 크기'와 연결시켜 보세. 많은 사람이 자신의 그릇 크기를 키우고 싶어하네. '그릇 크기'를 행복지수처럼 등식으로 만들어서 계산할 수는 없겠지만, 역시 두 가지 방식이 있을 것 같네. 일반적인 방식으로는 자기의 그릇을 크게 하기 위한 노력을 하는 것이네. 포용력을 키운다든지, 이해하고 인정하고 존중하는 마음을 기른다든지…… 하는 것들이네. 그런데 종교적으로는 이와는 반대 방향으로 노력할 것을 권고하고 있네. 자기를 낮출수 있는 한 낮추고, 겸손할 수 있는 만큼 겸손한 것, 즉 자기를 할수 있는 만큼 최대한 '작고 보잘것없는 것'으로 만드는 것이 종교적 방식이며 바로 이 정신, 혼(魂)이 '한 사람의 지도자가 아니라 더불어 사는 열 명'이라는 교육지표에 반영되어 있네. 성공회대학교가 김 군에게 '한 사람의 지도자'가 아니라 '더불어 살아가는 열 명' 중의 한 사람으로 살라고, 그리고 가능하다면 함께 살아가는 열 명 중에서도 마치 나머지 아홉을 섬기는 '종(從)'처럼 살라고 가르치는 이유는 그러한 삶의 가치관과 태도야말로 앞으로 지도자의 핵심적인 '능력'으로 평가될 것이기 때문이네. 신약성서에는 '종의 의무'에 관한 다음과 같은 대목이 나오네.

> 너희 가운데 누가 농사나 양치는 일을 하는 종을 데리고 있다고
> 하자. 그 종이 들에서 돌아오면 '어서 와서 밥부터 먹어라'고 말할
> 사람이 어디 있겠느냐? 오히려 '내 저녁부터 준비하여라, 그리고
> 내가 먹고 마실 동안 허리를 동이고 시중을 들고 나서 음식을 먹어라'

하지 않겠느냐? 그 종이 명령대로 했다 해서 주인이 고마워해야 할 이유가 어디 있겠느냐? 너희도 명령대로 모든 일을 하고 나서는 '저희는 보잘것없는 종입니다. 그저 해야 할 일을 했을 따름입니다' 하고 말하여라"(루가복음 17:7~10).

김 군이 사회라는 곳에 나가서 살다 보면, 열심히 일했는데 칭찬은 인색하고, 전체를 위해서 나를 희생했는데 알아주는 사람 하나 없고, 집안 경제는 나아질 기미는 안 보이고…… 하다 보면 성공회대학교의 교육지표를 내동댕이치고 싶은 때가 여러 번 오겠지……. 그런데 루가복음의 위 구절은 분하고 억울한 것으로 치자면 김 군보다 몇 배는 더 억울하고 분할 수 있지만, 오히려 그러한 상황에서도 자기가 해야 할 일이 더 없는지를 살피고, 남들이 먹고 마시는 것을 즐길 수 있도록 시중을 들고, 그렇게 하고도 그저 나는 보잘것없는 종이라고 생각하는 마음을 가지라고 이야기하고 있네. 그런데 이렇게 하면 정말로 행복할 수 있을까?

자기의 그릇을 크게 만들어 조직 내에서 화합과 협력의 중심이 되는 지도자가 되고자 하는 사람이 있다면 무엇보다도 '종의 마음'을 가질 필요가 있다는 것이 위 성서 구절이 들려주는 진리 아닐까! 일을 열심히 하고도 '내가 이러저러한 일을 했다'는 생각을 하지 않는 자세, 남들의 칭찬과 인정과 관련해서도 "그저 내가 할 일을 했을 뿐"이라고 자신을 낮추는 태도가 그 사람을 화합과 신뢰, 협력의 중심으로 세울 것이라는 '역설적' 진리 말이네. 우리는 성서가 말하는 바로 이 '역설적 진리'를 성공회대학교 교육의 지표(指標)로 선언한 것이네.

3.

그러면 '더불어 살 줄 아는 열 명'이 만드는 행복은 어떤 모습일까? 경상남도 거창군에 소재한 거창고등학교 졸업식에서 졸업생 대표가 했던 답사에 그 원형이 있는 듯하니 함께 읽어보겠네.

거고인 건축가가 세운 다리는 무너지지 않고
거고인 농부가 키운 작물은 안심하고 먹을 수 있으며
거고인 의사는 삶의 목숨을 그 무엇보다 소중히 여긴다.

거고인 판사가 내린 판결은 믿을 수 있고
거고인 직공이 만든 옷은 단추가 잘 떨어지지 않으며
거고인 선생님에게는 안심하고 자녀를 맡길 수 있다.

거고인 관리는 뇌물을 받지 않고
거고인 기자는 거짓을 전하지 않으며
거고인 역사가는 그 무엇보다 진실을 목말라 한다.

그래서 세상은 거고를 빛이요 소금이라고 한다.

세상에 첫발을 내딛는 순간에 이러한 삶의 다짐을 할 수 있는 사람을 길러낸 교육지표라면 졸업생 전체가 아니라 그들 중 단 한 명이라도, 아니 6년에 혹은 10년에 단 한 명이라도 이런 사람을 배출하는 교육이라면 그 교육은 분명 존재할 이유가 있다고 나는 믿네. 김 군 생각은 어떤가? 저런 거고인들이라면 세상 어디에서 무엇을 하든 행복하지 않겠는가! 성공회대학교의 교육지표가 김 군에게 약속할 수 있는 것은 '한 사람의 지도자가 아니라 더불어 사는 열 명'이 되어 세상이 우리를 믿고 우리 학생들이 세상에 나가 함께 사는 세상 그리고 아름다운 세상을 만들어가는 한 알의 밀알이 될 때, 그때 분명 김 군도 남 모를 깊은 행복감에 젖어들게 될 것이라고 나는 믿네.

자기를 낮추고 작게 할수록 세상의 모든 것을 담을 정도로 커지는 하느님의 사랑이 김 군과, 김 군이 하는 모든 일에 언제나 충만하길.

2008년 스승의 날에
교육지표의 의미를 되새기며
고 병 헌

성공회대학교가 추구해온 새로운 대안 교육

˙이 재 정(성공회대학교 신학과 교수, 전 통일부 장관)

내가 이곳 항동에서 생활한 것은 대학을 졸업하고 신학생 생활을 했던 1969~1971년까지의 3년간, 그리고 성공회대학교를 만들어내기 위해 스스로의 평가로는 '올인'을 했던 1988~2000년까지의 12년간이었다. 1972년부터 1987년까지는 직접 항동에서 활동을 한 것은 아니지만 여전히 강의도 하고 지원팀으로 교육에 참여한 것이라서 내 생애의 가장 중요한 시기를 이곳에서 보낸 셈이다. 그러나 마음속에 여전히 늘 남아 있는 것은 대학이 아직 어려움 속에 정착 과정을 이어갈 때 떠나서 정치권에 있었다는 사실이다. 정치를 하면서도 여러 차례 내가 있어야 할 자리가 어디였는가를 성찰하고 책임을 느끼기도 했다. 이런 관점에서 나는 이 글을 통해 과연 내가 무엇을 추구했는지, 그 방향은 무엇이었는지를 살펴보며 평가하고자 한다.

성공회대학교가 자리 잡고 있는 현재의 항동 1번지는 소사라고 부르던 동네의 한 구역이었다. 1953년 한국전쟁이 끝나자 당시 대한성공회는 1956년에 연 전국의회에서 신학교육을 위한 학교를 개설하기로 결의하고 1957년에 현재의 부지를 유한양행의 유일한 박사로부터 구입하여 1957년 12월 6일에 '성 미카엘신학원'이라는 이름으로 개원했다. 초대 원장은 후에 예수원을 설립하고 노동과 기도 그리고 공동체 생활을 강조하면서 복음주의 운동의 한축을 이뤘던 대천덕 신부였으며, 마침내 1958년에 첫 신입생으로 23명 지원자 가운데 6명을 선발하여 전문대학원 과정의 신학원을 본격적으로 시작했다(당시 첫 신입생 가운데 한 분이 김성수 총장님으로서 1964년에 신학원을 정식으로 졸업했다). 돌이켜보면 지금으로부터 만 50년 전의 일이다. 그런데 우리가 여기서 주목할 점이 몇 가지가 있다. 첫째, 성 미카엘신학원은 우리나라 최초의 신학전문대학원 과정으로 대학에서 일반 학문의 학사 학위를 가진 사람을 선발하여 3년간 신학 전문 교육을 한 최초의 학교였다(신학전문대학원이 제도화된 것이 최근의 일이다). 따라서 당시 성 미카엘신학원은 학부 과정을 가르치던 다른 여러 교파 신학대학과는 전혀 다른 새로운 신학교육 과정을 제시했다. 둘째, 성 미카엘신학원의 교육은 학문 연구, 노동, 기도와 공동생활이 조화를 이뤄 종교 지도자를 '훈련'하는 대단히 심도 있는 과정이었다(지금의 새천년관 자리는 당시 학생들이 노동하며 경작하던 농장이었다). 셋째, 이 신학원의 설립은 내용으로는 1914년에 강화에서 문을 열었던 성 미카엘신학원을 역사적으로 계승하여 그 연속선상에 있었지만 실제로는 전혀 다른 학제와 전문적인 교수진을 갖춘 당당한 신학 전문 교육기관이었으며 정부 인가를 받아 공식적인 학위를 수여하는 공적인 대학교 대신 신학교육의 자율성과 그 특성을 살릴 수 있도록 하나의 대안을 선택한 것이었다. 넷째, 교과 과정에 1일 1시간의 의무노동 시간을 두었다는 점이다. 당시 산업화의 초기 과정에서 노동의 가치와 개념을 교육에 연결한 것은 사실 대단히 중요한 시도로서, 공동체 생활에 대한 강조와 함께, 더불어 살아가는 지혜를 경험하게 했다. 다섯째, 교육 과정은 신학에 국한하지 않고 불교, 유교, 동학, 무속에 이르기까지 이웃 종교에 대한 깊이 있는 강의를 개설하여 그야말로 열린 종교교육이었다. 이것은 다른 신학대학에서는 도저히 상상도 할 수 없는 일이었다. 따라서 교육의 중심은 배타적인 호교적 신학 이론이 아니라 여러 종교가 함께 추구할 수 있는 공동의 길에 대한 신학적 모색이 되었다(필자는 당시에 무속에 관한 과목과 불교 과목에서 학문적·신앙적 이해를 크게 높일 수 있었다). 여섯째, 당시의 학교 생활은 일반대학원과 같이 자유스러운 것이 아니라 철저한 규율 아래 '수도회'와 같이 검소와 절제가 강조되었다. 물론 외출을 하려면 원장의 허락을 받아야 했다. 이것은 개인을 개체가 아니라 공동체를 이루는 구성원으로서 보고 공동체에 대한 책임을 요구한 것이었다.

성공회대학교의 전신인 천신신학교는 1982년에 문을 열었다. 정부는 성 미카엘신학원의 신학 전문 교육기관으로서의 독자적이며 자율적인 역사와 공헌을 인정하지 않았고 학부 과정으로 격하하여 대학에

준하는 대학 과정으로 인가를 받도록 강제 명령을 내렸다(사실 이런 배경에 직접 영향을 주지는 않았지만 당시 성 미카엘신학원은 유신 치하에서 연세대에서 정치적인 목적으로 해직되었던 김찬국 교수를 초빙 교수로 초청하는 등 여러 해직 교수들이 강의를 할 수 있는 곳이었다. 이 정신은 아주 중요한 우리의 유산으로 내려오고 있다. 그리고 유신 치하에서 일어났던 민청학련의 논의 장소가 바로 구두인관으로, 성 미카엘신학원은 저항의 장소처럼 이해되었다. 물론 여기에는 성공회 자체가 정부 정책을 적극적으로 비판하는 비판 세력이었다는 점도 작용했을 것이다). 학부 과정을 만든 이상 정규대학으로의 승격은 가장 시급한 현안이었다. 작은 기독교 교파인 대한성공회로서는 정말 버거운 일이었고 다른 교파처럼 교파적인 신학대학을 반드시 만들어야 하느냐라는 원론적인 문제도 제기되었다. 수많은 힘들이 모아져 일만 기도 운동이 벌어지고, 10년이 더 지난 1993년에 성공회신학교는 마침내 성공회신학대학으로 그리고 1994년에는 일반 대학교인 성공회대학교로 발전했다. 그런데 이 과정에서 우리는 하나의 대학을 만든다는 것 이상의 목표를 설정했다. 첫째, 성공회대학은 교파 신학을 가르쳐서 전문 성직자를 직업적으로 양성하는 그러한 교육기관이 되어서는 안 된다는 것이었다. 이미 많은 교파 신학기관들로 인해 한국의 기독교가 일치와 협력보다는 대결과 경쟁의 관계에서 왜곡된 신학교육을 지향해왔다 해도 과언이 아니기 때문이다. 더구나 교파에 따라 선교 지원을 해준 국가 혹은 교회의 신학적 전통이나 해석을 그대로 '번역', '전달'하는 교육은 비판받아 마땅하기 때문이다. 따라서 성공회대학은 처음부터 '열린' 학문을 지표로 삼아 포괄적인 새로운 학문의 세계를 지향했다. 둘째, 다른 대학과의 차별성을 만들어가기 위해 이미 성 미카엘신학원의 전통에서도 볼 수 있었던 것처럼 학문이나 학교 운영에 있어서 민주적인 대학, 평화를 만들어가는 대학으로 지표를 삼았다는 것이다. 즉 교육의 가치나 방법 또는 이념에 있어서 기존 질서나 가치로부터 끊임없이 새로운 대안을 찾아가자는 것이었다. 여기서 우리는 진보라든가, 정의, 인권, 평화 같은 사회경제적 개념 및 가치들을 대학 교육의 대안적 지표로 생각했다. 이런 면에서 성공회대학은 처음부터 다른 대학과는 아주 다른 학문적 가치를 내세우는 학파를 형성하려고 노력했다. 셋째, 서로 다른 사람들이 함께하는 대학 공동체를 어떻게 '더불어 다 함께' 만들어갈 수 있는가 하는 것이 과제였다. 사실 이것은 서로 다른 것의 통합이 아니라 차이와 다름의 의미와 가치를 인식하면서 새로운 가치 체계를 만들어갈 수 있는가 하는 것이었다. 공동체란 단순히 함께 모인 집합을 의미하는 것이 아니라 창조적 힘을 만들어낼 수 있어야 하기 때문이다. 넷째, 우리는 대학을 시작하면서 미국의 윌리엄스 칼리지나 영국의 옥스퍼드, 케임브리지 같은 역사적인 칼리지를 바라보며 인문대학의 가치를 되살려보려고 했다. 그것이 대형화를 지향하고 양적 성장을 평가 기준으로 삼는 우리 교육 환경에 잘 맞는 것은 아니라 하더라도 '작은 대학 큰 학문'을 하자는 것이 처음부터 우리의 공동목표였다.

항동골에서 새로운 교육을 지향하면서 우리는 50년의 역사를 만들어왔다. 이미 살펴본 바와 같이 성 미카엘신학원이 지향했던 교육의 목표와 성공회대학교가 표방하면서 노력했던 교육의 내용에는 여러 면에서 공통점이 많다. 특히 시대적인 맥락에 따라 또는 교육의 원칙에 충실하기 위해 여러 가지 대안을 추구한 것은 역사적으로 중요한 결실이었다. 그리고 역사 안에서 역사의 실체를 분석하면서 비판적 학문을 실천하며 구체적으로 정치·사회에 참여해온 것은 대학의 역량을 확대해왔다는 긍정적인 측면이 있다. 성공회대학교는 우리 민족의 격변의 역사 한가운데서 당당히 맞서왔다. 늘 새로운 미래를 추구하면서 역사의 책임을 외면하지 않았다. 이제 우리 앞에는 다시 함께 만들어가야 할 50년의 미래가 열리고 있다. "네가 지금 어디에 있느냐"라는 성서의 질문은 한 시대를 넘어 지금 우리를 향하고 있다. 이것은 역사와 미래에 대한 자세와 책임을 묻는 것이다. 따라서 지금 우리에게 소중한 것은 과거의 지혜와 경험에 '집착'하지 않고 새로운 세계로 다시 '떠나는 것'이 필요하다. 지금 그때가 다시 왔다.

사회봉사: 노인 휴대전화 교육 도우미

이 가 옥(성공회대학교 사회복지학과 교수)

우리 학교의 자랑 중의 하나가 전교생이 사회봉사 과목을 필수로 수강한다는 것이다. 사회봉사 학과목은 4주의 강의와 10주의 사회봉사 실천으로 구성되어 있다. 여기서는 우리 학생 중 노인복지관에서 교육 도우미로 사회봉사 활동을 한 이순철 군의 사례를 소개하고자 한다.

지난 2년간 많은 학생이 교내 노인복지연구소에서 주관하는 노인 휴대전화 교육 프로그램에 참여하여 수많은 노인에게 기쁨을 선사했다. "이렇게 고마운 성공회대학교 학생들 덕택에 휴맹에서 벗어나 세상이 밝아졌다." 김순례 어르신의 말씀이다.

김순례 할머니에게는 요즘 새로운 친구가 생겼다. 바로 휴대전화다.

그러나 휴대전화와 처음부터 친해진 것은 아니었다. 휴대전화와 처음 만난 것은 벌써 1년 6개월 전. 딸아이가 생일 선물이라며 주었을 때, 할머니는 휴대전화라는 것이 무슨 필요가 있을까 하는 생각이 들었지만 딸의 성의를 생각해서 일단 고맙다는 말을 하고 받았다.

김순례 할머니의 휴대전화는 자식들에게 오는 전화를 받을 경우에만 사용되었다. 때로는 마당에 잠깐 나갔을 때 전화가 오는 경우도 있었다. 이러한 경우에 할머니는 누구에게 전화가 왔는지 알지 못했다. 그저 휴대전화는 집 전화와 비슷한 것으로, 가지고 다닐 수 있는 전화기 정도로만 생각하고 있었다. 일을 갔다 온 딸이 잠시 짬을 내어 휴대전화 사용법을 알려주었지만, 한 번의 설명만으로는 이해하기 어려웠다.

그러던 어느 날, 중학교 2학년인 손녀 정은이가 할머니 집으로 왔다. 아들 내외가 회사일로 출장을 가게 되어, 정은이는 할머니 집에서 3일 정도 머무르게 되었다. 학교에 다녀온 정은이는 연신 휴대전화를 조몰락거리고 있었다. 숙제를 하면서도, 텔레비전을 보면서도 문자 메시지를 보내거나 게임을 즐기고 있었다. 할머니는 왜 저렇게 휴대전화를 조몰락거리는지 도무지 이해가 가지 않았다. 또한 '저것도 다 돈일 텐데 요즘 애들은 돈 무서운 줄을 몰라' 하는 마음에 눈살을 찌푸렸다.

정은이는 이내 심심해졌는지 방안을 휘 돌아다니다가 할머니의 휴대전화를 발견하고는 "할머니도 휴대폰을 가지고 있었네" 하면서 요리조리 만져보기 시작했다. 정은이는 할머니의 휴대전화를 이리저리 눌러보면서 벨 소리를 바꿔보기도 하고 게임을 하기도 했다. 할머니는 정은에게 "정은아, 그 소리가 그 휴대전화에서 나오는 소리야?" 하고 물었고, 정은이는 "할머니, 그것도 몰랐어요?" 하고 대답했다. 할머니는 "이 할머니는 거기에 그런 소리가 있는지도 몰랐네" 하면서 신기한 눈으로 쳐다보았다. 소리뿐만이 아니었다. 정은이는 자신의 사진을 찍어서 할머니에게 보여주기도 했으며, "할머니, 이리 오세요" 하여 얼굴을 맞대고 사진을 찍기도 했다. 정은이는 할머니와 자신의 사진을 휴대전화 배경 화면으로 깔아놓았다. 할머니는 자신이 갖고 있던 휴대전화로 사진도 찍을 수 있다고 생각하니 더욱 신기한 생각이 들었다. "정은아, 이것 사용하면 돈 드는 거야?" 할머니의 물음에 정은이는 "아니야, 할머니. 이런 거는 요금이 안 나오고 통화했을 때만 요금이 나오는 거야"라고 대답했다.

할머니가 손녀에게 어떻게 하는 거냐고 묻자, 정은은 빠른 손놀림으로 "이거랑 이거랑 그 다음에 이거 누르면 사진이 되고", "이거랑 이거랑 이거 누르면 벨 소리를 바꿀 수 있어"라고 대답했다. 할머니는 도무지 뭐가 뭔지 알아들을 수가 없었다. 그래서 정은에게 다시 알려달라는 주문을 했다. 몇 번 이 작업을 반복하던 정은은 이내 짜증을 내면서 "할머니는 몇 번을 알려드렸는데 그것도 몰라" 하면서 휴대전화를 내려놓았다. 할머니 또한 머쓱해서 "이제 그만하고 밥이나 먹자" 하고 말꼬리를 돌렸다.

월요일이 되었다. 김순례 할머니는 ○○노인복지관에 갔다. 할머니는 월요일과 수요일에 댄스 교실에 다니고 있다. 댄스 교실에서 한바탕 돌고 나면 몸이 그렇게 가뿐할 수가 없다. 댄스 교습을 마치고 커피를 한 잔 마시고 있는데, 그곳에 성공회대학교 노인복지연구소가 주관하는 노인 휴대전화 교육생을 모집한다는 공고문이 붙어 있었다. 할머니는 지난번 정은이와의 일을 떠올리며 휴대전화를 가만히 내려다보았다. 휴대전화에는 무슨 뜻인지 모를 그림도 있고 영어도 있어서 내가 과연 알아들을 수 있을까 하는 마음이 들었다. 혹여 잘못 만졌다가 고장이나 나지 않을까 하는 걱정이 앞섰다. 하지만 이왕 있는 거 어떤 기능이 있는지 알고 싶다는 호기심이 발동했다. 더욱이 휴대전화교육이 노인과 대학생이 일대일로 만나 이뤄진다는 사회복지사의 설명에 교육에 참여하겠다는 의사를 담당 사회복지사에게 알리고 집으로 돌아왔다.

휴대전화 교육은 4회기로 매주 수요일마다 실시되었다. 김순례 할머니는 젊은 사람들을 옆에 가까이 두고 교육을 받는다고 생각하니 유난히 옷차림에 신경이 쓰였다. 혹여 젊은 사람들에게 초라해 보일까 싶어 밝은 보랏빛 원피스를 꺼내 입고 복지관으로 나섰다. 교실에 들어가 보니, 10여 명의 젊은 대학생들이 먼저 앉아 있었다. 휘 둘러보니 모든 노인들이 그날따라 차려 입은 듯 화사한 옷차림이었다. 진행자의 안내에 따라 어떤 남학생 옆에 앉았다. 성공회대학교 사회복지학과에 다니는 이순철이라는 학생이었다.

이제까지 할머니는 가족이나 친척이 아닌 젊은이와 이렇게 가깝게 이야기해본 적은 없었다. 가끔 버스나 지하철에서 잠깐 스칠 뿐, 서로 한 공간에서 오랫동안 이야기를 나누는 일은 거의 없었다. 이순철역시 할머니 할아버지와 같이 살아본 적이 없고, 일상생활에서 이야기를 나눈 적이 없어서 처음에는 할머니를 어떻게 대해야 할지 막막했다. 할머니는 먼저 호주머니에서 사탕과 귤 몇 개를 꺼냈다. "내가 잘 못 알아들어서 설명을 많이 해줘야 해. 그러려면 목이 아플 거야. 학생 이것 먹고 나 잘 가르쳐줘"라는 할머니의 말에 분위기는 한결 부드러워졌다. 이순철은 할머니에게 천천히 그리고 할머니가 알 때까지 내용을 반복해서 말했다.

첫 번째 회기의 내용은 키, 기능음 없애기, 진동으로 바꾸기, 휴대전화에 있는 전화번호부 기능을 이용하여 전화걸기였다. 먼저 키, 기능음 없애기와 진동으로 바꾸기를 배웠다. 할머니는 기능음은 원래 하나의 소리로 되어 있다고 생각했는데, 지하철이나 버스 등의 공간에서는 작게 하는 것이 예의라는 이순철의 설명에 그동안 의도하지는 않았지만 이러한 기능이 있는지 몰랐기 때문에 실수를 한 적은 없었는지 떠올려 보았다.

두 번째 회기의 내용은 최근 수신, 발신, 부재중 수신번호 기능을 이용하여 전화 걸기, 음성 듣기·남기기였다. 수첩을 꺼내 빈 종이에 가까운 사람들의 번호를 일렬로 적어놓고, 주소록에 가까운 사람들의 번호를 하나씩 입력하기 시작했다. 1번은 큰아들, 2번은 큰딸, 3번은 작은 아들, 4번은 큰며느리, 5번은 작은 며느리, 7번은 이순철 학생……. 할머니는 번호를 입으로 되뇌며 휴대전화 자판을 눌러 번호를 입력했다. 휴대전화 자판이 작아서 오랫동안 집중을 하니 눈앞이 흐릿해지기도 했다. 모두 다 입력을 하고 나서 대학생 자원봉사자와 서로 전화를 주거니 받거니 했다. 할머니가 전화를 거니 이순철의 휴대전화에 '김순례 어르신'이라고, 그리고 이순철이 할머니에게 전화를 거니 할머니의 휴대전화에 '이순철 학생'이라는 이름이 표시되었다. 할머니는 누가 걸었는지 정확하게 알려주는 휴대전화가 신통하게 여겨졌다.

세 번째 회기의 내용은 문자 보기, 남기기, 이모티콘 보내기, 문자 압축 용어 이해하기였다. 어느 정도 교육이 이뤄진 후 할머니는 출장을 다녀온 아들에게 "아들아, 출장은 잘 다녀왔느냐? 애들도 잘 있고? 지금 휴대전화 교육 중이다"라는 긴 문장을 완성한 후, 확인을 누르려는 순간 실수로 다른 버튼을 누르고 말았다. 옆에 있던 순철 역시 안타까워하면서, 마지막에 확인 버튼을 눌러야 한다는 사실을 할머니께 다시 알려드렸다. 할머니는 자음과 모음을 하나씩 눌러 문자를 조합하는 과정이 익숙하지 않은데다가, 뭉툭한 손에 비해 버튼이 작아서 중간 중간 실수가 많았다. 이윽고 할머니는 "아들아, 출장은 잘 다녀왔느냐? 애들도 잘 있고? 지금 휴대전화 교육 중이다"라는 문자 메시지를 아들에게 보냈다. 얼마 지나지 않아 아들에게서 문자 메시지가 도착했다. "정말 어머니가 보내신 거 맞으세요? 어머니 정말 멋져요"라는 아들의 답신에 할머니는 함박웃음을 지었다. 할머니는 며느리에게 "요즘 일하느라 힘들지? 사랑한다"는 메시지는 보냈다. 이를 받은 며느리 역시 "어머니가 보내셨어요?"라고 하면서 놀라는 반응이 먼저 나타났다. 이어서 "어머니, 저도 어머니를 사랑해요"라는 답신이 도착했다. 평소에 표현하기 어려운 감정들을 마음껏 표현할 수 있는 시간이었다.

네 번째 회기는 카메라로 사진 찍기, 휴대전화로 찍은 사진을 배경화면으로 깔기, 사진 찍어 문자로 보내기, 계산기, 일정표 관리, 알람 설정 등이었다. 할머니는 설명을 다 들은 후 "무엇을 찍을까요?"라는 이순철 학생의 말에 먼저 그의 얼굴을 자신의 휴대전화에 담았다. 그리고 찍은 사진과 함께 "순철이 학생, 너무 고마워요"라는 문자 메시지를 이순철의 휴대전화로 보냈다. 순철은 자신의 휴대전화로 온 김순례 할머니의 문자 메시지와 사진을 받고 마음 한편이 뿌듯해옴을 느꼈다.

할머니의 휴대전화에는 간간이 손자, 손녀들이 찍어놓은 사진들이 있었다. 하지만 할머니는 그동안 사용법을 몰라서 사진들이 내장되어 있었는지도 몰랐다. 이제야 휴대전화에 내장된 카메라 기능을 알게 된 할머니는 휴대전화에 내장된 사진들을 이순철 군에게 보이면서 자신의 가족을 설명하기 시작했다. "이쪽이 내 큰손자이고, 이쪽이 둘째 아들 손녀고……." 할머니는 아들이 현재 무슨 일을 하고 있는지, 손자 손녀가 어떠한 재주가 있는지 또한 얼마나 이쁜지 등을 순철에게 하나하나 이야기했다. 이순철 학생 역시 자신의 휴대전화에 내장된 사진들을 할머니에게 보여주었다. 그 속에 있는 사진 중 여학생의 사진이 나오자 할머니는 "이렇게 이쁜 여자 친구가 있었어? 우리 손녀가 크면 소개해줄라고 했더니만……" 하는 아쉬움이 섞인 농담을 건네기도 했다. 이순철은 "여자 친구 아니에요. 제 여동생이에요. 나중에 꼭 소개시켜주세요"라고 대답했다. 사진들을 보면서 할머니와 순철은 한참동안 웃음꽃을 피웠다.

이제 휴대전화 프로그램을 마칠 시간이 다가왔다. 할머니와 이순철을 비롯한 대부분의 사람들이 쉽사리 교실을 떠나지 못했다. 할머니는 고맙다는 말과 함께 순철의 두 손을 꼭 잡았다. 순철은 건강하시라는 말을 할머니에게 건넸다. 대부분의 사람들이 십 분이 지나도 자리를 뜨지 않자 진행자는 "아쉬우시겠지만, 여기서 수업이 있다고 하네요. 모두 건강하시고 안녕히 가세요"라는 말을 했다. 할머니는 대학생 한 사람이 나만을 위해 왔다고 생각하니 고마우면서도 과분한 대접을 받고 있다는 생각에 미안한 마음까지 들었다. 그래서 돌아서려는 순철의 호주머니에 만 원짜리 지폐를 쑥 넣었다. 순철이 돈을 받으면 안 된다고 돌려드리려고 하자 할머니는 다시 괜찮다면서 돈을 순철의 호주머니에 넣고는 손을 흔들면서 뛰어서 자리를 떠났다. 이후 이순철은 노인복지관 사회복지사에게 그 돈을 돌려드렸다고 한다.

할머니는 휴대전화와 가까워지면서 생활에 다양한 변화가 생겼다. 일단은 생활이 편리해졌다. 첫 번째 작은 변화는 누군가에게 전화를 걸 때 더 이상 수첩을 꺼내지 않게 되었다는 점이다. 이전에 전화를 걸기 위해서는 가방에서 수첩을 꺼내 번호를 확인하는 복잡한 과정을 거쳐야 했는데, 그 대신 휴대전화로 이름을 확인하여 간편하게 전화를 걸었다. 두 번째 작은 변화는 간단한 질문이나 답은 문자 메시지를 이용하게 되었다는 것이다. 지하철 출구 번호를 알려달라고 할 때, 약속 시간을 잡을 때, 전화번호를 알고자 할 때, 간단한 인사를 전할 때 문자 메시지를 이용했다. 문자 메시지는 상대방이 전화를 받지 않아도 이후 전달이 가능하다는 점에서, 그리고 정확한 숫자를 전달받을 수 있다는 점에서 생활에 유용했다.

이러한 생활의 변화는 단순히 생활의 편리함에 그치지 않았다. 발전하는 세상을 누리며 살아가는 일원이라는 뿌듯함은 이전에는 느끼지 못했던 만족감을 주었다. 사회가 젊은이 위주로 구성되다 보니, 노인들은 발전하는 세상을 함께 누리기보다는 소외되어 있던 것이 사실이었다. 영어로 되어 있어 무엇을 하는 곳인지 가늠하기 힘든 간판들, 전철이나 버스에서는 노인의 곁을 피하는 젊은이들, 잰걸음으로 걸어가도 늘 급하게 깜박이는 신호등 등……. 휴대전화 역시 젊은이를 위한 상품이었다. 영어식 표현, 작은 글씨 등으로 실상 노인들이 사용하기에 적합하다고 보기는 어려웠다. 그럼에도 젊은이들이 누리는 즐거움을 공유하고 있다는 사실만으로도 할머니는 '신세대' 할머니가 된 듯하여 뿌듯한 마음이 들었다.

또한 젊은 사람들을 이해하게 되었다. 이전에는 젊은 사람들이 왜 저렇게 휴대전화에 매달려 사는지 도무지 이해가 가지 않았는데, 그것도 조금씩 이해가 가기 시작했다. 할머니 역시 전철에서 무료할 때 친구나 가족에게 문자를 보내기도 했다. 이때 문자 메시지 사용법을 모르는 친구들은 대부분 "전화했었어?" 하면서 직접 전화가 왔다. "아니, 그런 거는 어떻게 알았어?" 하면서 놀랍다는 반응을 보내기도 했다. 할머니가 친구들에게 복지관에서 배웠다고 하면 친구들은 "나도 배워야겠네" 하면서 부러워했다. 또한 가끔 있는 순철과의 대화도 빼놓을 수 없는 기쁨이다. "할머니, 건강하세요?"라는 순철의 문자 메시지에 "나야 당근 잘 지내지. 순철 군도 잘 지내요?……"라며 배운 것을 한껏 뽐내 보내곤 한다. 왠지 전철에서 만나는 젊은이들이 모두 성공회대학생 이순철인 듯한 생각이 들어 친근하게 느껴지기도 했다.

마지막으로 할머니의 일상생활의 작은 변화 중 하나는 요즘 손녀와의 대화나 만남이 잦아졌다는 점이다.

"(문자 메시지로)할머니 어디삼?"

"할머니, 시장 가는데."

"뭐 사러?"

"우리 정은이가 좋아하는 갈치 사러."

"그럼, 나 지금 할머니 집에 놀러가도 돼여?"

"당근!"

"조아조아 *^^*. 울 할머니 센스쟁이!!!"

학교 홍보의 필요성과 자정(自淨) 노력

초기 종합대학교 출범기를 회상하며

김 재 화(성공회대학교 영어학과 명예교수)

성공회대학이 종합대학으로 승격되면서 드디어 대망의 영어학과 신설이 이뤄졌다. 1994년도 학번의 신입생은 조촐하게 선발된 25명. 그들에게 우리 학교 이름은 생소하지만 영어학과라는 소위 시대적 인기 창구는 다른 곳과 다를 바가 없었을 것이다. 대개 학원 선생들의 권유가 있었다고 하니 역시 학원이라는 기관은 항상 시류에 민감함을 알 수 있다. 기존의 큰 대학에서는 아직도 '영문과'라는 보다 포괄적인 명칭을 고수하고 있는 데 비해 '문'이 빠진 뭔가 영어교육에 보다 직접적인 접근을 의미하는 신선한 학과라고 여겼을지 모른다. 그래서인지 면접시험 때도 학생들의 한결 같은 대답은 장래에 동시통역사가 되겠다는 것이었다. 현실에서 그런 꿈을 접는 학생들이 어디

한둘이랴. 그러나, 비록 그 이후의 10 대 1보다는 훨씬 못 미친 3 대 1 정도의 경쟁률이었지만, 그들은 한동안 고시 공부하듯 집중적으로 영어 공부를 한 덕분인지 눈빛이 반짝이는 얼굴들이었다. 나로서는 신명을 바치듯 그들을 이끌어줘야 한다는 사명감이 따르지 않을 수 없었다. 학과의 교과목도 타 대학에 비해 규범적인 정전식(canon) 과목은 대폭 줄이고 보다 실질적인 것으로 대체했다.

나도 그들도 이 학교의 신입생인 것은 마찬가지였다. 나 홀로 학과장이며 한국인 교수요, 영국에서 온 성공회 선교사 한 명만이 그야말로 영어학과 전담이었고, 타 학과의 교수가 일반 영어를 담당해줌으로서 큰 도움을 받았다. 그러나 나는 나대로 학과 구상에 바빴고, 젊은 선교사는 지금의 새천년관 자리 옛 건물 위층 한쪽에서 양반 다리로 참선에 몰두하는 시간이 많았다. 학생들은 선배도 없으니 수강 신청 조언도 못 받고 얼마나 불안했겠는가. 나는 그들에게 무슨 주문 외우듯, "여러분은 앞으로 영어학과 제1회 졸업생으로 그 명예가 평생을 지켜줄 것이니 열심히 실력 향상에 전념해야 한다"고 역설하곤 했다. 그리고는 그 예로 미국이나 영국 대학의 졸업식 풍경을 이야기하면서 노인이 된 '제1회 졸업생'들의 당당하고 가장 존경받는 위치를 영화 장면처럼 전해주었다. 그 말들을 지금 회상하면 얼마나 궁색한 오기의 스피치였는가 생각되지만 그때는 나도 그들도 그런 미래를 진지하게 그렸던 것이다. 어떤 여건에서도 꿈과 비전을 갖는다는 것이 내 자신의 삶의 철학이기도 했으며, 그들은 그러한 나의 진심을 잘 이해해준 것 같았다.

그런 와중에 나를 고무시키는 일이 있었다. 그때는 학생들이 학기말에 제출하는 강의 평가서를 담당 교수가 직접 받아 읽어볼 수 있었다.

사실 나중에 교수 평가로 응용되는 것보다 직접 받아보는 것이 수정 및 보완을 빠르게 시행할 수 있다. H라는 학생의 기초 과목에 대한 평가지 중 눈에 띄는 대목이 있었다. "성공회대학 교수들의 실력은 서울대학 교수 수준"이라는 것이다. 서울대의 실력이 모든 과에 일률적으로 으뜸의 기준이 되는 것도 아니거니와 느닷없는 이 학생의 코멘트를 어찌 받아들여야 할지 명확히 알 수가 없었다. 그러나 단순히 생각해도 그의 말은 고무적이었다. 일단 아첨성 소감은 아닐 것이라고 기분 좋게 받아들였다. 알고 보니 그는 열렬한 성공회 신자 가정의 아들이었으며 나중에는 그 부모와도 알게 되었는데, 그 학생의 어머니는 믿음이 깊은 분으로 아들이 서울대학에 진학할 실력인데도 우리 대학을 택했다고 자랑스럽게 말했다. 큰 대학에 대한 가치 기준이 우리 사회에서 얼마나 무조건적인 열등의식으로 작용하는지 모른다. 각 분야에서의 창조적 작업을 하는 인재들이 역사의 발전에 기여하고 그런 사람들이 많은 나라가 문명국이라는 것도 잠깐잠깐 신문에서 볼 수 있는 기사에 불과하다. 모두가 일류에서 떨어지면 이류, 그리고 삼류로 유형화되는 획일성이 우리의 사고를 경직시키고 있는 것이다. "그렇지, 역시 성공회에 대한 각별한 긍지가 있겠지" 싶어 그의 실력이 궁금해졌다.

어느 날 나는 수업 시간 중에 우리말이나 영어나 '시(詩)'가 될 수 있는 가사가 명곡이나 명문장에만 있는 것이 아니라 유행가나 일반 팝송에도 있다고 하면서 그 예를 보기 위해 H학생에게 〈예스터데이(Yesterday)〉의 영어 가사를 적어오라고 했다. 사실 어떤 문장만이 꼭 문학적이라는 주장은 성립될 수 없으며, 시제(詩題) 역시 어떤 것이든 심미적 대상으로 선택하면 창작 욕구를 충족시킬 수 있는 것이다. 그가 칠판에 적은 가사를 쳐다보며 우리는 목청을 돋우어 합창을 했다. 그들의 '어제'는 사라지고 이제 성공회대학 교실에서 새로운 친구들을 만나 함께 공부하고 있지 않은가. 나 역시 지난날들은 접고 그들의 학문을 포함한 총체적 성장을 도모하는 일이 목전의 사명으로 자리하고 있다. 그렇게 강조해 마지않은 '제1회 졸업생'에게 쏟았던 애정은 지금 생각해도 그 이후에는 그만큼 묻어나지 않았다는 것이 나의 솔직한 고백이다. 그래서인지 그들은 졸업 후 각자 거의 모두가 취직이 되거나 진로를 찾았다. 동기생끼리 결혼하고, 목회자가 되고, 계속 공부를 하거나 희망대로 아름다운 모습의 스튜어디스가 되어 여전히 바쁘거나…… 모두가 잘 풀린 인생항로를 날고 있다.

한편, 나의 일과도 무척이나 바빴다. 마치 우리 대학 영어학과 홍보 대사가 된 것처럼 여러 학회에 부지런히 참석했다. 회비도 만만치 않았지만 예를 들어 옷감 장사를 하려면 원재료 말고도 가위와 자는 필수적으로 항상 갖고 다녀야 하지 않겠는가. 아무튼 흰머리 덕분에 원로 대우도 받으며 기분 좋게 지방으로 어디로 무수히 다녔다. 요즘은 홍보가 아니라 개인의 습관이 되었지만, 논문 발표를 비롯한 이런저런 역할을 맡으면서 자연스럽게 학교 이름을 적어놓았다. 우리 영어학과 교수들은 그런 나를 흐뭇하게 생각했는지 퇴임 후에도 학회 대표 선수 취급한 지 오래다. 이렇게 발로 뛰는 습관은 학교 분위기와 교직원들의 자정 노력과 맞물리는 것이라고 하겠다. 이왕 H군 어머니가 등장했으니 그분과 관련한 에피소드를 하나 예로 들어보자. 그때나 지금이나 성공회 신자들은 우리 대학 발전에 큰 관심을 두고 있다. 1년에 한 번 성소 주일에 각지 교회 교인들이 학교 마당에 모여 정성껏 바자회를 열고 헌금하며 기도를 하는 것도 그 일환이다. 그러면서 어떤 대폭적인 재정적 기부가 있어야 한다는 인식이 당연히 퍼지고 있었다. 한편 영어학과도 학생 수가 증가함에 따라 곧 교수 채용 공고를 내게 되었다. 1명 채용에 무려 40여 명 넘는 지원자가 몰렸다. 대부분 경력과 실적 면에서 우수하여 한두 명으로 제한하기가 너무나 안타까웠다. 그런 시기에 H군 어머니는 모 성공회 신자가 지원자의 한 사람인데, 그의 남편이 건설업체 사장으로 우리 학교 발전에 관심이 많고 앞으로 체육관 정도는 지어줄 마음이 있다는 말을 전해주었다. 처음 들었을 때 귀가 번쩍하지 않았다면 거짓말이다. 체육관이라니, 평소 내 생각으로도 운동장 가장자리를 파서 지하 교실을 만들고 여러 개의 체육실을 지으면 얼마나 멋있을까 했다. 그러나 붕 떴던 그 기분은 금세 사라졌다. 너무나 고마운 제안이지만 조건이 있다면 전혀 다른 문제다. 우리 사회에 만연해 있는 후광(後光)의식과 관행은 질색이다. 각별한 선의의 표시지만 시기와 상황이 맞지 않는다. 그러나 어떤 학교들은 교수 채용 조건으로 거액의 기부금을 받는다는 소문이 자자한 때였다. 실제로 아는 이가 나를 찾아와 모 대학에 대한 자신의 경우를 의논해온 적이 있다. 그의 어머니는 시류를 따라야지 어쩌겠느냐고 수천만 원의 돈을 준비했다는 것이다. 나는 내 아들도 아니면서 펄쩍 뛰며 그에게 차라리 장사를 하라고 권했다. 그가 내 말을 따랐는지 그 후 고생을 하며 장사를 했으니 온 가족이 얼마나 나를 원망했겠는가. 그런 일도 있어 일단 나는 체육관 건을 들고 총장실로 달려갔다.

급히 선 채로 보고를 했다. 이재정 총장님의 눈빛도 잠깐 번쩍한 듯했지만 곧바로 시선을 내리고 내린 답은 "그냥 없던 일로 하죠"였다. 간단하고 단호한 결론에 내 가슴도 짐을 벗은 듯 후련했다. 그때 우리 학교에 새로 부임한 교수 십수 명은 각자가 5000원가량 낸 기부금으로 마련한 가느다란 나무 한 그루로 본관 뒷마당에서 기념식수를 했다. 영어학과만 보아도, 그러한 진솔한 시작이 과 분위기의 전통이 되어 교수들의 순수한 우정과 협력이 돋보이게 되었다. 학생들의 꿈과 믿음을 관리하는 교수들의 진지한 노력이 그들의 '일류' 평가와 존경으로 꾸준히 이어지고 있는 것이다. 그러나 우리 사회에 흔히 있는 하후상박(下厚上薄)의 관습으로 처음의 후한 격려가 위로 올라갈수록 박해지는 일이 없도록 실질적인 인정을 표시하는 것 또한 중요하다고 생각한다.

느 · 티 · 아 · 래 · 스 · 물 · 여 · 섯 · 번 · 째 · 이 · 야 · 기

뒷심의 미학

김 덕 봉(성공회대학교 글로컬IT학과 교수)

얼마 전 '우생순'이라는 신조어를 유행시킨 영화 ≪우리 생애 최고의 순간≫을 보고 2004년 아테네 올림픽 여자 핸드볼 결승전을 볼 때의 벅찬 감동을 다시 새롭게 느낄 수 있었다. 비록 당시 경기는 연장전과 재연장전의 무승부를 거쳐 승부던지기까지 가는 숨막히는 대접전 끝에 아쉽게 덴마크에 졌지만, 정말 최선을 다한 멋진 경기라는 생각에 아낌없는 박수를 보냈던 기억이 난다. 영화에서는 비인기 종목 선수로서 겪어야 하는 여러 어려움에도 의미 있는 목표를 달성하기 위해 불굴의 집념과 열정을 갖고 뒷심을 보인 과정에 초점을 맞추고 있다. 그래서 뭔가를 위해 혼신의 힘을 쏟아 끝까지 열심히 해본 과정이 곧 우리 생애 최고의 순간일 것이라는 점을 느낄

수 있게 영상으로 보여주고 있었다.

또 다른 예로 공감할 수 있는 뒷심의 묘미는 2002 한일 월드컵에서도 찾을 수 있다. 월드컵 본선에 5회 출전하여 4무 10패라는 초라한 성적표를 갖고 있던 우리나라 축구 대표팀이 이 대회에서는 국민이 염원하던 1승을 넘어 사상 처음으로 16강 진출의 신화를 만들며 감동을 주었고, 8강과 4강까지 진출하여 앞으로 세계의 강팀들과도 어깨를 나란히 할 수 있다는 자신감과 우승의 희망도 함께 보여주었다. 지금도 이탈리아와의 16강전을 보면 당시 우리 대표팀이 갖고 있던 힘이 얼마나 대단했는지 단적으로 느낄 수 있다. 세계 최강의 빗장수비로 유명한 축구 강국 이탈리아에 전반 16분 한 골을 내준 뒤 후반전이 거의 다 끝날 때까지 실점을 만회하는 골을 넣지 못해 모두가 지는 줄로만 알았던 경기. 하지만 대표팀은 포기하지 않고 끝까지 최선을 다해 후반 43분 설기현의 동점 골에 이어, 연장전에 안정환이 역전 골을 넣어 극적인 승리를 이뤄내며 우리 모두에게 큰 기쁨을 주었다. 축구 강국을 상대로 뒷심을 발휘해 역전승을 해서 그런지 정말 기쁨 두 배의 즐거움과 통쾌감을 맛본 최고의 순간이었다.

이기는 경기와 달리 지는 경기를 보거나 할 때면 괜히 가슴이 답답하고 기분이 좋지 않을 때가 많다. 애초에 실력 차가 커서 상대가 되지 않는 경기에서는 패배에 대해서도 무덤덤할 수 있다. 하지만 잘할 수 있을 것도 같았는데 초반의 우세를 지키지 못하고 종반에 무너져 역전패하는 경기 모습을 지켜보거나 직접 시합하는 경기에서는 진짜 안타까운 마음을 감출 수 없다. 특히 중요한 경기에서 뒷심 부족으로 역전패할 때는 상실감도 크고 속상하기 이를 데 없어 좌절감까지 느끼곤 한다.

이렇듯 뒷심과 승패는 상관관계가 있는 듯하다. 대개 뒷심이 발휘되면 승리로 이어지고, 뒷심이 부족하면 역전패의 쓴맛을 본다. 이는 아침에 배달되는 신문의 스포츠 해설에서도 자주 확인할 수 있다. 결국 뒷심이 좋고 나쁨에 따라 경기 결과가 크게 달라질 수 있다는 얘기다. 이쯤 되면 도대체 뒷심이 뭐길래 그렇게 승패를 좌우하는지 궁금해진다.

다행히 뒷심은 훈련을 통해 기를 수 있다. 이는 2002 월드컵에서 위업을 달성한 축구 대표팀이 잘 보여주지 않았던가. 거스 히딩크 감독이 오기 전까지 한국 축구 대표팀은 그야말로 뒷심 부족의 전형을 보여주는 팀이었다. 전반전에는 활발히 움직여 상대를 압도하는 경기를 하다가도, 후반전에는 급격히 체력이 떨어져 잘 뛰지도 못하고 패스도 제대로 이뤄지지 않아 답답한 경기를 하기가 일쑤였다. 기본적으로 90분 내내 제대로 뛸 수 있는 체력이 없어 초반에 잡은 리드도 늘 불안하게 지켜봐야 했고, 종반에 끝내 상대에게 아쉽게 역전패하여 속상했던 적이 참 많았다. 그러했던 대표팀이 2001년 1월 감독이 히딩크로 바뀌고 난 지 1년 6개월 후에 치른 2002 월드컵 대회에서는 경기를 주도해 승리하거나 뒷심을 발휘해 역전을 펼친 가슴 후련한 경기들을 많이 보여주었다. 뒷심도 훈련하면 단기간에 좋아질 수 있는 것이다.

그러면 훈련해야 할 뒷심의 핵심 요소는 무엇일까. 2002 월드컵 대표팀이 그 전과 크게 달라진 부분에 주목하면 그러한 뒷심의 본질이 무엇인지 살펴볼 수 있다. 2002 월드컵에서 대표팀이 표면적으로 가장 큰 변화를 보였던 부분은 체력과 패스 기술이었다. 체력이 전·후반 경기 내내 활발히 뛰고도 지칠 줄 모를 정도로 강해졌고, 그 전에 비해 패스도 매우 정확해졌다. 게다가 그 전과 달리 홈에서 직접 보내주는 온 국민의 열렬한 성원과 감독의 뛰어난 리더십에 힘입어 정신적으로 안정되고 자신감까지 넘쳤다는 점도 두드러진 변화였다. 결국 '강한 체력과 정확한 패스', '심리적 안정감'과 '자신감'이 2002 월드컵 대표팀이 보여준 뒷심의 원동력인 셈이다. 여기서 체력과 패스는 축구의 기본이라는 점을 감안할 때 뒷심의 첫 번째 요소를 '튼튼한 기초'로 일반화할 수 있을 것이며, 따라서 다시 뒷심은 근본적으로 '튼튼한 기초'와 '심리적 안정감'과 '자신감'에서 나온다고 말할 수 있다. 결과적으로 기초가 약하다면, 심리적으로 불안하고 자신이 없다면 뒷심도 없는 것이다.

따라서 뒷심을 키우기 위해서는 첫째로 기초를 튼튼히 해야 한다. 건물과 마찬가지로 기초가 약하면 무너지기 쉽다. 축구, 핸드볼, 탁구, 테니스 등 구기 종목에서는 경기 내내 활발히 움직일 수 있는 체력과 공을 정확하게 보내고 다룰 수 있는 기술이 튼튼해야 상대를 강하게 압박하고 복잡한 전술을 펼쳐 승리의 환희를 맛볼 수 있다. 반대로 기초가 약하면 공격을 제대로 하지 못해 상대를 제압하기는커녕 오히려 상대의 매서운 공격만 일방적으로 받아 결국 처절한 패배로 끝나기 쉽다. 이런 이유로 히딩크 감독도 2002 월드컵을 앞두고 체력 강화를 위한 파워 트레이닝 프로그램을 실시하고 기술 강화 기초 훈련에 중점을 두었던 것이리라.

둘째로 심리적으로 안정되어야 뒷심을 제대로 발휘할 수 있다. 모든 일이 그렇듯 마음이 불안하면 집중할 수 없고, 경기에 집중하지 못하면 실수가 잦아 자멸할 수 있다. 경기에 집중하기 위해서는 일구이무(一球二無)의 마음가짐과 믿음이 필요하다. 일구이무는 지난해 프로 야구 한국 시리즈를 우승으로 이끈 SK 와이번즈 김성근 감독의 좌우명으로, "늘 공이 하나만 남았다고 생각하고 때리거나 던져라"의 의미를 담고 있다. 이는 매순간 최선을 다하면 승리가 저절로 뒤따라올 수 있다는 강한 믿음을 함축하고 있다.

끝으로 뒷심 발휘를 다하기 위해서는 자신감이 충만해야 한다. 자신감이 없으면 어려운 고비가 찾아올 때 쉽게 포기하는 마음이 생겨 끝까지 최선을 다할 수 없다. 감독이나 선수가 시합 전 치열한 기싸움을 하는 까닭도 상대의 자신감을 조금이라도 무너뜨려야 쉬운 경기를 할 수 있다고 보기 때문일 것이다. 자신감은 마음만으로 만들어지는 것이 아니기 때문에 한 번 무너진 자신감은 바로 회복되지 않는다. 실제로 자신감을 쌓기 위해서는 마음뿐 아니라 다양한 경험도 필요하다. 실전과 같은 훈련 경험을 많이 할수록 자신감은 더욱 강해질 수 있다. 그렇기에 히딩크 감독은 2001년 5월 대구에서 열린 컨페더레이션컵 대회에서 프랑스에 5 대 0으로 지고, 그해 8월 체코 원정 평가전에서 다시 5 대 0으로 져 '오대영 감독'이라는 오명까지 들어가면서도 2002 월드컵 준비의 주요 훈련 과정으로 유럽의 축구 강국과의 평가전을 두었을 것이다.

뒷심은 비단 운동 경기에서만 볼 수 있는 것은 아니다. 조금만 관심을 갖고 주위를 둘러보면 삶의 곳곳에서 발휘되는 뒷심의 아름다운 빛을 볼 수 있다. 내가 소속한 성공회대학교에서 대학 1년의 학점을 인정하여 해외 IT교육 프로그램으로 운영하는 '인도창 과정' 출신 중에도 뒷심 발휘에 성공한 졸업생이 많다. 2001년 인도창 1기 과정을 수료한 박성훈은 우리 대학에서는 처음으로 인도에서 IT 회사를 만들어 벤처 신화의 꿈을 키워나가고 있고, 영어학과를 다니다 뒤늦게 IT 공부를 시작한 2기생 박성민은 비교적 규모가 큰 인도 IT 기업인 L&T 인포테크(Infotech)에서 일하다가 현재는 능력을 인정받아 이 회사의 한국 지사 초대 대표로 근무하고 있다. 또한 7기생 권용민은 대학 3학년 때까지 영어가 약해 교수로부터 수강 철회를 권유받았던 고급 영어회화 과목을 인도창 수료 후 다시 수강하여 같은 교수로부터 A학점도 받고, 길 가다 외국인을 보면 피하는 대신 괜히 다가가 말을 붙여보는 재미까지 느낄 정도로 영어 실력이 늘어, 가히 인도창 과정 1년 동안 인도에서 IT 공부를 하면서 무시무시한 영어 콤플렉스를 물리친 예라 할 수 있다. 이들의 예는 사회의 인지도가 낮은 작은 대학에서 남들보다 많이 구슬땀을 흘려 뒷심을 발휘해 꽃피운 작은 성공들이기에 더욱 값지고 아름답게 느껴진다. 그래서 이들이 노력한 과정에도 우생순의 감동이 흐른다.

뒷심과 우생순! 우리 생애 최고의 순간은 목표한 일을 중도에 포기하지 않고 열정을 갖고 끝까지 최선을 다하는, 진정으로 뒷심을 발휘하는 과정에서 만들어진다. 뒷심이야말로 우생순을 만드는 강력한 힘이라 생각한다. 그렇다! 이제라도 나의 우생순을 위해 뒷심을 키워야겠다.

자전거와 전철로 출퇴근하는 즐거움

권 진 관(성공회대학교 신학과 교수)

성공회대학 신학과 교수로 근무한 지 벌써 17년이 되었다. 나의 이 17년 기간 중 전반 14년 동안은 성공회대학교 근처에서 살았다. 그건 유학 시절에 캠퍼스에서 살던 삶의 연장이었다. 걸어서 5~10분 정도이니 늘 걸어서 출퇴근했다. 그러다 3년 전에 비행기 착륙하는 굉음이 들리는 신월동으로 이사했다가 작년에 다시 목동의 작은 아파트로 이사했다. 값도 내가 전에 살던 곳과 그리 차이가 없어 그걸 팔고 이곳으로 이사했다. 목동 하면 이제 비싼 곳이라고 알려져 있지만, 그렇지 않은 곳도 많이 있다. 목동 오목교 근처 아파트에서 자동차를 타고 학교로 출퇴근을 하다가 요즘은 전철을 타든가 아니면 자전거를 타고 출퇴근하고 있다. 그 계기는 우리 학교 김명철 교수가 자전거를 타고 구일역까지 가서 거기서 전철로 갈아타 성공회대 앞 온수역까지 간다는 얘기를 들은 것이었다. 미리 사두었던 자전거를 갖고 먼저 구일역까지 가보았다. 멀지 않고 아주 적당한 거리였다.

자전거를 타기 시작하면서 출퇴근 시간이 한층 즐거워졌다. 이 때문에 운동 삼아 학교 뒷산에 오르는 일은 뜸하게 되었다. 왜냐하면 왕복 40분간 자전거를 타는 것으로 하루의 운동은 충분하기 때문이다. 내 자전거는 무겁고 잘 나가지 않는다. 그래서 운동도 초과달성해준다. 우리 집 근처에는 오목교가 있고 그 아래에는 안양천을 따라 환상적인 자전거길이 나 있는데, 이 길을 자전거로 20분 정도 천천히 달리면 1호선 구일역이 나온다. 구일역에 자전거를 세워놓고 세 정거장을 가면 성공회대 앞 온수역이다. 만약 전철로만 학교까지 갈 경우, 5호선 오목교역에서 타서 신길역에서 내려 1호선으로 갈아타고 온수역까지 가는 데 50분 정도 걸린다. 그런데 자전거와 전철을 함께 이용하면 40분 정도 걸린다. 이처럼 자전거를 이용하면 운동도 되고 시간도 절약된다. 전철로만 가면 시간이 더 걸리는 이유는 환승역에서 기다리는 시간이 길고 불필요하게 크게 돌아가야 하기 때문이다.

많은 경우 출퇴근 문제가 해결되면 직장생활이 재미있어진다. 그리고 출퇴근 시간이 즐거우면 인생이 즐거워진다. 얼마 전에 잠실 쪽에서부터 한강의 자전거길을 이용하여 여의도까지 출퇴근하는 사람의 이야기를 읽은 것 같다. 남의 얘기로만 생각하다가 요즘 내가 그렇게 하고 보니 정말 잘 시작했다고 생각한다. 자동차는 기름값이 너무 비싸고 공해도 일으키니 안 쓸수록 좋은 것이다. 자동차는 잊고 사는 것이 상책이다. 요즘 나는 내 차를 어디다 주차해두었는지 모를 정도로 자동차를 뜸하게 사용한다.

그런데 자전거로 출퇴근하는 것이 다 좋은데 한두 가지 결점이 있을 수 있음은 인정한다. 첫째, 조금 위험할 수 있다. 아무리 안양천변 자전거길이 좋다고 해도 어떨 때는 오고 가는 사람과 자전거가 많다. 속도를 내는 자전거도 있다. 그러나 이것은 자전거에 익숙해지고, 헬멧을 쓰고, 긴바지를 입고, 또 아주 조심하면 괜찮을 것이기에 그리 걱정하지는 않는다. 그래도 나는 자전거를 안전 위주로 운전한다. 몇 번 넘어진 적이 있고 갈비뼈를 좀 다쳐 한동안 고생한 적이 있어 더 조심하는 편이다. 사실 자전거는 자동차 운전보다 더 어렵고 실력이 필요한 것 같다. 그래서 조심스럽게 타야 한다고 늘 다짐하고 있다. 둘째, 복장 문제다. 자전거를 타다 보면 땀이 나게 되는데, 운동복이 아니라 일반 옷을 입고 자전거를 타므로 좀 거추장스럽고 옷이 구겨질 수도 있다. 그러나 이것도 너무 정장을 하지 않는 경우라면 큰 문제가 되지 않는다. 그리고 드물게 정장하고 학교에 출근해야 할 경우 지하철을 이용하면 된다.

중국이나 동남아 거리 사진을 보면 자전거를 타고 다니는 사람이 아주 많다. 인도나 필리핀의 경우는 지프니라고 하는 삼륜차가 많아서 공해를 많이 뿜어낸다. 일단 자동차, 트럭, 삼륜차 등이 거리를 메우면 자전거가 설 자리가 없어진다. 자전거는 가장 친환경적인 탈것이다. 일본의 교토 거리에 자전거가 많고, 독일의 작은 도시 뮌스터에도 자전거길이 잘 되어 있어 많이들 타고 다닌다. 서울은 어중간하다. 자전거길을 만들어놓은 곳도 많아지기는 했다. 하지만 서울에서는 자전거길이 있다고 하더라도 공해 때문에 용기를 내기 힘들다. 나는 자전거를 타고 출퇴근하면서 특권 의식을 갖는다. 왜냐하면 목동을 출발하여 안양천 길을 타고 구일역까지의 4~5km는 공해가 비교적 없는 한적한 숲길이기 때문이다. 이런 길을 이용할 수 있는 사람이 얼마나 될까. 나는 정말 축복받은 거다.

자전거를 운동 삼아, 혹은 재미로 타고 다니는 사람들이 있다. 운동이나 재미로도 자전거 타기는 매우 훌륭하다. 뱃살 제거로 원래의 젊은 체격으로 돌아가게 하는 운동으로 가장 좋은 것 같다. 이건 내 체험담이다. 나는 요즘 20대의 체형으로 돌아가고 있다는 착각에 자주 빠진다. 무릎에 무리가 될 수 있으나 일부러라도 자전거 바퀴를 돌리는 운동을 하는데, 자전거가 정말 무릎을 손상시킬지는 아직 잘 모르겠다(오늘 의사로부터 자전거가 무릎에 위험하지 않다는 얘기를 들었다). 자전거가 주는 속도감은 재미를 더하고, 숲 옆이라면 더욱 상쾌하다. 자전거를 타는 것 자체가 운동 효과와 재미가 있지만 그것을 생활에 유용하게 사용하기 시작하면 금상첨화가 된다. 동네 물건 사러 나갈 때 자전거를 타고 가면 좋을 것이다. 그런데 우리 동네 인도와 같이 자전거길이 혼합 내지 혼동되어 있고 복잡한 길은 다니기가 불편하다. 그러나 가끔 동네 일 보러 갈 때도 자전거를 타고 간다.

자전거는 가까운 여행을 할 수 있게 하는 탈것이다. 난 자동차로 한강의 고수부지나 강변을 일부러 간 적이 있었지만 자전거로도 자주 갈 수 있다는 것을 알게 되었다. 그래서 요즘 자주 한강변까지 나가 한참 앉았다가 돌아오는데, 오는 시간이 30분도 안 걸린다. 그런데 예전에 그곳은 가기 어려운 곳, 몇 년에 한 번 갈까 말까 한 곳이었다. 앞으로는 선유도 등 좀 더 멀리 진출하여 즐길 생각이다. 홀로 있을 때 즐길 수 있는 운동으로는 자전거가 최고인 것 같다. 안식년에 미국에 가면 혼자 골프를 치러 나가기도 했지만 골프는 나에게 맞지 않고 경쟁을 해야 해서 오히려 스트레스를 주었다. 그리고 골프는 한국에서는 얼마나 비싼 운동인가. 그런데 자전거는 그리 돈이 들지 않는다. 아니, 아예 안 든다(이번에 갈비뼈 금 간 것에 들어간 CT촬영값 10만 원을 제외하고).

그러면 이제 전철 예찬으로 들어가 보자. 전철을 직접 타고 직장에 다닐 수 있는 사람은 행복하다. 삶이 즐겁기 때문이다. 왜 즐거울 수 있냐고? 여러분이 좋아하는 책을 들고 타보라. 그러면 지겨운 시간이 갑자기 즐거운 시간으로 바뀐다. 전철역까지 그리고 환승역까지 걸을 수 있어 좋고, 전철 안에서 혹은 전철을 기다리며 책을 읽을 수 있어 좋고, 시간을 잘 맞출 수 있어 좋다. 나는 요즘 수업에서 사용하고 있는 『철학 이야기』라는 책을 갖고 전철을 탄다. 그 시간만은 철학에 할애하고 싶어서다. 자전거 타기에 약점이 있다고 하면 그건 책을 못 읽는다는 것이다. 전철을 갈아탈 때 기다리는 시간에도 책을 보고 있으면 시간이 언제 가는지 모른다. 누구나 자기가 즐겨하는 책을 읽으면 된다. 전철과 자전거를 이용하다 보니까 자동차는 거의 사용하지 않게 되었다. 오늘날과 같은 고유가 시대에 자전거와 전철, 그리고 버스는 꼭 필요한 생활 전략이다.

은퇴하여 시골에서 살기 시작한 친구가 있다. 많은 사람들이 나이 들어 시골에서 살고자 한다. 어떤 분은 시골의 산에서 살고 있는데 서울에 오면 공기가 나빠서 얼른 돌아가고 싶다고 한다. 나도 이러한 사람들이 부럽다. 나도 시골에서 살고 싶다. 그래서 한동안 시골 땅을 기웃거리기도 했다. 사실 어떻게 될지 모르겠다. 은퇴 후 시골에서 살게 될지 아니면 서울에서 머무를 건지……. 경제 여건도 봐가면서 생각할 문제다. 지금은 도시에서 살 수밖에 없으니 그걸 즐길 수밖에 없다. 서울에서 살면서 산골에 사는 듯이 살아가는 방법은 없을까? 시끄러운 서울 안에서도 조용한 삶은 가능하지 않을까 한다. 내가 전철을 타고 자주 자전거로 출퇴근하는 것이 서울 안에서 산골 사는 흉내를 내는 것은 아닌지 모르겠다. 서울에서 시골풍으로 사는 방법을 개발하고 싶다. 도심의 거리에는 자동차가 빼곡히 들어서 있는데, 그 주변의 인도에는 걷는 사람이 별로 없는 것을 본다. 도시의 삶이 많이도 왜곡되어 있다. 그러나 나는 오늘도 도심의 한 아파트 골방에 앉아서 이런저런 상상을 하면서 여기도 조용한 산골이 될 수 있다는 착각에 빠지고 있다.

X와 Y

박 창 길 (성공회대학교 유통정보학과 교수)

최근에 X가 출산을 했다는 소식을 들었다. 개집 안을 들여다보니 아직 눈을 뜨지 않은 다섯 마리의 강아지를 껴안고 있고, 혀를 내밀면서 싱긋이 웃으면서 반가워한다.

X는 버려진 개였다. 그런데 자꾸 학교 건물 밑에서 자려고 하니까 경비 아저씨들이 두 번이나 학교에서 몇 킬로미터 떨어진 역곡역에 갖다 버렸고, 그런데도 계속 학교로 되돌아와 결국 따뜻한 마음으로 거두게 되었다고 한다.

내가 지난해 X를 보았을 때, X는 피부가 더러워 냄새가 나고 굶주려 양쪽 뱃가죽이 붙어 있었다. 나는 그를 X라고 불렀다. 그는 버림받은 개여서, 의미 있는 존재로 그를 불러준 존재가 없었기 때문이다. X로

산다는 것은 얼마나 어려운 일인가. 사람뿐만 아니라 동물도 그렇다. 또 Y도 있다. Y는 아파트 주인이 키우지 못하겠다고 버린 개가 지난해 낳은 강아지다.

그러던 어느 날 X가 베드로학교의 한 수녀님을 만나게 되었다. 수녀님이 창 너머로 개가 고통스러워하는 소리를 듣고 나와 X를 보게 된 것이다. 수녀님을 만난 뒤 X의 삶이 크게 달라졌다. 목욕도 하고, 먹을 것도 제때 먹고, 산책도 하고, 살도 오르게 되었다. 그것이 지난 봄이었다.

수녀님은 남은 음식물 찌꺼기를 먹이는 것이 아니라 식사를 하기 전에 미리 X와 Y가 먹을 음식을 떼어놓았다가 가져다주신다고 한다. 이 일을 보아도 수녀님이 이 가여운 동물을 평등한 이웃으로서 대접하신다는 것은 분명하다. 사실 우리는 인간이 이 세계의 소유주이거나 중심이라는 세계관에 익숙해진 채 살고 있지 않은가. 인간도 이 우주라는 큰 연립주택에 전세 든 존재에 불과하면서, 마치 주인 행세를 하면서 살고 있지 않은가. X는 그런 수녀님으로부터 (멍)순이라는 이름을 얻었고 Y는 (멍)돌이라는 이름을 얻었다. 그리고 그들이 그들을 이어갈 다음 세대를 출산한 것이다.

학교에서 떠나라고 하면 순이에게 선택의 여지는 없다. 순이와 같은 버려진 개는 우리 사회에서 보호해줄 변변한 보호소 하나 없어, 길거리를 떠돌다 보신탕용 개 도둑의 철삿줄에 끌려갈 운명이다. 사실 지리적인 공간뿐이랴. 우리의 도덕적인 공간, 신앙의 공간 속에서도 인간이 아닌 존재가 설 자리가 없다. 근대의 윤리는 '이성'을 가진 자만을 도덕적 주체로, 또 윤리적 고려의 대상으로 설정하여 이런 개들에게는

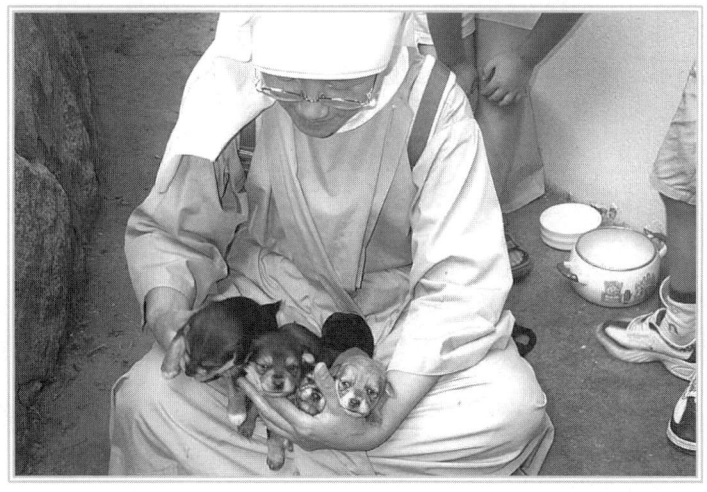

설 자리가 없는 것이다.

X는 떠돌이 노숙자가 되면서 왜 굳이 성공회대학을 선택하여 추방되어도 계속 되돌아온 것일까? X가 세계 최초로 동물 단체를 만든 이가 성공회 신부였고, 현재 세계적인 동물 운동을 지도하는 분이 성공회 신부라는 것을 알고 있는 것일까? 그래서 수녀님 같은 분을 만날 것을 예견한 것인가? 성공회대학교 교수들이 건물을 지을 때 느티나무를 지켜주고, 인권을 위해 앞장서는 이들이라는 것을 알기 때문일까?

나는 X가 더 이상 누구의 소유도 지배도 받지 않는 자유로운 개로서 해방 공간 속에서 살아가기를 바란다. 그리고 아무도 상관하지 않는 버려진 자유가 아니라 이 학원의 신앙적인 공간, 사회적인 공간 속에서 사회적·윤리적·신앙적 고려의 대상이 되는 존재로서 자리를 찾으며 살기를 희망한다. 또 졸업식장, 입학식장, 채플에도 참석하고, 교단의 유권 해석이 가능하다면 신부님의 세례라도 받으며 살았으면 하는 공상을 한다. 처음 거두어준 경비 아저씨나 공생의 의미를 발견해준 수녀님과 불편함을 감수하는 학교에 감사드리고, 학기의 시작에 이 작은 경사를 더불어숲 가족에게 알린다. 아직 눈을 감고 있는 이 작은 새끼들은 개강과 더불어 눈을 뜰 것이다. 그리고 X야, 너 정말 장하다.

럭비공, 재령이 이야기

최 영 묵(성공회대학교 신문방송학과 교수)

신문방송학과 졸업생 중에서 유별나게 기억에 남는 친구들은
헤아릴 수 없이 많다. 지금도 연락이 되는 녀석도 있고 무엇
을 하고 지내는지 소식이 끊어진 놈들도 있다. 지금부터 이야기하려고
하는 송재령(2001학번) 군은 특별히 전공 관련 공부를 잘했다거나 아주
인상이 좋았던 녀석은 아니다. 그럼에도 지금 그의 이야기를 하려는
이유는 녀석의 럭비공처럼 어디로 튈지 모르는 엉뚱함과 어떤 경우에
도 버텨내는 그 두툼한 '넉살' 때문이다.

　재령이를 처음 만난 것은 지난 2002년 1학기 '매스 커뮤니케이션과
현대 사회' 강의실에서였다. 학과와 학년에 상관이 없는 교양 강좌라
서 수강생들이 천차만별이었다. 늘 맨 뒷자리에 앉아서 질문을 하면

큰 목소리로 딴소리를 하는 편이었지만, 그 적극성 하나만은 알아줄 만한 학생이었다. 수업 자체가 이과 계통의 학생을 위한 교양 과목이기도 했기 때문에 그러려니 하고 넘어갔다. 그러던 어느 날 녀석이 연구실로 찾아왔다.

싱글거리며 이름은 송재령이고 고향은 충남 홍성이라며, 농어촌 전형으로 성공회대 컴퓨터정보공학부에 입학했고, 부천 쪽에서 자취하며 학교에 다니고 있다고 했다. 찾아온 이유는 신방과로 전과(轉科)가 가능한지 문의하기 위해서였다. 덩치도 크고 나이도 들어 보이는 얼굴이라서 복학한 학생인 줄 알고 군에 다녀왔냐고 물었더니, 1983년생이라며 머리를 긁적댔다. 재령이는 그 다음 학기에 신방과로 전과를 했다. 신방과 학생이 된 후에는 자연스럽게 연구실로 자주 찾아왔다.

"선생님 안녕하세요?"

"음, 재령이구나. 앉아. 무슨 일 있어?"

"아니요 별일 없구요. 그냥 문안 인사차 들렀습니다. 혹시 시키실 일 없으세요?"

"음…… 오늘은 별로 할 일이 없구나. 네 핸펀 번호 아니까, 일이 생기면 샘이 전화할게."

"네, 알겠습니다……. 안녕히 계세요(꾸벅)."

무작정 연구실에 올라와서 시킬 일이 없냐고 묻는 녀석의 특유의 '인사'는 이후에도 수차례 반복되었다. 틈만 나면 며칠이고 계속 연구실에 나타나 전공 수업이나 다른 수업 보고서와 관련하여 뭔가를 질문하거나 심부름할 일이 없느냐고 물었다. 그러던 어느 날 호기심 반 농담 반으로 네가 잘하는 것이 무엇이냐고 물었다. 답변이 걸작이었다.

"다 잘할 수 있습니다. 잘 모르는 것은 배워서 하면 되죠 뭐⋯⋯."

"음⋯⋯. 그래 좋아⋯⋯. 저기 쌓여 있는 설문지 보이지? 저거 한국 장애인총연맹에서 전국에 거주하는 시각 장애인들의 텔레비전 접촉 실태를 조사해서 보내온 것인데⋯⋯. 코딩은 이미 되어 있거든. 통계 (SPSS)를 돌려야 하는데, 할 수 있겠니?"

"예?⋯⋯ 해본 적은 없지만 구경한 적은 있습니다. 배워서 한번 해보겠습니다."

"좋아. 늦어도 다음주 말에는 한국장총에 분석한 보고서를 넘겨줘야 하니까, 그 전까지 해봐라."

녀석은 그날부터 타 대학 신방과 대학원 다니는 선배를 찾아가 SPSS 를 열심히 배웠고, 1주일이 지난 후 엉성하게 기초 통계를 뽑아가지고 나타났다. 이후 재령이는 학부생이면서 내 연구실을 오가며 열심히 조교 노릇을 했다. 우리 과에는 행정 조교 이외에 대학원생 수업 조교 가 없었기 때문에 어려움이 있던 터였다. 이후 재령이는 학과 학생회 에서 학생들 대상으로 여론조사를 해서 분석하기도 하고, 다른 학생회 나 학생처 등 학교의 관련 부서에서 '수주'를 받아서 여론조사 분석을 하기도 했다.

이후에는 외부로 진출했다. 방학 때는 방송위원회와 한국방송학회 등과 관련한 여러 가지 프로젝트에 적극 참여하기도 했다. 일을 하면 서 만나는 다른 대학 대학원생들이나 선생님들은 모두 당연히 재령이 가 대학원생인 줄 알았다. 그런 탓으로 "석사과정이냐, 박사과정이냐?"는 질문을 받기 일쑤였다. 어떻든 녀석은 외부에서도 특유의 친화력과 적극성으로 많은 사람들에게 사랑을 받았다. 거의 6개월간 이어지던 시민 참여 미디어네트워크 관련 프로젝트가 끝난 어느 날, 재령이가 불쑥 연구실에 나타났다.

"선생님, 낚시 좋아하십니까?"

"낚시? 음…… 좋아하긴 하지만 자주 가지는 못하지."

"프로젝트도 끝났는데, 해진 선배하고 낚시 한번 같이 가시지요. 제 고향 홍성 근처 저수지에 가면 물 반 고기 반이거든요."

"음, 그래……. 좋아. 겸사겸사해서 한번 가자. 다음주가 좋을 것 같다."

하지만 나는 갑자기 학교에서 대학 평가와 관련한 중요한 회의가 잡혀서 약속을 지킬 수 없었다. 날짜를 바꿀까 하다가 그냥 가능한 사람끼리 다녀오라고 했다. 다음날이었나……. 점심을 마치고 승연관에서 회의를 하고 있는데, 휴대전화가 울렸다. 급한 일이 생긴 것으로 짐작하고 밖으로 나와 전화를 받았다.

"선생님, 재령인데요……. 어제 낚시 가서 잡아온 물고기를 가지고 지금 매운탕을 끓이고 있는데요. 오실 수 있으세요?"

"매운탕이라고? 어디서 매운탕을 끓인다는 말이냐?"

"예, 구두인관 아래 평상에 자리를 잡아 놓았습니다."

"……."

나는 그날 많은 학생과 선생님들의 부러움 속에서 평생 먹어본 매운탕 중에서 가장 맛있는 매운탕을 안주 삼아 낮술을 마셨다. 총장님을 비롯하여 구두인관을 오가던 많은 사람들이 모두 어이없어하며 한마디씩 했지만, 대부분 속으로는 부러운 눈치였다.

재령이 고향 홍성에는 청운대가 있다. 아는 선배의 부탁으로 청운대에서 특강을 하게 되었다. 혹시나 해서 물어보니 자신이 다닌 고등학교 근처에 청운대가 있다면서 안내를 자청했다. 재령이는 홍성군의 갈산이라는 곳이 고향이라고 했다. 갈산은 홍성과 서산, 안면도 등지를 잇는 길목이다. 서해안의 중심이기도 한 갈산 인근에는 해산물로 유명한 곳이 많다. 갈월도의 어리굴젓과 천북의 석굴, 그리고 남당리에서는 새우 축제가 열릴 정도로 새우가 유명하다. 또한 내륙 쪽 광천에는 식민지 시절의 방공호를 재활용한 '토굴새우젓'이 전국적으로 유명하다. 청운대에서 특강을 마치고 오는 길에 재령이 집에 들렀다. 부모님은 갈산에서 아담한 슈퍼마켓을 운영하고 계셨다. 나로서는 처음으로 지방의 학생 집을 방문한 셈이었다. 내가 들른다는 소식을 듣고 재령이 모친은 여기저기 전화를 해서 어리굴젓이며 조개젓, 새우젓을 한 짐 준비해놓으셨다.

그해 겨울방학 어느 날 녀석이 갑자기 종적을 감췄다. 고향으로 간다고 하고 통 소식이 없었다. 휴대전화도 계속 불통이었다. 한 달 이상 지난 어느 날 녀석은 나름대로 심각한 표정으로 연구실로 나타났다. 이 일 저 일로 머리가 복잡해서 고향 근처, 고모가 잘 아는 절간에 가서 잠시 쉬다 왔다고 했다.

"선생님, 저 휴학해야 할 것 같습니다."

"휴학이라구? 왜 군대에 가려고 하니?"

"아닙니다. 영국에 어학연수 좀 다녀오겠습니다."

녀석은 런던으로 가서도 끊임없이 이메일이나 우편엽서로 시시콜

콜 소식을 전해왔다. 그리고 일 년 가까이 지난 후 나타났다. 길지 않은 영국 생활이었지만, 그 경험은 재령이를 크게 변하게 했다. 영어 실력이 일취월장한 것 같지는 않았지만 우선 글로벌 마인드(?)가 생긴 듯했다. 일본, 핀란드, 타이완 등에 이메일을 주고받는 친구가 생겼고, 때로는 놀러오는 친구도 있었다. 세상살이에 대한 '근거 있는' 자신감이 생겼다는 것이 가장 중요했다. 그러다 보니 녀석도 어느덧 4학년이 되었다. 녀석은 마지막 한 학기가 끝나갈 무렵 다시 연구실에 나타났다.

"선생님, 추천서 좀 써주셨으면 합니다."

"추천서라니? 취직부터 하려구 그러냐?"

"취직은 아니구요. 외교안보연구원 대학생 연수 프로그램이 생겼는데, 한번 가서 들어보고 싶어서요."

"아니, 왜 갑자기 외교안보연구원 캠프냐?"

"나중에 국제기구에서 외교관이라도 해볼까 해서요……."

가서 보지 않았기 때문에 자세한 내막을 알 수 없지만, 녀석은 꽤 빡빡한 연수 프로그램을 성공적으로 이수했다. 그 과정에서 우리 성공회대 '식구'로서의 자부심도 배가된 듯 보였다. 그 후에도 녀석은 일본에서 열린 국제 자원봉사 프로그램에 다녀왔고, 충북 옥천에서 매년 열리는 언론문화제 때는 일일 미디어 교사로 중·고생을 가르치기도 했다. 졸업도 했으니 그러다가 군대에 가겠지 하고 있는데, 어느 날 다시 나타났다. 입대하는 것은 더 미루고, 대학원에 진학해서 제대로 미디어 공부를 해보고 싶다고 했다. 그리하여 지난 2007년 신촌의 모 대학 신방과 대학원에 진학했다. 요즘도 이따금씩 엄살을 부리며 열심히 공부하고 있다는 연락이 오곤 한다. 올해는 열심히 논문을 써야 하는 시기다. 논문을 쓰고 석사 학위를 받고 나면 녀석은 또 어딘가로 튈 것이다. 하지만 난 여전히 재령이가 어느 방향으로 튈지 예측하기 어렵다. 그래도 섭섭하지는 않다.

휴대전화, 이메일, 편지 그리고 우리

유 동 주(성공회대학교 신문방송학과 교수)

그리운 선생님. 선생님께서 평생 몸담고 계시던 그곳 대학에서 이제 은퇴하시고 새 생활을 시작하셨다니 학생들과 지내시던 시절이 그리우시겠지요. 오늘은 제가 몸담고 있는 고국의 대학 풍경 이야기를 전해드리겠습니다.

저는 요즘 학생들의 글씨체를 거의 알지 못합니다. 그럴 수밖에 없는 것이 요즘은 도무지 학생들의 글씨를 접할 기회가 없어요. 학생들은 모든 과제물을 컴퓨터로 작성하고 프린터로 인쇄해 제출합니다. 물론 제가 학생들 앞에서 글씨를 쓸 일도 별로 없습니다. 강의 시간에 칠판에 글씨를 쓸 때가 전혀 없는 것은 아니지만, 학생들에게 주로 보여주는 것은 미리 준비해서 컴퓨터를 통해 띄우는 슬라이드 화면입니다. 그러니 학생들도 아마 제 필체를 알아보지 못할지도 모릅니다.

선생님께서 이곳을 떠나가신 뒤, 이곳 대학에서 학생과 교수가 소통하는 방식은 여러 번 변화를 거듭했습니다. 수십 년 전 저의 학생 시절에 제가 신생님과 의사소통을 할 거의 유일한 방법은 편지였지요. 그러다 보니 존경하면서도 어렵기만 하던 선생님과 쉽게 대화를 할 수 있는 것은 아니었습니다. 간혹 긴 방학을 보내며 그리운 선생님께 안부 편지를 올리거나 연례 행사처럼 일 년에 한 번쯤 연하장을 쓰면서 마음속 얘기를 적어보는 것이 고작이었습니다.

하지만 요즘에는 간단하고 손쉽게 소통할 수 있는 채널이 널려 있습니다. 학생도, 교수도, 휴대전화 번호 몇 개만 누르면 즉시 상대방을 불러낼 수 있다는 것은 대단히 편리한 일입니다. 목소리도 필요 없이 간단히 연락할 경우, 그저 몇 초 동안 엄지손가락만 또각또각 움직이면 휴대전화 문자 메시지가 즉시 날아갑니다. 더 긴 얘기를 원하면 컴퓨터 앞에 앉아 자판을 두드리면서 우체국에 가지 않고도 전자 메일을 전달할 수 있습니다. 그래서 요즈음은 학생들과 소통하지 못할 이유가 없어요. 물론 그런 방식으로는 길고 진지한 얘기를 나누지는 못합니다. 편리한 소통 수단이 많아져서 더 깊이 더 진지하게 소통을 하고 있는지는 좀 더 연구해볼 일입니다만, 간결하기는 해도 이런 소통 방식의 변화는 확실히 진화라고 저는 생각합니다. 적어도 이전보다 훨씬 더 쉽게 접촉할 수 있으니까요. 여기 몇 가지 에피소드가 있습니다.

#1 문자 이야기

명절이나 연말이 되면 제 휴대전화가 바빠집니다. 요즘에는 학생들의 인사가 문자로 날아오거든요. "선생님, 송편 많이 잡수시고 달 보며 소원 성취하세요", "새해 복 많이 받으세요". 이런 메시지와 함께 들어오는 현란한 이모티콘은 종류가 다양하고 모양도 기발합니다. 학생 같기는 한데 보낸 이의 이름이 찍혀 있지 않는 경우가 간혹 있어요. 그러면 제가 이런 답장을 쓰죠. "고마워요. 근데 누구?", "잉잉, 선생님 저 재영이요.^^", "아, 그렇구나. 정말 고마워. 복된 새해 기원해". 제 휴대전화 전화번호부에 자신의 이름이 당연히 있을 것으로 생각한 모양인데 기억해주었더라면 좋았을 것을, 제가 그 학생의 번호를 미처 저장해놓지 않아 꽤 섭섭했나 봅니다.

하긴 얼마 전에도 어느 학생이 자신의 휴대전화 번호 변경을 알리는 대량의 공지 메일을 제게까지 두어 번 날렸더군요. 학생들과 친구처럼 정답게 지낼 여유가 있으면 좋기는 하겠습니다마는, 워낙 제 생활의 용량이 꽉 차서 미처 거기까지는 일일이 신경 쓸 여유가 없네요. 그래도 학생들이 잘 쓰는 이모티콘을 흉내내가면서 저도 열심히 답장 문자를 날려봅니다.

#2 전자메일 이야기

"선생님, 오늘 과제물을 학교에 와서 출력하려고 했는데, 문제가 생겨서 마감시간 전까지 도저히 인쇄가 안 될 것 같아요. 그래서 대신 이메일로 제출합니다." 그럴 때 저는 그냥 받기는 합니다만, 종이 대신 화면으로 과제물을 읽고 평가하려면 눈이 좀 아프긴 해요. 학생들은 우리 세대가 화면보다 종이에 더 익숙하고 조금씩 눈도 흐릿해져서 슬슬 돋보기가 필요해지는 나이라는 걸 아직 눈치

못 채는 모양입니다.

#3 휴대전화 이야기 1

유난히 분주해서 들락날락하며 자리를 비웠던 어느 날, 한 학생이
저녁 무렵에 가까스로 제 연구실에 찾아왔습니다. 오전부터 절 만나려
고 올라왔다가 허탕치기를 온종일 반복했다고 하더군요. 왜 전화를
하거나 문자를 보내지 그랬느냐고 물었더니 "선생님, 그래도 돼요?
좀 실례가 될 것 같아서 못 그랬어요." 편리한 요즘 세상에 전화는
그럴 때 쓰라고 있는 것이지만, 간편한 수단을 두고도 그렇게 여러
차례 수고를 했다니 요즘 세상에 보기 드물게 예의를 차리는 모습이
기특해 보이던데요.

#4 휴대전화 이야기 2

수업 시간에 발표를 맡은 학생이 나타나지 않았습니다. 그 수업에서는
미리 자료를 준비해온 학생의 발표를 듣고 전체 학생이 토론을 하기로
되어 있었습니다. 그 학생이 헐레벌떡 도착하기만을 기다렸지만 시간
이 한참 지나도 나타나지 않았습니다. 그래서 우리는 전화를 걸어보기
로 했습니다. 번호를 알고 있는 누군가가 전화를 걸었더니 그 학생이
바로 전화를 받더군요. "어찌된 거야?", "응…… 어…… 나 여기 광화
문인데……". 월드컵 거리 응원에 참여하느라고 광화문 네거리에 나가
빨간 티셔츠 인파 속에 섞여 있었던 것입니다.

　젊은 기분에 잠시 수업보다 축구에 빼앗긴 그 심정을 헤아릴 수는
있겠습니다만, 용감한 것까지는 좋았는데, 아, 그럴 때 차라리 휴대전

화가 없었더라면 강의실에 모인 그 많은 학생들 앞에서 공개적으로 들통이 나지는 않았을 것을……. 학생들은 맹랑하고 엉뚱합니다.

#5 편지 이야기 1

휴학하고 외국에 가 있는 경인에게서 또 편지가 왔습니다. 또박또박 쓰인 필체만 보아도 이제는 누구인지 금방 알 수 있습니다. 우편물을 뜯으니 장문의 편지와 함께 그곳의 들판을 보고 직접 그렸다는 풍경화도 한 장 들어 있었습니다. 경인이는 작년에 제 추천서를 받고 영국에 자원봉사를 하러 가 있는 학생인데, 처음보다 그곳 생활에 많이 익숙해졌다면서 제가 보내준 그림엽서를 책상 앞에 붙여놓고 힘들 때마다 바라보며 힘을 얻는다고 했습니다. 대견하고 반가워서 읽고 또 읽으면서 귀국하기 전에 한 번쯤 더 정다운 편지를 보내주려나 기대해봅니다.

#6 편지 이야기 2

"선생님, 저 아름이예요. 학교 들어와서 선생님께 처음 쓰는 카드에요. 너무 늦었죠? 죄송해요. 진작 써보는 건데 이 핑계, 저 핑계로 이제야 선생님께 이 작은 카드 한 장을 써봐요. 내일이 스승의 날인데, 선생님께 지금 드릴 수 있는 게 이 작은 카드 한 장과 쿠키뿐이에요. 하지만 나중에 시간이 좀 흐르면 더 좋은 거 사드릴 거에요. 지금은 이 작은 마음만 받아주세요……. 나중에 졸업하고 선생님 제자라고 말할 수 있을 만큼 훌륭한 사람이 될게요. 항상 감사합니다. 사랑해요."

"마치 호두처럼 겉은 단단하지만 속은 한없이 부드러운 당신은 스승입니다……. 짧은 기간이지만 지금까지 샘과 했던 시간들을 떠올리면 많은 추억들이 생각나요……. 정말 고맙습니다. 항상 건강하세요! 이 차에 꿀물을 타서 드시면 더 좋대요."

유기농 현미 과자 한 통, 또는 히비스커스 차 한 통을 들고 연구실에 찾아와 건네준 학생들의 카드에는 정성스럽게 또박또박 쓴 글씨가 담겨 있습니다. 그럴 때는 흐뭇합니다. 직접 손으로 만들고 쓴 편지를 대하면 마음과 마음이 진짜로 통하고 있다는 느낌이 들거든요. 역시 손작업은 그 사람의 체온까지 전달해주는 모양입니다.

선생님, 테크놀로지가 발달하고 소통의 방식이 더욱 다양해지면 언젠가는 손 글씨를 주고받는 일이 사라지게 될까요? 그렇지만 글쓰기는 새로운 통신 수단 속에서도 여전히 어떤 방식으로든 살아남아 있겠지요. 마음속 얘기를 글로 정겹게 표현할 수만 있다면 어떤 방식이든 상관이 없지요. 메일도 좋고, 문자도 좋고, 편지도 좋습니다. 진지하고 깊은 이야기가 아닌들 어떻습니까. 이전보다 더 편리하고 쉽게, 더 자주 소통할 수만 있다면 좋은 일이 아니겠습니까.

바삐 돌아가는 학교 생활이다 보니 한 주가 휙휙 날아갑니다. 벌써 수요일 오후군요. 신영복 선생님과 함께하는 서예 교실에 서둘러 붓을 들고 갈 시간입니다. 붓에 먹을 빨아들여 마음과 기운을 글씨에 담는 훈련을 하는 것이 즐겁습니다. 머지않아 붓놀림이 좀 더 힘차고 유연해지면, 그때쯤 붓글씨를 한 편 써서 선물로 올리겠습니다. 선생님, 그때까지 부디 건강하십시오.

혼자서 가는 자동차

홍 은 지(성공회대학교 소프트웨어공학과 교수)

참 이상하다. 어떤 사람은 어려운 수학 문제를 푸는 게 재미있고, 어떤 사람은 숫자만 나오면 머릿속이 하얘진다고 한다. 어떤 사람은 액자가 삐뚤게 붙어 있거나 책상 위가 어지러우면 참을 수가 없어서 그것부터 해결하고 다른 일을 시작하는데, 어떤 사람은 그게 무슨 상관이냐며 계속 책상 위에 책과 서류를 쌓아놓는다. 어떤 사람은 감성이 넘치는 소설이 재미있어서 시간 가는 줄 모르고 읽는데, 어떤 사람은 그것보다는 정보를 주는 책이 더 잘 읽힌다고 한다. 어떤 사람은 그룹 내에서 토론을 하며 지식을 쌓아가는 것이 즐겁고, 어떤 사람은 유명한 강사가 꼭꼭 집어주는 요약 설명이 머리에 쏙쏙 들어온다고 한다. 이 세상은 비슷한 것 같으면서 많이 다른 사람들이 같이 어울려서 살아간다. 이렇게 사람들의 취향과 특성이 다양하니, 학생들 모두에게 잘 작동하는 교육법 또한 찾기가 어렵다.

칸트나 키르케고르와 같은 철학자를 들먹이지 않아도, 인간에게 자유의지에 의한 '선택'은 커다란 의미를 갖고 있다. 모든 사람은 남에게 인정받고 싶은 자존심이 있기 때문에, 자신이 선택한 일에 대해서는 일단 책임감을 느끼고 열심히 하기 마련이다. 나름대로 선택한 이유가 있기 때문에 선택한 일을 위해 투자하는 시간은 즐거운 시간이 된다. 모든 일을 자신이 선택해서 한다면 절대적 기준으로 판단해서 살기 좋은 사회는 되지 못하더라도, 심리적으로 만족스런 사회가 될 수 있지 않을까 싶다.

배우는 것 역시 자신이 배우고 싶어서 선택한 것에는 열정을 다하지만, 그렇지 않은 경우에 억지로 가르치려고 하면 다들 싫어한다. 이건 비단 학생뿐만이 아니라 어른도 마찬가지다. TV 드라마에서 서로 싸우는 장면 중에 "아니, 누가 누굴 가르치려고 그래?"라는 대사가 자주 나오는 걸 보면, 원하지도 않은 가르침을 받는 것은 참기 힘든가 보다.

대학교 1학년 신입생을 가르치는 것은 이래저래 힘들다. 자신이 선택했다기보다 학원에서 정해놓은 배치표에서 자신의 점수와 학교/학과를 연결하여 들어온 학생들이 다수다. 자신의 적성을 찾아 입학한 학생들도 지난 3년간의 고등학교 생활에서 하고 싶었던 것을 하지 못했던 것에 대한 보상 심리로 대학 생활에서만은 하고 싶은 것을 모두 해버리고 말겠다는 각오를 다진다. 여기에 아직 대학과 학과에 정착하지 못하고, 다시 대입 시험에 응시해야 할지 말아야 할지 고민을 안고 있는 학생까지 있고, 대학에서는 고등학교에서만큼 열심히 공부

할 필요가 없다는 선입견을 가진 채 수업에 들어오는 학생도 있다. 물론 1학년임에도 학과 전공이 자신의 적성에 맞고, 자신의 꿈을 실현할 수 있을 것이라는 기대로 의기충천한 학생도 있다. 그런데 이런 학생들은 적성을 고려하지 않고 온 경우에 비해 그 수가 상대적으로 적은 것이 현실이다.

어떤 교육을 하든 3, 4학년을 대상으로 하면 효과가 있다. 집중도 잘하고, 호응도 잘하고, 과제도 열심히 하고, 자신의 장래도 심각하게 고민한다. 취업이 바로 코앞에 닥쳤다는 위기의식과 사회에 나가려면 뭐라도 준비해야겠다는 생각에 학교 생활도 열심이다. 교수들은 교양 교육과 전공 교육을 모두 3, 4학년에 배치했으면 좋겠다는 농담을 하기도 한다. 같은 교수가 강의하는 같은 강좌도 대상이 1, 2학년이었는지 3, 4학년이었는지에 따라 강의 평가가 크게 차이가 난다. 아마 자신에 대한 만족도가 강의 평가에 작용하기 때문이 아닌가 싶다. 하고자 하는 의욕이 있어야 열렬히 원하게 되고, 과정이 즐겁고, 성과도 크며, 더 깊이 공부하고 싶은 욕구도 생긴다.

그때는 나도 잘 몰랐지만, 지금에 와서 돌이켜보니 대학교 1, 2학년 때의 청춘은 무엇이든 자신의 인생에서 최고로 잘 배울 수 있는 시기다. 그 최고의 시기를 어떻게 보냈느냐에 따라 자신의 갈 길이, 사회에서의 위치가, 행복의 정도가 달라진다고 하면 과장일까? 어떻게든 나는 1학년 시기를 자신의 능력을 확인하고 확대시키는 시기로 만들어주고 싶다.

그렇다고 직설적으로 "공부 열심히 해라"라는 말만 되풀이할 수는 없다. 그 말이 아무리 맞는 말일지라도 감동하지 않으면 움직이지 않는다. 사람은 '무엇'을 말하느냐가 아니라 '어떻게' 말하느냐에 의해 감동받는다고 한다. 어떻게 움직이게 할까? 어떻게 하고 싶게 만들까? 나는 이를 위해 심리학 공부를 할까 하는 생각도 했다. 심리학에 대한 깊은 공부는 아직 하지 못했지만, MBTI(Myers-Briggs Type Indicator)에서 성격 유형별로 동기가 될 수 있는 것에 대해서는 조사해보았다. 어떤 사람은 무엇이든 재미있어야 하고, 어떤 사람은 해야 한다는 의무감을 주면 꼭 해내고야 만다. 어떤 사람은 성취감을 위해 움직이고, 어떤 사람은 자기가 좋아하는 사람이 하는 일이면 따라서 같이한다. 물론 이 외에 비전, 칭찬, 기대 부응과 같은 동기로 움직이는 사람도 있으며, 동기로 작용하는 것과 그것이 작용하는 정도는 사람마다 다르다. 이러한 것들이 동기로 작용하게 된다니, 가능한 한 적용해볼 일이다.

대부분의 사람은 재미있으면 몰입한다. 영화도, 드라마도, 소설도, 코미디 프로도 그렇다. 그런데 그렇게 재미있는 영화, 소설, 코미디 프로도 2시간을 넘기는 경우가 드물다. 재미가 주목적인 것도 2시간이 한계인데, 교수의 강의를 3시간 연강으로 들어야 하는 학생들은 얼마나 힘들까? 학생들이 딴생각을 하고, 졸고, 수업 태도가 흐트러지는 것도 이해 안 되는 바가 아니다.

나는 그냥 방관자로 있을 때보다는 무엇인가를 직접 할 때 재미있다. 내가 직접 참여할 수 없다면, 몰입을 해야 재미있다. 2002년 월드컵에서와 같이 내가 직접 운동장을 뛰지는 못해도 몰입해서 응원할 때 흥미진진하고, 영화도 영화관에서 몰입해서 볼 때 더 재미있다. 재미있으면 당연히 몰입하게 되겠지만, 재미없던 것도 몰입하면 재미있어지는 경우가 많다. 그렇다면 1학년 학생들에게 어떻게 재미를 느끼게 할 것인가? 물론 코미디언 뺨 치는 개그를 해서 재미를 유발할 수도 있겠지만, 그건 한계가 있다. 3시간 내내 개그만 하고 있을 수는 없지 않은가? 또 학습 목표가 엄연히 존재하는데, 재미있는 얘기를 해주는 것만으로 그것을 달성할 수는 없다. 그래서 고안한 방법은 학생에게 수업에 참여하는 기회를 많이 주는 것이다. 발표도 하게 하고, 토론도 하게 하고, 문제도 직접 풀게 한다. 자발적으로 문제를 풀라고 하거나 자신의 의견을 말하라고 하면, 처음에는 모두 고개를 푹 숙이고 교수와 눈을 마주치지 않으려고 노력한다. 하지만 잘했을 때 높은 점수로 보상한다거나, 충분히 칭찬을 해주면 분위기가 서서히 바뀌어가는 것을 느끼게 된다. 발표를 잘못하거나 문제풀이를 잘못할 수도 있다. 이럴 때는, 처음 알게 된 사실을 이용하여 문제를 푸는 경우에는 당연히 틀릴 수도 있고 이런 기회를 이용해서 자신이 잘못 알고 있는 것을 바로 잡을 수 있다면서 용기를 북돋워준다. 어느 시점이 지나고 나면 서로 문제를 풀겠다고 경쟁적으로 자청하기도 한다.

해야만 한다는 의무감도 동기로 작용한다. 고3 때는 대부분의 학생이 학업에 몰두한다. 공부를 해야만 한다고 자신들도 인정하기 때문이다. 그렇다고 무조건 공부해야 한다고 강요해서는 안 된다. 해야 하는 이유가 받아들여질 때 동기가 된다. 내가 학생들에게 자주 하는 말이 있다. 과연 "내가 고용주라면 나를 고용할까?"라는 질문을 자신에게 해보라는 것이다. 자신감이라고 하는 것은 나를 믿는다는 것이다. 내가 나를 믿을 수 없는데, 과연 누가 나를 믿을 수 있을까? 자신감은 그냥 오지 않는다. 내가 나를 믿을 수 있게 하려면, 어떤 과정과 노력이 필요할까? 나를 과대평가하지도 과소평가하지도 않기 위해서는 나는 나에게 어떤 가치 기준을 적용해야 할까? 이런 질문에 대한 대답을 만들어가는 시기가 꼭 필요하다.

성취도 동기로 작용한다. 우리는 내가 성장했음을 느꼈을 때 보람을 느낀다. 보통 성취는 목표를 세웠을 때 맛볼 수 있다. 성취할 목표가 없다면 우리는 방향을 잃기 쉽다. 그러나 이러한 목표가 너무 추상적이거나 내 능력을 벗어나는 원대한 것이거나 너무 먼 훗날의 것이면 목표로서의 의미가 흐려진다. 10년 후의 나의 목표를 중장기적으로 생각해보도록 하고, 그 목표에 부합하는 졸업 후의 목표, 올해 1년의 목표, 이번 학기의 목표, 과목 수강의 목표를 분명히 하도록 한다. 학과의 목표 설정도 이와 비슷할 것이다. 이 목표에 의해 과목 내용도 정해지고, 과목 난이도도 결정되리라 본다. 나는 개인적으로 수업 시간 내에 약 70%의 내용을 이해하고, 개인 학습에 의해 나머지 목표량을 채울 수 있을 때 만족감이 크다. 50% 이상의 내용을 강의 시간 내에 이해하지 못한다면 포기하게 되지 않을까? 나는 개인적으로 노력만 하면 달성할 수 있는 목표가 좋은 목표라고 생각한다. 한 과목이 끝났을 때, 또는 졸업할 시점에 자신이 많이 성장했음을 느낄 수 있도록 해야 한다.

성취감은 보통 선의의 경쟁에 의해 가속된다. 발표를 많이 하게 하고, 학생들 상호간에 평가하는 시스템을 도입하면 선의의 경쟁 분위기가 유발된다. 더 잘하고 싶은 욕구가 생긴다. 칭찬받을 만한 일에 칭찬받는 것은 누구나 좋아하지 않는가? 교수가 칭찬하는 것도 기분 좋은 일이지만, 동료들의 인정을 받는 것은 어깨를 으쓱하게 한다.

학생들 간의 과도한 경쟁으로 생길 수 있는 문제를 피할 수 있도록 조정하는 역할은 교수가 해야 한다. 경쟁은 윈/윈(WIN/WIN)할 수 있을 정도로 조정하고, 제일 큰 적은 '나의 나태함'임을 인식하게 한다. 성취에 대한 보상은 만족감을 높인다. 참고로 내가 속한 소프트웨어공학과의 경우, 교수들의 합의 하에 상대평가를 기본으로 하고 있다. A와 B학점의 합이 50% 이내다. 하지만 교수가 학생들의 실력이 대한민국 대학생 평균보다 높다고 판단할 때는 절대평가를 하겠다고 공지했다. 즉 건전한 경쟁에 의해 모든 학생이 모두 열심히 해서, 그들의 성과가 높다고 교수가 판단하는 경우에는 더 많은 학생이 좋은 학점을 받을 수 있다는 메시지를 학생들에게 전달하고, 이에 부응하는 학점을 부여한다. 이러한 접근 방식은 학점의 인플레이션 현상은 막으면서도, 학생들의 성취 동기를 자극할 수 있는 방안이라고 생각한다. 이러한 성취를 경험한 학생들의 자신감은 '이유 있는 자신감'이 되어간다.

인간관계 또한 큰 동기로 작용한다. 특별한 관계나 위치에 있는 사람의 말은 그 무게가 다르다. 인간관계가 좋아지면 기분이 좋아지고 사물이나 상황을 긍정적으로 생각한다. 긍정의 힘은 크다. 학교에서 교수에게 배우는 지식도 중요하지만, 동년배 친구들이나 선후배와 같이 이뤄나가는 것도 중요하다. 동료나 교수에 대한 애착은 학교에 대한 애착으로 발전하고, 학교에서 하는 모든 일에 대한 애착으로 발전할 수 있다. 일단 학교에 자주 나와야 뭐라도 하지 않겠는가? 학교 가기 싫어하는 학생 중에서 성공하는 학생을 찾기란 쉽지 않다. 별일이 없어도 학교에 나가야겠다는 생각이 들어야 학교에서 공부도 하고, 운동도 하고, 친구들과 세상사에 대해 토론도 하고, 봉사도 하지

않겠는가? 물론 학교에서의 활동은 주객이 전도되지 않는 한도 내여
야 할 것이다. 학생들이 학교에 애착을 갖도록 하는 방법 중의 하나는
교수가 학생을 인격적으로 대해주는 것이다. 학교에서 자신의 존재감
이 없다면 학교에 오고 싶을까? 짜여진 시간표에 의해 한 교실에서
수업하고 담임선생님이 매일 조회와 종례를 하는 중·고등학교와는
달리, 대학교에서는 개인의 선택에 의해 과목을 수강하고 학교에 오는
시간과 날짜가 각 학생마다 다르므로 교수가 모든 학생을 파악하기는
쉽지 않다. 교수가 따로 노력하지 않는다면 학생들의 이름을 외우기도
어렵다. 나는 이름을 익히기 위해 일부러 매번 출석을 부르며 학생들
에게 손을 들라고 하고, 학과 행정실에 사진 출석부 제작을 부탁해서
들고 다닌다. 학생을 지명할 때도 꼭 이름을 부르고 얼굴을 확인한다.

학생들을 개별 면담해보면 그들을 파악할 수 있고, 그들이 원하는
것과 힘들어하는 것을 알 수 있다. 나의 말을 들어주는 교수가 있다는
것은 학교에서 학생의 존재감을 높여준다. 나를 인간적으로 대우해주
는 교수가 강의하는 수업 시간이 더 좋지 않을까?

나는 교수가 얼마나 많이 가르쳤나보다는 학생이 얼마나 깊이 학습
했나가 더 중요하다고 생각한다. 아무리 명강의를 하고 그 내용이
우수해도, 학생이 흡수하지 못하거나 활용하지 못한다면 의미가 퇴색
된다. 내가 생각하는 학습은 개념 배우기, 체득(연습)하기, 현실 세계
문제에 적용하여 문제 해결하기를 포함한다.

개념 배우기는 기초적인 강의로, 또는 책을 통해 가능하다. 그러나
개념을 배우는 것으로 학습(學習)이 끝나는 것은 아니다. 배우는(學)
것뿐만 아니라, 체득하기 위한 연습(習)이 반드시 필요하다. 많은 학생

이 또 일부 교수들이 간과하는 부분이 이 부분이 아닌가 생각한다. 학생들은 수업에서 배운 게 다라고 생각하고, 교수들은 학생들이 알아서 연습해야 한다고 생각하는 경향이 있다. 암기하기, 유사한 예 연습하기, 과제하기, 실습하기, 실험하기, 체험하기, 아는 내용을 말로 또는 글로 표현하기, 다른 사람을 가르쳐보기와 같은 연습 과정이 없다면 내용을 완전히 습득하지 못할 것이다. 충분히 연습했다고 생각되면, 현실 세계 문제에 적용하여 문제를 해결해야 보람을 찾을 수 있다. 실제 프로젝트를 수행하게 하여 작품을 완성하는 과정에서 몰입을 경험하게 할 수 있고, 인턴십을 수행하여 학습 내용이 산업 현장에서 어떻게 활용되는지 직접 체험하고 적용하게 할 수 있다. 인문사회 학도라면 현실 문제에 직접 참여하는 활동도 할 수 있고, 각 언론사에 기고도 할 수 있다. 이 모든 활동이 서로 선순환하며 활성화될 때 인재가 배출되지 않을까?

위와 같은 생각을 내가 가르치는 과목에 적용해보았다. 1학년을 위한 C 프로그래밍, 3, 4학년을 위한 데이터베이스 프로젝트 과목 등에 적용해보니, 그 성과가 눈에 보인다. 매년 초마다 자신의 올해 목표를 써서 내라고 하고, 매주 과제가 나가고 쪽지 시험을 보니 학생들 입장에서는 다른 과목에 비해 부하가 심하다고 생각할 수 있다. 하지만 왜 이렇게 하는지에 대한 이유에 동의하고 나면, 학생들은 자발적으로 움직인다.

작년 연말에 한 학생에게서 온 카드는 나를 기쁘게 했다. "먼저 교수님께 감사한다는 말씀 드릴게요. 이 과목을 통해서 전 4년 만에 처음으로 이쪽 분야도 공부해보고 싶다는 생각을 했습니다. 프로젝트는 정말 열심히 했다고 자신하거든요. '팀 프로젝트가 이런 것이구나!'라고 느낄 수 있는 시간들이었습니다⋯⋯." 이 카드를 보고 나는 보람을 느끼면서도 한편으로 미안한 마음이 들었다. 이 학생이 1학년이었을 때, 즐거운 마음으로 '이 분야를 공부해보고 싶다'는 생각이 들었다면 얼마나 좋았을까?

열심히 해보겠다고, 어떻게 하면 좋겠느냐고 찾아오는 학생, 무엇을 만들었다고 봐달라고 찾아오는 학생들이 참 대견하다. 이 학생들은 자발적 동기가 충만한 학생들이다. 혼자서 자신의 길을 헤쳐나갈 준비를 이미 마친 경우도 있다. 자신의 길을 늠름하게 혼자서 헤쳐나가는 멋있는 자동차(제자)가 자꾸자꾸 늘었으면 좋겠다.

'주초(酒草)'에서 자유로운 신학과

김 은 규(성공회대학교 신학과 교수)

성공회대에서 신학을 배우면서, 다른 신학대학 학생들이 부러워하는 것 한 가지가 있다면 무엇일까? 그것은 '주초'가 아닐까? 술과 담배라는 말이다. 옛날 어느 대학에서는 신학과 학생만이 아니라 다른 학과 학생들이 신학과 건물 앞에서 담배 피다가 뺨을 맞았다는 전설 아닌 사실도 있지만, 여느 보통 신학대학에서 술과 담배는 금기사항 아닐까? 이를 어겼을 경우에 징계 내지 퇴학이 되는지는 모르겠지만……. 학생들 O.T. 행사나 수련회에 가서도 마지막 날 저녁에는 멋지게 파티가 벌어진다. 물론 준비된 술이 차례로 계속해서 나온다. 교수와 선후배 학생들은 이를 제지하기는커녕 같이 술을 권하며, 강의실에서는 할 수 없었던 이야기들이 쏟아져나온다. 그리고

"함께 가자 이 길을~" 하면서 어깨동무하고 노래도 부르는 모습은 아름답다고나 할까?

또한 학교가 서울 외곽에 있는지라 조금 걸어나가면 기차가 거의 나니지 않는 철로가 있고, 이 철도 둑길을 따라서 걷다 보면 시골 풍경에서나 보는 비닐하우스 집에서 음식을 파는데, 아마 그곳 단골인 우리 과 교수님들이 매학기 종강할 때면 학생들과 동동주 한 잔에 파전과 닭도리탕으로 성대(?)하게 식사를 나누며 사제지간의 정을 나누는 광경을 자주 볼 수 있을 것이다.

단순히 '술과 담배'는 몸에 해롭다고 하지만 그것은 교리로, 학교 학칙으로 막을 사항이 아니라 건강에 대한 개인의 선택이라고 할 수 있는 것 아닐까? 어른이 된 학생들이 스스로 결정하고 판단할 사항 아닐까? 하지만 약간의 적당한 술, 어쩌다가 한번 '짱~' 하고 마주치는 술잔의 술은 달고, 서로의 벽을 허물고 마음을 열어주는 계기도 된다고 볼 때, 이런 과정들도 하나의 좋은 대화 및 교육의 장이 아닐까 라는 생각이 든다. 아마도 바로 이때 강의실에서보다 더 멋지고 신선한 신학 토론이 오가는 것을 경험적으로 체득하게 될 것이다.

어쨌든 우리 학교의 자유로움은 신학과 학생이 '주초'를 했다고 해서 경계의 대상으로 삼거나 죄의 늪(?)에 빠진 탕자로 보는 사람은 아무도 없다는 점에서 시작되는 것이 아닐까?

우리 신학과를 문득 떠올렸을 때 가장 매력적인 것은, 여러 가지를 들 수 있겠지만, 첫째는 '개방성'이라고 할 수 있을 것이다. 그 의미는 "열려 있고, 자유롭다"는 것이다. 신학이라는 학문이 2,000년 이상의 역사를 갖고 있는 만큼, 그 깊이와 넓이는 헤아리기가 어렵다. 하지만 동시에 기독교적 사고의 제한적인 틀과, 유럽 중심의 신학이 갖는 한계와, 때로는 교단 내지 교리에서 한 발자국도 벗어나기 어려운 것은 신학이 갖는 최대의 약점이기도 하다. 다시 말하면 신학은 오랜 역사를 통해서 넓은 외연을 획득한 것으로 보이지만, 그 내용을 들여다보면 갇힌 사고에서 벗어나지 못하고 배타적인 요소들을 많이 갖고 있다는 것이다.

실상 한국 신학계도 이러한 분위기를 과감하게 털고 나서지 못하고 있다. 유럽과 미국 중심의 신학에 종속되어, 종종 그들을 무비판적으로 쫓아가는 것을 앞서 나가는 것으로 알고 계속하여 재생산하는 경향이 짙다. 근본주의 신학, 비정치적인 신학을 순수하다고 생각하지만, 실상 그 안을 들여다보면 학문의 배타성이 지나칠 만큼 편협한 경우가 대부분이다. 이런 신학적 사고의 분위기가 신학생들에게 영향을 미쳐서 그들이 졸업한 이후 교회 현장과 연결된 곳에서도 이 같은 경직된 사고로 목회를 한다면 혹시라도 교회와 사회에 어떤 해악(?)이라도 끼치지 않을까 염려도 된다.

그러나 우리 신학과를 보면 이러한 큰 물줄기를 역행해 거슬러 올라간다는 표현이 적절하다 싶다.

서구 신학을 수용하면서도 그것을 극복하고 이겨낼 수 있는 새로운 방법과 틀은 없는가? 모든 사람이 한쪽 방향에서 보고, 말하고, 가르치고, 이끌려고 하는 것에 반대해서 뒤집어보고, 흔들어보고, 누워서 보고, 거꾸로 보면서 유연하고 다양한 사고를 가르치는 것이 매력은 아닌가? 똑같은 자세에서 보면 똑같은 대답이 나와야 정답으로 인정을 받는다, 하지만 신학에서 정답을 한 가지로 말할 수 있는가? 서로의 차이를 인정하고, 그뿐 아니라 존중해줄 수 있는 마음의 자세가 더욱 중요하지 않은가? 남성 중심적 사고에서 벗어나 양성 평등적인 생각을 훈련하면서, 교회가 가부장적 권위로 움직이는 것에 반대하여 여성신학의 입장에서 사고하는 것은 얼마나 중요한가? 성서의 문자에 얽매이기보다는 당시의 상황과 오늘의 변화된 상황에서 문자에 갇히지 않고 더 확대된 해석을 할 수는 없는가? 또한 이웃 종교들을 배타적이고 구원에서 제외된 대상으로 보면서 때로는 무시하고 폭력까지도 불사하는 상황에서, 그들과 더 가까이 대화를 나눌 수는 없는가? 종교와 과학이 만나 대화하면서 생명과 환경, 생태 문제를 통해 당면한 지구의 위기 문제를 신학적으로 성찰하고 실천해야 하지 않는가? 미국과 서유럽이 식민지를 개척하는 시대에 "사마리아 땅끝까지 복음을 전하자"며 토착 문화와 종교를 없애는 데 앞장서며 개종에만 열을 냈던 저급한 선교 확장 논리가 아니라, 선교 현지의 토착 문화와 종교를 존중하면서 가난한 자들과 함께하는 것을 실천하는 단계로 끌어올릴 수 있는가?

이런 고민들은 우리 학교의 커리큘럼에도 나타나고 교수들의 저술과 학술 모임에서도 발표되고 있다. 우리나라의 상당수 신학생들이 대형 교회와 대형 교회 목회자의 설교를 모방하려고 목청을 돋운다고 하면, 이곳에서는 가난하고 힘없는 사회적 약자에 대한 관심으로 민중신학을 가르친다. 대형 교회나 일반 보수 교회들이 "예수 믿으면 축복받고 구원받는다"면서 기복적이고 자본주의적인 전도방식으로 선교를 한다면, 여기서는 세계의 대자본이 물밀듯 들어오면서 농업과 산업에서 기본적인 생존을 위협받는 현실을 공부하고 대안적 목회를 구상

한다. 또한 교회의 역사를 접근할 때 교리에서 탈피하여 건축, 예술 등에 반영된 이미지를 신학적으로 재해석함으로써 유연한 신학적 사고의 틀로 바꾸어 바라보고 있다. 마지막으로는 교회 일치 운동(에큐메니칼 운동)에도 많은 관심을 갖고 교회의 상호 협력을 이끌어내며 한국 기독교가 바람직한 방향으로 나갈 수 있도록 비판하고 격려하는 것도 중요한 일로 보고 있다.

어쨌든 우리 학교의 교수와 신학생들은 수업 시간 중에, 채플 시간에, 그리고 대화를 통해 이런 여러 가지 많은 고민과 내용들을 공유하고 바람직한 신학 교육과 미래 교회의 대안적 모델을 찾으려고 애쓰고 있다.

아무래도 신학과의 중심은 채플에 있다고 말할 수 있을 것이다. 그런데 아무리 좋은 채플도 매일 의무적으로 해야 한다면 머리가 아플 것이다. 일주일에 한두 번 하는 채플도 권위적인 분위기 속에서 진행된다면 갑갑할지 모른다. 하지만 우리 신학과의 채플을 보면 학부와 대학원생들이 적극 참여하여 뜨거운 열기를 느낄 수 있다. 영상 이미지로 우리들이 앞으로 가야 할 신학의 현장을 보여주며, 때로는 현장 목회자의 생생한 증언을 통해 감동을 주기도 한다. 채플 시간에 학생과 교수 모두가 야트막한 산에 올라 막걸리 한 잔으로 건배도 하고, 학년별 닭싸움을 하기도 하고, 자연 속에서 하늘과 땅을 향해 젊음이 가득 찬 소리를 질러보기도 한다. 아직 제대로 시도는 안 해봤지만, 채플 시간에 라틴 춤도 배우고 함께 따라하면서 경직된 몸을 풀어주는 것도 사고의 유연성 못지않게 중요하지 않을까? 또 하나, 신학과 채플에 스님도 초청하고 이웃 종교인들을 모셔 종교와 인생의 중요한 가르침을 배우는 것도 좋은 일 아닐까?

또한 학생들은 축구를 좋아하여 일주일에 한 번씩 선후배가 어우러져 경기를 한다. 이때도 축구를 열광적으로 좋아하는 교수들이 나이와 세대를 뛰어넘어 같은 유니폼을 입고, 같이 공을 차고, 한 치의 양보도 없이 격렬하게 부딪치며 한데 어우러지는 것도 보기 좋은 모습이 아닐 수 없다. 아주 가끔 축구가 끝나고 학교 앞 선술집에 가서 시원한 생맥주로 목을 축이면서 돈독한(?) 사제의 정을 나누는 맛은 맥주만큼이나 짜릿하다. 여학생들에 대한 배려도 있어야겠다는 것을 앞으로의 과제로 남기고 있기는 하지만…….

일부 학생들이 한 학기 동안 인도나 필리핀에서 현지 실습을 하며 새로운 문화와 현장을 경험할 수 있는 것도 큰 자산이라고 본다. 잘사는 나라만을 동경하는 것이 아니라 어려운 나라의 현장을 보면서 기존의 신학적 사고와 틀이 깨지고, 새롭게 가야 할 방향을 몸소 체험하면서 모색할 수 있기 때문이다.

우리 학생들이 졸업하여 교직을 이수하여 학교 선생님도 되고, 사회복지사로, 언론 기자로, 사제로, 또 여성 사제로, 목사님으로 기독교 NGO 단체 등에서 활동하거나, 다른 대학원으로 진학하거나, 일반 회사에 취직하여 자기 삶의 일터에서 각자 열심히 성실하게 살아가는 모습을 보면 흐뭇하지 않을 수 없다.

우리 학교의 이념과 정신에는 '성공회'라는 교단의 다양성과 포용성을 중시하는 정신이 담겨 있다. 우리 신학과에서도 자유로운 사고를 가질 수 있도록 멀찍이서 지켜보시는 주교님과 선후배 신부님들, 그리고 신자들의 모습이 진정 서로를 존중하고 아끼는 것이 아닐까 하는 생각이 든다. 앞으로 작은 성공회 교단의 신학이 한국 기독교계에 어떤 긍정적 기여를 할지는 우리 모두의 과제로 남아 있다.

느티아래 강의실

ⓒ 신영복·김창남 외, 2009

지은이 | 신영복·김창남 외
펴낸이 | 김종수
펴낸곳 | 도서출판 한울

초판 1쇄 발행 | 2009년 6월 22일
초판 2쇄 발행 | 2009년 9월 22일

주소 | 413-832 파주시 교하읍 문발리 507-2(본사)
      121-801 서울시 마포구 공덕동 105-90 서울빌딩 3층(서울 사무소)
전화 | 영업 02-326-0095, 편집 02-336-6183
팩스 | 02-333-7543
홈페이지 | www.hanulbooks.co.kr
등록 | 1980년 3월 13일, 제406-2003-051호

Printed in Korea.
ISBN 978-89-460-4079-3 03040

* 책값은 겉표지에 있습니다.